21世纪经济管理新形态教材 · 经济学系列

U0791529

经济法

（第3版）

郭若愚 ◎ 主　编
彭　霞 ◎ 副主编

清华大学出版社
北　京

内容简介

本书主要根据高等院校经济管理专业的专业特点安排内容和体例结构，针对教育需求特点和职业实际需要，遵循培养复合型和应用型人才的教学规律，阐述经济法的基本理论和重要制度。全书内容分为六篇，分别是经济法基础、市场主体法律制度、合同和担保法律制度、市场管理法律制度、知识产权法律制度和经济纠纷的解决制度。全书力求从实际出发，立足学生必须掌握的实用内容，让学生掌握交易流程中的主要法律规定。

本书既可作为高等院校经济管理类相关专业学生的教材，又可作为经济法学习爱好者的辅导用书。

本书封面贴有清华大学出版社防伪标签，无标签者不得销售。
版权所有，侵权必究。举报：010-62782989，beiqinquan@tup.tsinghua.edu.cn。

图书在版编目(CIP)数据

经济法/郭若愚主编. —3版. —北京：清华大学出版社，2022.1(2025.8重印)
21世纪经济管理新形态教材·经济学系列
ISBN 978-7-302-59366-9

Ⅰ. ①经… Ⅱ. ①郭… Ⅲ. ①经济法—中国—高等学校—教材 Ⅳ. ①D922.29

中国版本图书馆CIP数据核字(2021)第210647号

责任编辑：张　伟
封面设计：汉风唐韵
责任校对：王凤芝
责任印制：沈　露

出版发行：清华大学出版社
网　　址：https://www.tup.com.cn，https://www.wqxuetang.com
地　　址：北京清华大学学研大厦A座　　**邮　　编**：100084
社 总 机：010-83470000　　**邮　　购**：010-62786544
投稿与读者服务：010-62776969，c-service@tup.tsinghua.edu.cn
质量反馈：010-62772015，zhiliang@tup.tsinghua.edu.cn
课件下载：https://www.tup.com.cn，010-83470332
印 装 者：三河市人民印务有限公司
经　　销：全国新华书店
开　　本：185mm×260mm　　**印　张**：18　　**字　　数**：414千字
版　　次：2014年5月第1版　2022年1月第3版　　**印　　次**：2025年8月第2次印刷
定　　价：52.00元

产品编号：093559-01

第3版 前言

社会主义市场经济是法治经济，熟悉和掌握经济法的基本理论与基本制度，对经济管理类专业的学生而言十分重要，目前经济法或商法课程已经成为各大高校经济管理类专业学生的必修课。市场经济的不断发展，经济法律规范的不断颁布和调整，对经济法教材的日益更新提出了新的要求。

本书编者均具有 20 余年的高校经济法、民商法等课程教学经验。为适应经管类专业经济法课程教学的需要，结合专业特点，安排教材内容和体例结构，力求理论联系实际，阐述企业经营和市场交易相关的基本理论和法律制度。本书在每章配有引导案例的基础上，根据不同章节特点配有案例分析和扩展资料，课后附有习题，能够较好地满足教学或自主学习的需要。因此本书不仅可以作为高校经济管理专业的教学用书，也适用于对经济法有一定兴趣的自学者。

本书主编为重庆大学经管学院郭若愚，副主编为重庆工商大学法学院彭霞。分工如下：郭若愚负责第一、三、六篇，彭霞负责第二、四、五篇。本书最后由郭若愚统稿定稿。

在编写中参考的大量相关教材、书籍和在线资料，对本书的成文具有重要作用，在此衷心感谢有关作者。清华大学出版社张伟老师为出版付出了辛勤的工作，在此表示由衷感谢。

本书第 3 版在第 2 版的基础上，根据我国最新立法，结合典型案例，总结三年多来教材使用情况，对内容进行了修改和充实，并根据 2020 年教育部高等学校课程思政建设要求，提炼总结思政元素，在每章增设思政结合，提供课程思政的切入点，力求课程学习和立德树人的有机统一，能较好地反映我国立法的最新进展和课程思政的需要。

由于编者水平所限，书中难免存在不当或疏漏，敬请广大读者批评指正。

郭若愚

2021 年 7 月

目录

第一篇　经济法基础

第二篇　市场主体法律制度

第三篇 合同和担保法律制度

第四篇 市场管理法律制度

第一篇

经济法基础

第一章

经济法概述

学习目标

1. 理解法的概念以及法的特征；
2. 了解法的一般分类；掌握法的表现形式；
3. 了解我国经济法历史沿革和主要相关法律。

思政结合

1. 结合法的概念，理解权利、义务的含义，从自己做起，增强法治意识，信仰法治，积极关注和参与国家法制建设。

2. “坚持全面依法治国，是中国特色社会主义国家制度和国家治理体系的显著优势。中国特色社会主义实践向前推进一步，法治建设就要跟进一步”——结合我国经济法发展沿革，了解我国法制发展的历史和中国特色法治体系，增强制度自信。

引导案例

法的分类与适用

A公司将一批液晶屏交由B航空公司托运，双方之间订立航空货物运输合同，B航空公司签发航空货运单。A公司到B航空公司提货时只收到一半数量的液晶屏，B航空公司向A公司出具了“货物运输事故记录”，对承运过程中发生部分货物丢失的事实予以认可。双方就航空货运单上“关于承运人责任限额的声明”条款的效力发生争议。《中华人民共和国民法典》中规定了货物运输合同承运人的责任，《中华人民共和国民用航空法》中规定了航空运输合同承运人的责任。该合同纠纷应如何适用法律？

第一节　法的一般原理

一、法的概念和特征

（一）法的概念

广义的法是指国家制定或认可的，体现统治阶级意志的，由国家强制力保证实施的行为规范的综合。

（二）法的特征

法主要具有以下特征。

1. 规范性

法的规范性是指法是调整人们的行为或者社会关系的规范，具有规定人们的行为模式、指导人们行为的性质。

2. 国家意志性

法的国家意志性是指国家的存在是法存在的前提条件，法是由国家制定或认可的行为规范。

3. 国家强制性

法的国家强制性是指法依靠国家强制力保证实施，国家的强制力是法实施的最后保障手段。国家强制力是指国家通过监狱、法庭、军队等形态体现出的国家暴力。

4. 普遍性

法的普遍性是指法在国家权力管辖范围内具有普遍适用的效力和特性，即法律效力对象的广泛性和法律效力的重复性，相同事项和对象适用相同的法。

二、法的一般分类

法的分类标准很多。其中，法的一般分类是指适合于世界各国和地区的法的分类，即对各国和地区具有普适性的法的分类；法的特殊分类是相对于法的一般分类而言的，仅适用于部分国家和地区。

法的一般分类通常包括以下五种。

（一）国内法与国际法

此分类的主要标准是法的创制和适用范围。

国内法是指由国内有立法权的主体制定的、其效力范围一般不超出本国主权范围的法律、法规和其他规范性法律文件。国内法法律关系的主体主要是个人和组织，国家仅在诸如国有财产所有权这样的少量法律关系中成为主体，如《中华人民共和国民法典》（以下简称《民法典》）等。

国际法是由参与国际关系的两个或两个以上国家或国际组织间制定、认可或缔结的确定其相互关系中权利和义务的，并适用于它们之间的法。其主要表现形式是国际条约。国际法法律关系的主体主要是国家，如《保护工业产权巴黎公约》等。

（二）成文法与不成文法

此分类的主要标准是法的创制方式和表现形式。

成文法又称制定法，是指有立法权或立法性职权的国家机关制定或认可的以规范化的成文形式出现的规范性法律文件。

不成文法是指由国家有权机关认可的、不具有文字形式或虽有文字形式但却不具有规范化成文形式的法。理解不成文法的表现形式应注意：所谓不成文法是相对于规范化成文形式而言的。因此不成文法不仅包括习惯法，也包括法院通过判决所创制的有文字表现形式的判例法、不成文宪法等。

(三) 根本法与普通法

此分类主要适用于成文宪法制国家,分类的主要标准是法的地位、效力、内容和制定程序。

根本法是指在整个法的形式体系中居于最高地位的一种规范性法律文件。在我国,根本法指的是宪法,是国家最高立法机关经由特殊严格程序制定和修改的,综合地规定国家、社会和公民生活的根本问题的,具有最高的法的效力的一种法的形式。

普通法是指宪法以外的所有法的统称。其地位和效力都是低于宪法的,其内容涉及的是某类社会关系而不是综合地调整多种社会关系,其制定和修改的程序也没有根本法那样严格和复杂。

(四) 一般法与特别法

此分类的主要标准是法的适用范围。

一般法是指对一般人、一般事项、一般时间、一般空间范围有效的法,如刑法、民法、婚姻法等。

特别法是指对特定的人、特定事项有效,或在特定区域、特定时间有效的法。

例如,根据《中华人民共和国商业银行法》(以下简称《商业银行法》)的规定,商业银行均应采用公司的组织形式。因此,对《商业银行法》而言,《中华人民共和国公司法》(以下简称《公司法》)是一般法,《商业银行法》相对于《公司法》而言是特别法。

(五) 实体法与程序法

扩展资料 1-1
我国的立法基本程序是怎样的

案例分析 1-1
《民法典》的编纂

此分类的主要标准是法所规定的内容不同。

实体法是指以规定主体的权利、义务关系或职权、职责关系为主要内容的法,如民法、刑法、行政法等。

程序法是指以保证主体的权利和义务得以实现或保证主体的职权和职责得以履行所需程序或手续为主要内容的法,如民事诉讼法、刑事诉讼法、行政诉讼法等。

三、法的表现形式

法的形式是指法的效力渊源,从立法体制、法的效力等级和效力范围角度对法所做的分类,即从立法的角度所做的分类。我国是典型的成文法国家,根据2000年7月1日起施行的《中华人民共和国立法法》规定的我国现阶段各种立法主体的立法活动,法的表现形式主要包括以下几种。

(一) 宪法

宪法是具有最高法律效力的根本大法。我国宪法由最高国家权力机关全国人民代表大会制定和修改。宪法之外的法律、法规和规章等都不得同宪法相抵触。

（二）法律

这里是指狭义的法律，即由全国人民代表大会及其常务委员会制定和修改的法。法律调整国家、社会和个人生活中具有根本性的社会关系。法律的效力仅次于宪法，是制定其他规范性文件的依据。

（三）行政法规

行政法规是由最高国家行政机关国务院制定和颁布的法。其法律效力低于宪法和法律，不得与宪法和法律相抵触。

（四）地方性法规、自治条例和单行条例

地方性法规是省、自治区和直辖市等具有立法权的地方人民代表大会及其常委会在不与宪法、法律和行政法规相抵触的情况下，根据本地区的情况制定和颁布的法。

自治条例和单行条例是民族自治地方的人民代表大会按照当地民族的政治、经济和文化情况而制定的法。

（五）行政规章

行政规章包括部门规章和政府规章。

部门规章是指国务院所属部委和直属机构依法在其职权范围内制定和颁布的法律文件。

政府规章是省、自治区和直辖市人民政府等地方政府依法在其职权范围内制定和颁布的法律文件。

此外，我国法的效力渊源还包括特别行政区法、国际条约等。另外，不成文法是我国法的渊源的补充，如政策、习惯和判例等。

第二节　我国经济法的历史沿革和立法现状

一、经济法的概念

“经济法”一词源于法国空想主义者摩莱里 1755 年出版的著作《自然法典》。其经济法核心思想为：“经济法”是在未来的理想社会公平分配财富的分配法。摩莱里强调资本主义弊端根源于资本主义私有制，提出的解决之策是实行公有制以及国家对社会经济生活实行统一管理并按人口数量平等分配。

经济法是产生于市场经济基础上的体现国家干预经济意志的新型法律部门，是综合运用国家宏观调控权和市场规制权，以不断解决个体营利性和社会公益性的矛盾，兼顾效率与公平，促进经济稳定增长与社会良性发展的法律规范的总称。

经济法的调整对象是一定范围内的经济社会关系，包括国家或政府、市场经营主体以及消费者为实现社会公共利益而形成的社会关系。经济法兼顾了公平和效率，能最大限

度地保障社会主义市场经济的健康有序发展,促进经济稳定增长,保障经济公平与社会公平,实现经济与社会良性运行与协调发展。

二、我国经济法的历史沿革

我国经济法的产生和发展主要分为以下四个阶段。

(一) 中华人民共和国成立之初的经济法(1949—1956年)

在这一阶段,中国社会处于由极为落后的旧状况向当时人们所期望、所追求的新社会转变的时期,亦即处于人们通常所说的由新民主主义向社会主义初级阶段过渡的状态。立法在当时那种异常复杂而变动剧烈的历史条件下,仍然获得较大发展和许多成就。但由于这一阶段中国立法的历史背景过于特殊,它的历史局限也尤其大。这是一个矛盾的开端。而就其主要倾向和主要状况来说,还是好的。中华人民共和国成立之初,处于国民经济恢复及社会主义改造时期,我国制定和颁布了《中华人民共和国矿业暂行条例》《中央人民政府政务院关于发放农业贷款的指示》《公私合营工业企业暂行条例》等法律法规,以保障对农业、手工业和资本主义工商业的社会主义改造。此外,还颁布了调整产品供应、商业、基本建设、工商管理、物资管理、交通运输、金融、贸易等大量经济法律法规。

(二) 社会主义建设时期的经济法(1957—1965年)

自1957年开始,我国进入全面进行社会主义建设的十年时期。国家在计划、工业企业、基本建设、自然资源、农村集体经济、商业、物资、物价等方面制定了大量经济法规。

(三)"文化大革命"时期的经济法(1966—1976年)

自1966年到1976年的"文化大革命"时期,是我国法制建设的大破坏时期,中华人民共和国成立后制定的行之有效的经济法规几乎全部被废除。

(四) 党的十一届三中全会后的经济法(1978年至今)

1978年召开的党的十一届三中全会,把保障社会主义民主、加强社会主义法制提上日程。市场经济的发展将经济法立法推到中国法制建设的前台。此后,经济法经历了复兴(1981—1993年)和纵深发展(1993年以后)两个阶段。我国围绕推进改革和建立社会主义市场经济体制颁布了大量的法律法规,以颁布《中华人民共和国反不正当竞争法》(以下简称《反不正当竞争法》)和《中华人民共和国消费者权益保护法》(以下简称《消费者权益保护法》)为起点,进入了制定真正意义上的经济法阶段,先后出台了有关产业政策、财政、金融等宏观调控的法律法规以及市场规制方面的法律法规。

扩展资料 1-2
中国的法律体系

三、我国经济法立法现状

目前,我国经济法立法已有一定规模,主要包括以下立法。

（一）调整市场主体的法律

例如，《中华人民共和国个人独资企业法》（以下简称《个人独资企业法》）、《中华人民共和国合伙企业法》（以下简称《合伙企业法》）、《公司法》、《中华人民共和国全民所有制工业企业法》、《商业银行法》、《中华人民共和国合伙企业登记管理办法》、《中华人民共和国企业破产法》（以下简称《企业破产法》）等法律法规。

（二）调整市场交易的法律

例如，《中华人民共和国拍卖法》（以下简称《拍卖法》）、中国人民银行《支付结算办法》、《中华人民共和国票据法》等。《民法典》也有相关内容。

（三）宏观调控方面的法律

例如，《中华人民共和国预算法》、《中华人民共和国证券法》（以下简称《证券法》）、《中华人民共和国中国人民银行法》、《中华人民共和国政府采购法》及有关财政、金融和税收的法律法规。

（四）市场管理和行为规制的法律

例如，《中华人民共和国反垄断法》（以下简称《垄断法》）、《反不正当竞争法》、《中华人民共和国产品质量法》（以下简称《产品质量法》）、《中华人民共和国广告法》、《消费者权益保护法》、《中华人民共和国城市房地产管理法》、《中华人民共和国对外贸易法》、《中华人民共和国海关法》等法律法规。

（五）知识产权法律

例如，《中华人民共和国商标法》（以下简称《商标法》）、《中华人民共和国专利法》（以下简称《专利法》）和《中华人民共和国著作权法》（以下简称《著作权法》）。

另外，还有劳动和社会保障以及环境资源保护和开发方面的法律，如《中华人民共和国劳动法》《中华人民共和国劳动合同法》《中华人民共和国环境保护法》《中华人民共和国水污染防治法》《中华人民共和国矿产资源法》以及相关配套法律法规。

经济法通过市场主体法律确定参与市场经济活动的主体的法律资格，通过市场管理和行为规制法律保证市场竞争中的平等，通过宏观调控法律如财税法律法规等实现社会资源的共享，通过市场交易法律建立市场主体之间的权利和义务关系，通过知识产权法律保障市场主体智力创造劳动，通过社会保障法律制度等给予社会上困难群体以特殊关怀。经济法可保证和促进国家调节机制与市场调节机制的有机结合，创造平等交换、公平竞争的环境，实现社会主义市场经济的有序发展。

本书内容以经济法为核心，兼顾民事法律的相关内容，主要涉及市场交易主体的种类，企业的设立，主体之间法律关系的设立、变更和消灭，交易的结算，主体的主要权利，纠纷的解决。

习题

一、名词解释题

法　法的渊源　经济法

二、问答题

1. 法的主要分类有哪些?
2. 法的效力渊源主要包括哪些?
3. 简述我国经济法的立法沿革。
4. 简述我国经济法的立法现状。

即测即练

第二章

经济法基础知识

学习目标

1. 理解(经济法)法律关系的概念和三要素;

2. 了解自然人的概念和法律资格,理解法人、非法人组织的概念、掌握法律特征,了解法人的分类;

3. 了解经济法律行为的概念和种类;

4. 理解代理的概念、种类;了解代理权的行使;

5. 掌握物权和债的概念、种类;

6. 理解诉讼时效的概念和效力,掌握诉讼时效的计算;

7. 理解法律责任的概念和分类,了解法律责任的承担方式。

思政结合

1.《民法典》包括总则、物权、合同、人格权、婚姻家庭、继承、侵权责任七编,被称为"国之重器",其编纂成功是法治文明的进步。学习和遵守《民法典》,做社会主义法治文明的践行者和捍卫者。

2. 学习自然人的民事行为能力的相关规定,结合自身实际,认识限制民事行为能力与完全民事行为能力的区别,做自立、自律、自强的大学生。

3. 物权立法体现了依据市场经济的基本规律、实行资源的优化配置的改革创新。树立改革创新的意识,培养改革创新能力,积极投身改革开放实践。

4. 学习法律责任,认识正确行使权利、履行义务使得整个国家的微观层面都在法律的框架内运行,这是我们国家治理能力提升的体现。同时,认识权利、义务和责任的关系,保持对法律的敬畏之心,严于律己,自觉维护法律秩序。

引导案例

法律关系

某公司向某酒店供应了价值 5 万元的洁具。后酒店提出,给付 4 万元现金,另 1 万元货款以酒店消费卡折抵。公司负责此项业务的陈某担心如果不接受,余款 4 万元也就拿不到了,只好接受。

但公司要求陈某尽快追回这 1 万元货款,否则这 1 万元就由陈某个人负担。无奈陈某只好以自己的名义向法院起诉,要求该酒店给付货款 1 万元并收回酒店消费卡。

问题：从法律关系的角度来讲，陈某的做法是否适当？

第一节　经济法律关系

一、经济法律关系的概念和要素

（一）经济法律关系的概念

法律关系是指由法律规范调整所形成的主体之间的权利义务关系。社会关系只有经过法律规范的调整，才能形成法律关系。

经济法律关系是指国家调节或协调经济运行过程中，根据经济法的规定在主体之间所形成的权利义务关系。

（二）经济法律关系的要素

法律关系的要素是指构成权利义务关系的必要条件。法律关系的要素包括参与法律关系的主体、作为权利义务对象的客体和权利义务的具体内容。正如法律关系一样，经济法律关系也包括上述三个要素。

1. 主体

主体是指参与到经济法律关系中享有权利承担义务的人。

2. 客体

客体是指经济法律关系中权利和义务指向的对象，主要包括物、行为、权利等。

3. 内容

内容是指经济法律关系主体享有的权利和承担的义务。

例如，甲和乙约定，甲将自己的房产出售给乙。甲和乙之间形成的法律关系的要素分别是：主体为甲和乙；客体为物——房产；内容为：甲的义务是按照约定将房产交付乙，权利是要求乙支付房款，乙的权利是要求甲交付房产，义务是向甲支付房款。

二、经济法律关系的主体

经济法律关系的主体按照不同的标准可以有不同分类，主要有自然人、企业、国家机关等。按照《民法典》的规定，首先可以把主体分为自然人和组织；按照有无法人资格，可将组织分为法人组织和非法人组织。本章主要从自然人和法人组织的角度介绍主体。第四章介绍组织属性的主体中的企业。

（一）自然人

1. 自然人的概念

自然人是指因为自然出生而取得民事主体资格的人。

《民法典》中使用“自然人”而不是使用“公民”一词。公民是指具有一国国籍的自然人，因此公民和自然人的概念并不等同。

2. 自然人的民事法律权利能力

自然人参与民事活动和经济活动，应当具有相应的民事法律资格。民事法律资格包括民事权利能力和民事行为能力两方面。

民事权利能力是指主体依法享有民事权利、承担民事义务的资格。《民法典》规定："自然人的民事权利能力一律平等。"

1）自然人民事权利能力的产生

《民法典》规定："自然人从出生时起到死亡时止，具有民事权利能力，依法享有民事权利，承担民事义务。"实践中，出生是指胎儿离开母体并能够独立呼吸的时间。《民法典》规定："自然人的出生时间和死亡时间，以出生证明、死亡证明记载的时间为准；没有出生证明、死亡证明的，以户籍登记或者其他有效身份登记记载的时间为准。有其他证据足以推翻以上记载时间的，以该证据证明的时间为准。"

根据上述规定，尚未出生的胎儿不具有民事权利能力，因此不享有民事权利，也不承担民事义务。但我国法律体现对胎儿利益的保护，《民法典》规定："涉及遗产继承、接受赠与等胎儿利益保护的，胎儿视为具有民事权利能力。但是，胎儿娩出为死体的，其民事权利能力自始不存在。""遗产分割时，应当保留胎儿的继承份额。胎儿娩出时是死体的，保留的份额按照法定继承办理。"

2）自然人民事权利能力的消灭(终止)

根据前述规定，自然人的民事权利能力自其死亡时消灭。

自然人的死亡会引起相关民事法律关系的产生、变更或终止，因此，确定自然人的死亡时间具有重要意义。根据《民法典》的规定，自然人死亡在法律上分生理死亡和宣告死亡，相应死亡时间也不同。

生理死亡是指从生理学的角度判断自然人死亡。目前，在我国法律中并无明文规定生理死亡的时间。实践中，一般采用医学临床认定标准中的呼吸停止说，即将自然人呼吸停止的时间视为自然人死亡的时间。

宣告死亡是指经利害关系人申请，由人民法院宣告符合法定条件的自然人死亡的法律制度。

自然人有下列情形之一的，利害关系人可以向人民法院申请宣告其死亡：下落不明满 4 年的；因意外事件下落不明满两年的。经有关机关证明自然人不可能生存的，不受两年时间限制。战争期间下落不明的，下落不明的时间从战争结束之日起或者有关机关确定的下落不明之日计算。

扩展资料 2-1　未成年人网游消费的效力

3. 自然人的民事行为能力

民事行为能力是指主体通过自己的行为享有民事权利和承担民事义务，并能够承担民事责任的资格。具有民事行为能力是自然人独立进行民事行为的前提。

民事行为能力并非随着自然人的出生而取得。根据《民法典》的规定，自然人的行为能力由自然人的年龄、智力、精神等因素区分为三种情况，即完全民事行为能力、限制民事行为能力和无民事行为能力。

1）完全民事行为能力

完全民事行为能力是指自然人通过其行为独立进行民事活动，享有民事权利和承担民事义务的资格。

案例分析 2-1
民事行为能力

18 周岁以上的自然人是成年人，具有完全民事行为能力，可以独立进行民事活动，是完全民事行为能力人。

不满 18 周岁的自然人是未成年人。16 周岁以上的未成年人，以自己的劳动收入为主要生活来源的，视为完全民事行为能力人。

2）限制民事行为能力

限制民事行为能力是指自然人能部分独立地进行民事活动，享有民事权利和承担民事义务的资格。

根据《民法典》的规定，限制民事行为能力人包括以下两种。

（1）8 周岁以上的未成年人。实施民事法律行为由其法定代理人代理或者经其法定代理人同意、追认，但是可以独立实施纯获利益的民事法律行为或者与其年龄、智力相适应的民事法律行为。

（2）不能完全辨认自己行为的成年人。实施民事法律行为由其法定代理人代理或者经其法定代理人同意、追认，但是可以独立实施纯获利益的民事法律行为或者与其智力、精神健康状况相适应的民事法律行为。

3）无民事行为能力

无民事行为能力指自然人没有独立进行民事活动的资格，不能通过自己的行为享有民事权利和承担民事义务，由其法定代理人代理实施民事法律行为。

根据《民法典》的规定，无民事行为能力人包括：①不满 8 周岁的未成年人；②不能辨认自己行为的成年人；③8 周岁以上的未成年人不能辨认自己行为的。

无民事行为能力人、限制民事行为能力人的监护人是其法定代理人。

不能辨认或者不能完全辨认自己行为的成年人，其利害关系人或者有关组织，可以向人民法院申请认定该成年人为无民事行为能力人或者限制民事行为能力人。

被人民法院认定为无民事行为能力人或者限制民事行为能力人的，经本人、利害关系人或者有关组织申请，人民法院可以根据其智力、精神健康恢复的状况，认定该成年人恢复为限制民事行为能力人或者完全民事行为能力人。

4. 个体工商户和农村承包经营户

1）个体工商户

个体工商户是指自然人，经依法登记，从事工商业经营。

扩展资料 2-2
第一个个体工商户

个体工商户的债务，个人经营的，以其个人财产承担；家庭经营的，以其家庭财产承担；无法区分的，以家庭财产承担。

2）农村承包经营户

农村承包经营户是指依法取得农村土地承包经营权从事家庭承包经营的农村集体经济组织的成员。农村承包经营户是一个相对独立的商品生产者和经营者，享有承包权和商品生产经营权。

农村承包经营户的债务，以从事农村土地承包经营的农户财产承担。事实上由农户部分成员经营的，以该部分成员的财产承担。

（二）法人

法人和非法人，是按照是否具备法人资格对组织进行的分类。

1. 法人的概念和特征

根据《民法典》的规定，法人是指具有民事权利能力和民事行为能力，依法独立享有民事权利和承担民事义务的组织。

法人应有自己的名称、组织机构、住所、财产或经费。法人成立的具体条件和程序，依照法律、行政法规的规定。法人依法变更和终止。

2. 法人的种类

根据成立的目的，《民法典》中将法人分为营利法人、非营利法人和特别法人。

扩展资料 2-3 我国有多少非营利法人

1）营利法人

营利法人是指以取得利润并分配给股东等出资人为目的成立的法人，包括有限责任公司、股份有限公司和其他企业法人等。

营利法人经依法登记成立，取得法人资格。依法设立的营利法人，由登记机关发给营利法人营业执照。营业执照签发日期为营利法人的成立日期。

2）非营利法人

非营利法人是指为公益目的或者其他非营利目的成立，不向出资人、设立人或者会员分配所取得利润的法人，包括事业单位、社会团体、基金会、社会服务机构等。

非营利法人根据具体种类，自成立或登记成立之日起具有法人资格。

3）特别法人

特别法人包括机关法人、农村集体经济组织法人、城镇农村的合作经济组织法人、基层群众性自治组织法人。

特别法人依法成立，取得法人资格，可以从事履行职能所需要的民事活动。

（三）非法人组织

非法人组织指不具有法人资格，但能够依法以自己名义从事民事活动的组织。

非法人组织包括个人独资企业、合伙企业、不具有法人资格的专业服务机构等。

非法人组织应当依照法律的规定登记成立。

非法人组织的财产不足以清偿债务的，其出资人或者设立人承担无限责任。法律另有规定的，依照其规定。

三、经济法律关系的产生、变更和终止

经济法律关系的产生、变更和终止是指经济法律关系存续、变化的过程。经济法律关

系产生、变更和终止的原因包括经济行为和经济事实。经济行为是主体的行为。经济事实是和该经济权利与经济义务相关的某种客观状态或者客观经济状况。

(一) 经济法律关系的产生

经济法律关系的产生即经济法律关系的形成,是指主体之间形成经济权利和经济义务的关系。

(二) 经济法律关系的变更

经济法律关系的变更是指因为某种原因导致经济法律关系的某一个要素发生变化。

(三) 经济法律关系的终止

经济法律关系的终止即经济法律关系的消灭,是指主体之间经济权利和经济义务关系的终止或者消灭。

习题

一、名词解释题

经济法律关系　自然人　民事权利能力　民事行为能力　完全民事行为能力人　限制民事行为能力人　无民事行为能力人　宣告死亡　法人　营利法人　非营利法人

二、问答题

1. 法人的法律特征是什么?

2. 简述有限责任、无限责任的含义。

3. 简述经济法律关系的产生、变更和终止的含义。

三、案例分析题

1. (1) 甲和乙经谈判达成一致意见,签订买卖合同,甲为卖方,乙为买方。合同规定,交货期为当年1月10日,交货地点为甲方所在地,乙上门提货付款。合同签订后,甲提出将交货期延长到当年1月20日,乙表示同意。当年1月20日,乙按照合同约定,上门提货付款。

(2) 甲按揭买房,每月需要还给银行按揭款1 500元。某年1月,中国人民银行调整贷款利息后,甲每月还款额减少了50元。

问题:本题中是否存在经济法律关系的产生、变更和终止?并分析原因。

2. 王某为某初中在校学生,现年15岁;王某将家中住房租给陈某居住,每月收取租金500元。

问题:王某是否有资格将该房屋出租?并简述理由。

3. 赵甲现年7周岁,小学在读。赵甲在儿童书法比赛中获得了一等奖。某杂志社和赵甲的父亲赵乙联系,称将出版一期儿童书画作品专刊,希望能寄来几幅赵甲的作品供他们挑选。赵乙收信后给杂志社寄去了3幅作品,之后一直没有回音。

半年后,赵乙在该杂志社的期刊上发现刊有未署名的赵甲的两幅作品后,联系杂志社询问为何杂志社不通知该作品已被选用,而且既不支付稿酬也不署名。

杂志社回复称：赵甲是年仅7周岁的未成年人，不能享有相关权利，因此没必要署名和支付稿酬。

问题：说明杂志社的回复是否合法并简述理由。

第二节　经济法律行为

一、经济法律行为的概念和目的

（一）经济法律行为的概念

民事法律行为是指民事主体设立、变更、终止民事权利和民事义务的行为。

经济法律行为是指经济法主体根据经济法律的规定设立、变更、终止经济权利和经济义务的行为。

经济法律行为是经济法律关系的产生、变更和终止的原因之一。经济法律行为主要表现为各种经济活动，如企业之间、企业与个人之间签订合同买卖货物，又如中国人民银行代理国家发行国债。其中合同为最常见的经济法律行为，本书将在第七章合同法中重点介绍。

（二）经济法律行为的目的

经济法律行为是为了实现一定的经济目的，在当事人之间设立、变更和终止经济权利和经济义务关系的行为。

扩展资料 2-4　限制民事行为能力人依法可独立实施的行为

二、经济法律行为的有效要件

经济法律行为的有效要件主要有以下几个。

（一）行为人具有相应的民事行为能力

经济法律关系的行为人（经济法律关系的主体）必须具备法律规定的相应的民事行为能力。

例如企业，需取得与其经营范围相应的资格。

（二）行为人意思表示真实

行为人意思表示真实是指行为人表现于外部的意志与其内心的真实意志一致，行为人表示要追求的某种民事后果也即其内心真正希望出现的后果。

（三）行为不违反法律、行政法规的强制性规定，不违背公序良俗

经济法律行为的内容不违反法律、行政法规的强制性规定，不违反公序良俗。

另外，经济法律行为在某些时候还有形式要求。

三、经济法律行为的分类

根据不同的分类标准，可以将经济法律行为分为下列类型。

(一) 单方行为和双方行为

按照经济法律行为成立时是否需要主体双方的意思表示一致，经济法律行为可分为单方行为和双方行为。

1. 单方行为

单方行为是指基于一方当事人的意思表示即可成立的行为。

2. 双方行为

双方行为是指基于双方当事人的意思表示一致而成立的行为。

(二) 单务行为和双务行为

根据双方当事人是否均享有权利和承担义务，经济法律行为可分为单务行为和双务行为。

1. 单务行为

单务行为是指当事人一方仅负有义务、另一方当事人仅享有权利的行为。

2. 双务行为

双务行为是指双方当事人均享有权利且承担义务的行为。

(三) 诺成性的行为和实践性的行为

1. 诺成性的行为

诺成性的行为是指双方当事人意思表示一致即可成立的行为。

2. 实践性的行为

实践性的行为是指不仅要求双方当事人意思表示一致，还需要交付标的物才能成立的行为。

(四) 要式行为和非要式行为

1. 要式行为

要式行为是指必须采用某种特定形式才能成立的行为。

2. 非要式行为

非要式行为是指法律没有规定或者当事人没有约定采用某种特定形式才能成立的行为。

四、经济法律行为的代理

(一) 代理的概念

根据《民法典》的规定，代理是指代理人在代理权限内，以被代理人(也称本人)的名义实施民事行为，对被代理人发生效力。由此产生的民事权利和民事义务归被代理人。民事主体可以本人实施民事行为，也可以依法通过代理人实施民事行为。

在代理关系中，首先，代理人需要取得对被代理人的代理权，成为合法的有权代理人；其次，代理人在代理权限范围内依法独立行使代理权，独立进行意思表示，独立实施代理行为；最后，被代理人对代理行为承担法律后果，享受相关权利，履行相关义务。

（二）代理的种类

根据不同的标准，代理可分为不同种类。

1．根据代理权的取得分类

根据《民法典》的规定，按照代理人取得对被代理人的代理权的不同途径，代理可分为委托代理和法定代理。

1）委托代理

委托代理是指被代理人对代理人进行委托授权，代理人根据被代理人的委托而进行的代理。

因此，委托代理中的被代理人应当具备委托的资格，即相应的权利能力和行为能力。

2）法定代理

法定代理是根据法律规定而产生的代理，即代理人取得被代理人的代理权是基于法律规定而不是被代理人的委托或双方约定。

法定代理主要适用于被代理人是无民事行为能力人或限制民事行为能力人的情况。上述情况下，被代理人没有独立意思表示的能力，法定代理人的权限来自法律规定。

由于上述两种代理权取得的途径不同，因此，代理权消灭的条件也不完全相同。

2．根据代理行为实施的名义分类

根据代理人在实施代理行为时是否以被代理人的名义，可以将代理分为直接代理和间接代理。

1）直接代理

如前所述，代理人以被代理人的名义实施民事行为。这是所谓的直接代理。

2）间接代理

间接代理是指代理人在特定情况下，以自己的名义进行代理活动，实施代理行为。

《民法典》第九百二十五条的规定即为间接代理："受托人以自己的名义，在委托人的授权范围内与第三人订立的合同，第三人在订立合同时知道受托人与委托人之间的代理关系的，该合同直接约束委托人和第三人，但是，有确切证据证明该合同只约束受托人和第三人的除外。"

（三）代理权的行使

扩展资料 2-5　表见代理

1．无权代理

无权代理是指代理人没有代理权，而以他人名义实施代理行为，给他人设定权利和义务的行为。

根据《民法典》的规定，无权代理一般包括如下三种情况。

1）没有取得代理权

根据上述代理权取得方式的规定，代理人没有合法取得对被代理人的代理权。

2）超越代理权

越权代理是指代理人的代理权虽然有效，但代理人实施的代理行为超越了代理权的权限，因此也属于无权代理。

3）代理权过期

代理人曾经合法取得过对被代理人的代理权，但在实施某代理行为时，该代理权已经过期。

无权代理如果经被代理人同意，对被代理人将产生法律效力。此时无权代理转化为有效的代理。

另外，无权代理如果符合表见代理的条件，代理行为的法律后果也将由被代理人承担，即相对人有理由相信行为人有代理权的，代理行为有效。

2. 滥用代理权

滥用代理权是指代理人在实施代理行为中不适当履行代理职责，给被代理人造成损失的行为。

滥用代理权与无权代理的区别在于，代理人的代理权本身是有效的，但是代理人实施代理行为的过程违法。

根据《民法典》的规定，滥用代理权主要包括以下三种情况。

1）恶意串通的代理

恶意串通的代理是指代理人与第三人恶意串通，损害被代理人合法权益的。代理人和相对人应当承担连带责任。

2）自己代理

自己代理是指代理人以被代理人的名义和自己进行法律行为。

3）双方代理

双方代理是指代理人以被代理人的名义和自己代理的另一被代理人进行法律行为。

代理人不得自己代理或双方代理，但经被代理人（或被代理的双方）同意或追认的除外。

习题

一、名词解释题

经济法律行为　代理

二、问答题

1. 经济法律行为的有效要件有哪些？

2. 经济法律行为的种类有哪些？

3. 代理权取得的途径有哪些？

4. 代理的种类有哪些？

5. 应如何依法行使代理权？

三、案例分析题

1. 陈甲，10岁，小学在读。其父陈乙准备将陈甲的书法作品交由某出版社出版。陈甲认为自己的书法老师在这方面较有经验，打算委托该老师和出版社洽谈出版事宜，签订出版合同。

问题：本题中是否存在代理，有哪些代理？

2. 李某委托王某代理出售李某名下的两套房产。王某对其中一套房产很满意，于是王某自行决定将该房产买下。

问题：王某的行为性质是什么？

第三节　物权和债

一、物权

（一）物权的概念和特征

根据《民法典》的第二编物权（以下简称“物权编”）的规定，物权是指权利人依法对特定的物享有直接支配和排他的权利。物包括不动产和动产，以及法律规定作为物权客体的权利。民事主体依法享有物权。

物权的特征主要有：主体的对世性，即物权中的权利主体特定，义务主体不特定；内容方面的支配性；物权客体的特定性；权利取得的法定性，即物权的种类和内容由法律规定。

（二）物权的种类

扩展资料 2-6　不动产的善意取得

根据物权编的规定，物权包括所有权、用益物权和担保物权。

1. 所有权

所有权是指权利人对自己的不动产或者动产依法享有的占有、使用、收益和处分的权利。因此，所有权也称为自物权。所有权是最完整、最充分的物权。所有权的取得途径包括原始取得和继受取得。

所有权人有权在自己的不动产或者动产上设立用益物权和担保物权。

2. 用益物权

用益物权是指权利人对他人所有的不动产或动产，依法享有的占有、使用和收益的权利。

根据物权编的规定，用益物权包括土地承包经营权、建设用地使用权、宅基地使用权、居住权和地役权等。

1）土地承包经营权

根据物权编的规定，对农民集体所有和国家所有由农民集体使用的耕地、林地、草地以及其他用于农业的土地，依法实行土地承包经营制度。

土地承包经营权是指权利人依法对其承包经营的耕地、林地、草地等享有占有、使用和收益的权利，权利人有权从事种植业、林业、畜牧业等农业生产。

2）建设用地使用权

建设用地使用权是指权利人依法对国家所有的土地享有占有、使用和收益的权利，权利人有权利用该土地建造建筑物、构筑物及其附属设施。

3）宅基地使用权

宅基地使用权是指权利人依法对集体所有的土地享有占有和使用的权利，权利人有权依法利用该土地建造住宅及其附属设施。

4）居住权

居住权是指权利人按照合同的约定，对他人的住宅享有占有、使用的权利，以满足生活居住的需要。

5）地役权

地役权是指权利人按照与他人书面合同的约定，利用他人的不动产，以提高自己的不动产的效益的权利。

3. 担保物权

担保物权是为了担保债的履行，在债务人或第三人的财产上设定的物权。担保物权人在债务人不履行到期债务或者发生当事人约定的实现担保物权的情形，依法享有就担保财产优先受偿的权利，法律另有规定的除外。

根据物权编的规定，担保物权包括抵押权、质权和留置权。本书将在合同法与担保法部分重点介绍担保物权。

二、债

（一）债的概念和特征

根据《民法典》的规定，债是根据合同、侵权行为、无因管理、不当得利以及法律的规定，在权利人和特定义务人之间产生的权利和义务关系。权利人依法要求特定义务人为或者不为一定行为的权利是债权，对方的义务是债务。双方分别是债权人和债务人。

债的内容具有相对性。债权人权利的实现必须依靠债务人履行债务的行为。债权人的权利只能向债务人主张，法律另有规定的除外。

（二）债的产生

债的产生是指债权人和债务人之间发生债的关系。根据《民法典》的相关规定，债的产生主要有以下几种情况，也即债按照产生原因的分类。

1. 合同之债

合同是指当事人之间依法签订设立、变更、终止民事法律关系的协议，即产生债的关系。

2. 侵权之债

侵权行为是指非法侵害他人人身权和财产权的行为。侵权行为在行为人和受害人之间产生侵权损害赔偿的债的关系。

扩展资料 2-7
无因管理

3. 无因管理之债

无因管理是指管理人没有法定或者约定的义务，为避免他人利益受损而管理他人事务。无因管理在管理人和受益人之间产生债的关系。管理人有权要求受益人偿还因管理事务支出的必要费用。

4. 不当得利之债

不当得利是指得利人没有法律依据，取得不当利益，应将该利益返还受损失人，因此在得利人和受损失人之间形成的债的关系。

（三）债的终止

债的终止是指债权和债务因为某些法律事实而消灭。债的终止主要原因有履行、抵销、提存、混同、免除等，本书将在第七章合同法中重点介绍。

习题

一、名词解释题

物权　所有权　用益物权　担保物权　债

二、问答题

1. 所有权和用益物权、担保物权的关系是什么？
2. 用益物权的种类有哪些？
3. 担保物权的种类有哪些？
4. 债的产生原因有哪些？
5. 债的终止原因有哪些？

三、案例分析题

1. (1)甲公司与乙公司约定：为满足甲公司开发住宅小区观景的需要，甲公司向乙公司支付 100 万元，乙公司在 20 年内不在自己厂区建造 6 米以上的建筑。

(2) A 公司将办公楼担保给银行，从银行贷款 500 万元。双方约定，借款期为 6 个月。

问题：本题中存在哪些权利？

2. 王某承包村里的鱼塘，经过精心饲养经营，收成看好。就在鱼要大量出塘上市之际，王某因病住院无力照管鱼塘。王某的邻居李某便主动担负起照管鱼塘的任务，并花费 2 000 元组织人员将鱼打捞上市出卖，获得收益 4 万元。

问题：本题中是否存在债？并说明债产生的原因。

第四节　诉讼时效

一、诉讼时效的概念和意义

（一）诉讼时效的概念

诉讼时效是指权利人在法定期限内不行使权利、期限届满即丧失请求人民法院保护其民事权利。

(二)诉讼时效的意义

诉讼时效的立法宗旨在于督促权利人尽快行使权利。因此,人民法院不得主动适用诉讼时效的规定。

扩展资料 2-8
梁冬梅案

诉讼时效届满后,权利人丧失请求法院依法强制保护其民事权利的权利。权利人起诉的,法院应当受理;法院查明诉讼时效确已经过的,应当判决驳回原告的诉讼请求。

二、诉讼时效的种类

(一)普通诉讼时效

向人民法院请求保护民事权利的诉讼时效期间为3年,法律另有规定的除外。

(二)特殊诉讼时效

特殊诉讼时效根据其他法律(如《拍卖法》《环境保护法》《民用航空法》《产品质量法》等)中关于诉讼时效的规定。

三、诉讼时效的计算

(一)诉讼时效的起算

诉讼时效期间从权利人知道或者应当知道权利受到损害以及义务人之日起计算。法律另有规定的,依照其规定。从权利受到损害之日起超过20年的,人民法院不予保护,有特殊情况的,法院可以根据权利人的申请决定延长。

案例

李某借给朱某50万元。朱某出具借条:"今从李某处借到人民币50万元。朱某2017年8月10日立。"

2020年3月5日,李某向朱某催还借款,朱某以已过诉讼时效期间为由拒不返还。

本题中诉讼时效应从何时起算?

(二)诉讼时效的中止

1. 中止的概念和效力

诉讼时效中止是指在诉讼时效进行期间,因发生法定事由阻碍权利人行使请求权,诉讼依法暂时停止进行,又称为时效的暂停。

案例分析 2-2
诉讼时效

2. 中止的条件

在诉讼时效期间的最后6个月内,因不可抗力或者其他法律规定障碍不能行使请求权的,诉讼时效中止。从上述原因消除之日起满6个月,诉讼时效期间届满。

中止的原因主要包括：不可抗力；无民事行为能力人或限制民事行为能力人没有法定代理人或法定代理人死亡、丧失民事行为能力、丧失代理权，继承开始后未确定继承人或遗产管理人，权利人被义务人或其他人控制等情况。

（三）诉讼时效的中断

1. 中断的概念和效力

诉讼时效的中断是指在诉讼时效进行中，因法定事由的发生而使已经进行的诉讼时效归于无效。诉讼时效期间从中断时重新计算。

2. 中断的条件

中断的条件主要包括权利人提起诉讼、权利人向义务人提出履行请求、义务人同意履行义务等情形。

四、诉讼时效届满后的法律问题

（一）义务人承诺履行的

依据《民法典》规定，诉讼时效届满后，义务人已同意履行，但尚未履行的情形，应当依法予以保护，义务人不得以诉讼时效期间届满为由抗辩。因此，义务人承诺履行的，诉讼时效重新计算。

（二）义务人主动偿还的

根据诉讼时效的效力，诉讼时效期间届满，权利人的权利本身并未消灭。

诉讼时效届满后，义务人自愿履行的，不得请求返还。

习题

一、名词解释题

诉讼时效　诉讼时效的中止　诉讼时效的中断

二、问答题

1. 诉讼时效应如何计算？

2. 诉讼时效届满后有哪些法律后果？

三、案例分析题

1. 王某于2016年3月3日借给张某10万元，借款期限1年，张某向王某出具了欠条。借款到期后，王某多次向张某催要，张某一直以种种理由拖欠。2020年5月10日，王某再次要求张某还款时，张某称借款到期已超过3年，诉讼时效已届满，王某的债权不再受法律保护。

问题：张某的主张是否成立？并简述理由。

2. 甲公司与乙公司于2016年2月10日签订买卖合同约定，甲公司向乙公司购买某设备一台，价款10万元，甲应于收货验收后1个月内支付货款。

乙公司按照合同规定于2016年4月9日交货，甲公司收货验收后未按时付款。2016

年5月5日乙公司向甲公司催款无果后双方再无接洽,直到2020年3月1日,乙公司再次向甲公司发送书面催款通知,要求甲公司在2020年3月31日前付清货款。甲公司在2020年3月20日付清了全部款项后,经人提醒欠款已过诉讼时效,遂以诉讼时效已过为由要求乙公司归还上述款项。

问题:甲公司的要求是否合法?并简述理由。

第五节　经济法中的法律责任

一、法律责任的概念和特征

法律责任是指因违反法定义务或约定义务,或不当行使权利、权力所产生的,由行为人承担的不利后果。

法律责任首先表示一种因违反义务而形成的责任关系,它是以法律义务的存在为前提的。法律责任还表示为一种责任方式,即承担不利后果。法律责任具有内在逻辑性,即存在前因与后果的逻辑关系。法律责任的追究是由国家强制力实施或者潜在保证的。

二、法律责任的分类

法律责任有多种分类方式,如按照承担形式、按照归责原则进行分类等。根据违法行为所违反的法律的性质,主要可以把法律责任分为民事责任、行政责任、刑事责任和国家赔偿责任。

(一) 民事责任

1. 民事责任的概念和特点

民事责任是指由于违反民事法律、违约或者由于民法规定所应承担的一种法律责任。

民事责任主要包括合同责任和侵权责任。

自然人、法人由于过错侵害国家的、集体的财产,侵害他人的人身财产、人身权利的,应当承担民事责任。没有过错,但法律规定应当承担民事责任的,应当承担民事责任。

民事责任具有以下主要特征。

(1) 民事责任以民事义务为基础,是违反民事义务的法律后果。

(2) 民事责任以恢复被侵害人的权利为目的。

(3) 民事责任具有法律上的强制性。

(4) 民事责任是保护性民事法律关系的内容。

2. 民事责任的承担方式

承担民事责任的方式主要有以下几种。

(1) 停止侵害。

(2) 排除妨碍。

(3) 消除危险。

(4) 返还财产。

(5) 恢复原状。

(6) 修理、重作、更换。

(7) 继续履行。

(8) 赔偿损失。

(9) 支付违约金。

(10) 消除影响、恢复名誉。

(11) 赔礼道歉。

法律规定惩罚性赔偿的,依照其规定。

(二) 行政责任

1. 行政责任的概念和特征

行政责任是指因违反行政法规定或因行政法规定而应承担的法律责任。

行政责任具有以下主要特征。

(1) 承担行政责任的主体是行政主体和行政相对人。行政主体是拥有行政管理职权的行政机关及其公职人员,行政相对人是负有遵守行政法义务的普通公民、法人。

(2) 产生行政责任的原因是行为人的行政违法行为和法律规定的特定情况。

(3) 通常情况下,实行过错推定的方法。

(4) 行政责任的承担方式多样化,包括行为责任、精神责任、财产责任和人身责任。

2. 行政责任的种类

行政责任分为行政处分(内部制裁措施)和行政处罚两种。其中行政处分包括警告、记过、记大过、降级、撤职、开除。行政处罚包括:警告,罚款,没收违法所得、没收非法财物,责令停产停业,暂扣或吊销许可证,暂扣或者吊销执照,行政拘留,法律、行政法规规定的其他行政处罚。

(三) 刑事责任

1. 刑事责任的概念和特征

刑事责任是指行为人因其犯罪行为所必须承受的,由司法机关代表国家所确定的否定性法律后果。

刑事责任具有以下主要特征。

(1) 强制性。刑事责任是国家强制犯罪人向国家承担刑事责任的法律责任。

(2) 专属性。刑事责任只对犯罪个人和犯罪单位适用,具有专属性,不能转移,不可替代。

(3) 严厉性。刑事责任在法律责任中性质最为严重,否定评价最为强烈,制裁后果最为严厉。

(4) 联系性。刑事责任体现了犯罪者与国家之间的社会关系。

扩展资料 2-9　赵作海案始末

2. 刑事责任的种类

刑事责任包括主刑和附加刑。

主刑包括管制、拘役、有期徒刑、无期徒刑、死刑。附加刑包括罚金、剥夺政治权利、没收财产、驱逐出境。

(四) 国家赔偿责任

1. 国家赔偿责任的概念和特征

国家赔偿责任是指在国家机关行使公权力时由于国家机关及其工作人员违法行使职权所引起的由国家作为承担主体的赔偿责任。

国家机关和国家机关工作人员违法行使职权,侵犯公民、法人和其他组织的合法权益造成损害的,受害人有依照《中华人民共和国国家赔偿法》(以下简称《国家赔偿法》)取得国家赔偿的权利。

例如,人民法院在民事、行政诉讼过程中,违法采取妨害诉讼的强制措施、保全措施或者对判决、裁定及其他生效法律文书执行错误,侵犯公民、法人和其他组织合法权益造成损害的,依法应由国家承担赔偿责任。

国家赔偿责任具有以下主要特征。

(1) 产生国家赔偿责任的原因是国家机关及其工作人员在执行职务过程中的不法侵害行为。

(2) 国家赔偿责任的主体是国家,由《国家赔偿法》规定的赔偿义务机关履行赔偿义务。

(3) 国家赔偿责任的范围包括行政赔偿与刑事赔偿两部分。

2. 国家赔偿责任的范围

1) 行政赔偿

行政机关及其工作人员在行使行政职权时有《国家赔偿法》规定的侵犯人身权或者财产权的情形之一的,受害人有取得赔偿的权利。

2) 刑事赔偿

行使侦查、检察、审判、监狱管理职权的机关及其工作人员在行使职权时有《国家赔偿法》规定的侵犯人身权或者财产权的情形的,受害人有取得赔偿的权利。

习题

一、名词解释题

民事责任　行政责任　刑事责任　国家赔偿责任

二、问答题

简述四种法律责任的概念和特征及其区别。

三、案例分析题

2008年,全国各地出现多名患“肾结石”病症的婴幼儿,经调查发现患儿多有食用石家庄三鹿集团股份有限公司(以下简称“三鹿集团”)所产的三鹿牌婴幼儿配方奶粉的历史,而此奶粉中含有三聚氰胺。三聚氰胺是一种可导致人体泌尿系统产生结石的化工原料,是不法分子为假冒增加原料奶或奶粉的蛋白含量而人为加入的。

2008年9月11日,三鹿集团发布声明将2008年8月6日前出厂的受到三聚氰胺污染的婴幼儿奶粉全部召回。

三鹿集团依法被停业整顿。

2008 年 12 月 19 日，三鹿集团支付 9.02 亿元用于患病婴幼儿的治疗和赔偿。

2008 年 12 月 31 日，石家庄市中级人民法院开庭审理了三鹿集团及原三鹿集团董事长田文华等 4 名原三鹿集团高级管理人员被控生产、销售伪劣产品案。三鹿集团犯生产、销售伪劣产品罪，被判罚金 4 937 万多元，田文华犯生产、销售伪劣产品罪，判处无期徒刑，剥夺政治权利终身，并处罚金人民币 2 468.741 1 万元。

问题：分析其中法律责任种类及承担方式。

本章主要参考法律法规

1.《中华人民共和国民法典》

2.《中华人民共和国行政处罚法》

3.《中华人民共和国刑法》

4.《中华人民共和国国家赔偿法》

即测即练

练2

第二篇

市场主体法律制度

第三章

个人独资企业法

学习目标

1. 了解个人独资企业的概念，理解个人独资企业的性质；
2. 了解个人独资企业的设立条件和程序；
3. 理解个人独资企业事务管理的规定；
4. 掌握个人独资企业投资人对企业债务的责任承担。

思政结合

1. 由《个人独资企业法》立法背景，联系大学生自主创业，认识到学习、掌握相关知识如企业形式、创办和管理是自主创业、创造价值，服务国家和人民的基础，提升社会责任感，强化“爱国、敬业、诚信、友善”，积极培育和践行社会主义核心价值观。

2. 了解个体工商户和个人独资企业的区别，通过“第一个个体工商户”与“第一个个人独资企业”，培养善于思考、敏于发现、敢为人先的改革创新意识。

3. 通过投资人的无限责任，认识创业风险，提高自主创业风险意识，培养勇于挑战自我、能够承受失败挫折、遵纪守法、诚实守信、坚持不懈的意志品质。

引导案例

个人独资企业

2011 年 6 月 9 日，王黎设立的个人独资企业某市清泉羊饭庄（以下简称“清泉羊饭庄”）向商标局申请在第 43 类服务上注册“王黎清泉羊”服务商标。2012 年 7 月 7 日，商标局对“王黎清泉羊”服务商标予以核准注册，商标注册人为该饭庄。上述商标注册申请期间，王黎与张某于 2011 年 10 月 18 日签订转让合同，约定王黎自愿将清泉羊饭庄的字号、店面及经营权以 15 万元价格转让给张某。2014 年 6 月 28 日，清泉羊饭庄的字号、店面及经营权又被张某以 58 万元价格转让给徐某。2015 年 8 月 6 日，王黎注册成立了某市王黎清泉羊饭庄。该饭庄的名称与“王黎清泉羊”注册商标近似，且在门头装潢及对外广告宣传中突出使用了“王黎清泉羊”字样。两饭庄对“王黎清泉羊”注册商标专用权的归属等问题产生争议，清泉羊饭庄起诉王黎清泉羊饭庄，请求法院判令：①被告立即停止对原告享有的“王黎清泉羊”注册商标专用权的侵害，停止对该商标的使用；②被告登报消除影响；③被告赔偿原告起诉前的损失 20 万元，并按每月 5 万元标准赔偿原告起诉之后至被告实际停止侵权之日期间的损失。（资料来源：甘肃法院网。）

第一节　个人独资企业概述

个人独资企业、合伙企业和公司都是以营利为目的的市场主体，是当今市场经济最典型的三种企业。这三种企业设立的法律依据、企业的法律性质、企业组建方式、设立人和企业之间的财产关系、设立人对企业承担的责任形式均存在区别。

个人独资企业是一种简单而古老的企业形式。

为了规范个人独资企业的行为，保护个人独资企业投资人和债权人的合法权益，维护社会经济秩序，促进社会主义市场经济的发展，1999 年 8 月 30 日，第九届全国人民代表大会常务委员会第十一次会议通过了《中华人民共和国个人独资企业法》，该法自 2000 年 1 月 1 日起施行。

一、个人独资企业的概念

根据《个人独资企业法》，个人独资企业是指在中国境内设立，由一个自然人投资，财产为投资人个人所有，投资人以其个人财产对企业债务承担无限责任的经营实体。

案例分析 3-1　债务承担

二、个人独资企业的法律特征

个人独资企业具有以下法律特征。

（一）一个自然人投资

个人独资企业的投资人为一人，而且只能是自然人。法人、其他经济组织和社会团体不能成为个人独资企业的投资人。

（二）财产归投资人所有

个人独资企业的投资人既是企业的所有者，也可以是企业的经营者。企业的财产由投资人个人享有所有权，其有关权利可以依法进行转让或继承。

（三）投资人对企业债务承担无限责任

个人独资企业的投资人仅为一个自然人，对企业出资多少、如何经营企业都由投资人一人说了算，因此企业对外发生的债务，理应由投资人个人承担。即当企业财产不足以清偿到期债务时，投资人应以自己个人的全部财产用于清偿企业债务。

扩展资料 3-1　企业转让后的债务承担

如果个人独资企业投资人在申请企业设立登记时明确以其家庭共有财产作为个人出资的，应当依法以家庭共有财产对企业债务承担无限责任。

第二节　个人独资企业的设立

一、个人独资企业设立的条件

我国对个人独资企业的设立采用了准则主义，即只要符合法律规定的设立条件，企业就可以登记设立,无须其他国家机关审核批准。根据《个人独资企业法》第八条的规定,设立个人独资企业要具备以下五个条件。

扩展资料 3-2
一块钱也可以当老板

(一) 投资人为一个自然人

个人独资企业的投资人必须是自然人,还必须是中国公民。律、行政法规禁止从事营利性活动的自然人不能成为投资人。

另外,香港特别行政区、澳门特别行政区投资者在内地投资,参照《中华人民共和国外商投资法》和《中华人民共和国外商投资法实施条例》(以下简称《外商投资法及其实施条例》)执行;法律、行政法规或者国务院另有规定的,从其规定。台湾地区投资者在大陆投资,适用《中华人民共和国台湾同胞投资保护法》及其实施细则的规定;该法及其实施细则未规定的事项,参照外商投资法及其实施条例执行。定居在国外的中国公民在中国境内投资,参照外商投资法及其实施条例执行;法律、行政法规或者国务院另有规定的,从其规定。

(二) 有合法的企业名称

根据《企业名称登记管理规定》的相关规定,企业名称由行政区划名称、字号、行业或者经营特点、组织形式组成。企业应当根据其组织结构或者责任形式,依法在名称中标明组织形式。

(三) 有投资人申报的出资

由于个人独资企业的投资人对企业承担无限责任,因此《个人独资企业法》对出资的最低数额未做强制性规定。

(四) 有固定的生产经营场所和必要的生产经营条件

根据2021年4月14日通过、自2022年3月1日起施行的《中华人民共和国市场主体登记管理条例》(以下简称《市场主体登记管理条例》)的规定,企业只能登记一个住所或者主要经营场所。

(五) 有必要的从业人员

从业人员是指在企业中从事经营业务的人员,既包括投资人,也包括企业招聘的人员。从业人员是保证企业正常经营活动的必要条件。

二、个人独资企业的设立程序

个人独资企业的设立程序是指出资人为设立企业而依法进行的一系列法律行为和步骤。根据《个人独资企业法》的规定,设立程序主要包括申请、受理和审查、登记。

（一）提出申请

申请设立个人独资企业，可以由投资人亲自办理，也可以委托代理人办理有关事项。申请设立个人独资企业，应向企业所在地的登记机关提交设立申请书、投资人身份证明、生产经营场所使用证明等文件。委托代理人申请设立登记时，应当出具投资人的委托书和代理人的合法证明。

设立申请书应当载明下列事项。

(1) 企业的名称和住所。企业的名称是一个企业对外交往的标志。企业的住所是指主要办事机构所在地。

(2) 投资人的姓名和居所。投资人的姓名一般以其身份证件或户口证件上的姓名为准。根据其户籍所在地、经常居住地或监护人的住所等情况确定住所。

(3) 投资人的出资额和出资方式。法律只规定应有投资人申报的出资，既未指明具体数额，也未规定具体数额的上下限。因此这个要求是指投资人为了自己的企业业务得以开展而申报的出资额和出资方式。其可以根据自己的情况、营业范围、规模等方面自行确定。

(4) 经营范围。经营范围是企业所要从事的行业和项目的种类。根据《个人独资企业法》的规定，企业不得从事法律、行政法规禁止经营的业务；从事法律、行政法规规定须报经有关部门审批的业务，应当在申请设立登记时提交有关部门的批准文件。投资人要执行这些规定，在设立申请书中依法确定企业的经营范围。不能申请法律、行政法规禁止经营的业务，也不能申请须经有关部门审批而未获批准的业务。

（二）工商登记

为了规范个人独资企业的设立和经营行为，强化对企业登记的管理，《个人独资企业法》和《市场法律登记管理条例》对登记的主管机关、受理登记、登记机关的责任以及营业执照的管理等事项都作出了规定。

1. 登记机关

根据《市场主体登记管理条例》的规定，市场监督管理部门是企业的登记主管机关。国务院市场监督管理部门主管全国市场主体登记管理工作。县级以上地方人民政府市场监督管理部门主管本辖区市场主体登记管理工作，加强统筹指导和监督管理。

2. 受理登记

根据《个人独资企业法》的规定，登记机关应当在收到设立申请文件之日起 15 日内，对符合本法规定条件的，予以登记，发给营业执照；对不符合本法规定条件的，不予登记，应当给予书面答复并说明理由。营业执照的签发日期为企业成立日期。在领取营业执照前，投资人不得以个人独资企业名义从事经营活动。

3. 登记机关的责任

《个人独资企业法》第四十四条规定，登记机关对不符合本法规定条件的个人独资企业予以登记，或者对符合本法规定条件的企业不予登记的，对直接责任人员依法给予行政处分；构成犯罪的，依法追究刑事责任。第四十五条规定，登记机关的上级部门的有关主管人员强令登记机关对不符合本法规定条件的企业予以登记，或者对符合本法规定条件的企业不予登记的，或者对登记机关的违法登记行为进行包庇的，对直接责任人员依法给予行政处分；构成犯罪的，依法追究刑事责任。第四十六条规定，登记机关对符合法定条件的申请不予登记或者超过法定时限不予答复的，当事人可依法申请行政复议或提起行政诉讼。

4. 营业执照的管理

根据《个人独资企业法》第三十五条的规定，企业不得涂改、出租、转让营业执照。如有上述行为之一，责令改正，没收违法所得，处以3 000元以下的罚款；情节严重的，吊销营业执照。企业如伪造营业执照，责令停业，没收违法所得，处以5 000元以下的罚款。构成犯罪的，依法追究刑事责任。

(三) 个人独资企业分支机构的设立

个人独资企业设立分支机构，应当由投资人或者其委托的代理人向分支机构所在地的登记机关申请登记，领取营业执照。分支机构经核准登记后，应将登记情况报该分支机构隶属的企业登记机关备案。

个人独资企业申请分支机构，应当向登记机关提交下列文件。

(1) 分支机构设立登记申请书。

(2) 登记机关加盖印章的个人独资企业营业执照复印件。

(3) 经营场所证明。

(4) 市场监督管理部门规定提交的其他文件。

分支机构的民事责任由设立该分支机构的企业承担。当分支机构的财产不足以承担民事责任时，由设立分支机构的企业承担，因此，分支机构的民事责任最终仍然由投资人承担。

三、个人独资企业的事务管理

个人独资企业的事务管理是指控制和协调企业生产经营活动的行为，包括企业的生产经营管理以及企业对内对外事务的处理，它是企业生产经营活动的一个重要内容，也是投资人行使其财产所有权，实现其财产的经济效益的重要方式。

(一) 个人独资企业的事务管理人

根据《个人独资企业法》第十九条的规定，个人独资企业投资人可以自行管理企业事务，也可以委托或者聘用其他具有民事行为能力的人负责企业的事务管理。为了保护投资人、受托人和第三人的合法权益，投资人委托或者聘用他人管理个人独资企业事务，应当与受托人或者被聘用的人签订书面合同，明确委托的具体内容和授予的权利范围。受托人或者被聘用的人员应当履行诚信、勤勉义务，按照与投资人签订的合同负责个人独资企业的事务管理。投资人委托或聘用的人员处理企业事务时违反双方签订的合同，给投资人造成损失的，应当承担民事赔偿责任。

投资人对受托人或者被聘用的人员职权的限制，不得对抗善意第三人。投资人与受托人或者被聘用人员之间有关权利义务的限制只对受托人或者被聘用的人员有效，对第三人并无约束力。如果受托人或者被聘用人员违反权限与善意第三人进行交易，投资人及其企业不得以此为由拒绝承担由此产生的后果。由此给投资人及其企业造成的损失，可以要求相应违反委托权限的受托人或者被聘用人员承担。

扩展资料 3-3　宋喆职务侵占案

（二）个人独资企业事务管理人的义务

个人独资企业事务管理人有权管理企业的事务，同时也承担一定的义务。根据《个人独资企业法》第二十条的规定，投资人委托或者聘用的管理个人独资企业事务的人员不得有下列行为。

（1）利用职务上的便利索取或者收受贿赂。

（2）利用职务或者工作上的便利侵占企业财产。

（3）挪用企业的资金归个人使用或者借贷给他人。

（4）擅自将企业资金以个人名义或者以他人名义开立账户储存。

（5）擅自以企业财产提供担保。

（6）未经投资人同意，从事与本企业相竞争的业务。

（7）未经投资人同意，同本企业订立合同或者进行交易。

（8）未经投资人同意，擅自将企业商标或者其他知识产权转让给他人使用。

（9）泄露本企业的商业秘密。

（10）法律、行政法规禁止的其他行为。

如果投资人委托或者聘用的人员管理企业事务时违反双方订立的合同，给投资人造成损害的，投资人也可以基于合同要求管理人承担违约的损害赔偿责任。投资人或者聘用的人员等企业事务管理人员违反规定，侵犯个人独资企业财产权益的，责令退还侵占的财产；给企业造成损失的，依法承担赔偿责任；有违法所得的，没收违法所得；构成犯罪的，依法追究刑事责任。

习题

一、名词解释题

个人独资企业　住所

二、问答题

1. 简述个人独资企业的法律特征。
2. 简述个人独资企业的设立条件和程序。
3. 简述个人独资企业管理人员的行为限制。

三、案例分析题

2019 年 9 月，赵某作为投资人经市场监督管理部门核准登记，开办了个人独资企业A。2019 年 10 月，A 向张某借款 5 万元，约定季度付息 2 250 元。2020 年 12 月，赵某与关某签订了《转让协议书》，协议约定：“赵某以 13 万元将 A 转让给关某，转让过户前，

A的所有债权债务都由赵某承担，关某不承担转让前A的任何债权债务。”

2021年1月，经市场监督管理部门批准，关某分别将A投资人由赵某变更为关某、A更名为B。

问题：A欠张某的借款应由谁承担、如何承担？并说明理由。

本章主要参考法律法规

1.《中华人民共和国个人独资企业法》

2.《个人独资企业登记管理办法》

即测即练

练3

第四章

合伙企业法

学习目标

1. 了解合伙企业的概念，理解企业的性质和不同情形下合伙人对企业债务的承担；
2. 了解普通合伙企业的设立条件，理解合伙协议的内容；
3. 掌握合伙企业的财产关系及合伙人与第三人的关系；
4. 掌握特殊的普通合伙企业的特殊之处；
5. 理解有限合伙企业和普通合伙企业的区别；
6. 了解合伙企业的管理方式，理解入伙和退伙的条件和法律后果。

思政结合

1. 思考合伙目的、什么是理想的合伙人和合伙关系，认识尊重规则、约定，协作互补和团队合作的重要性，成为具有合作能力和团队精神，有较好合作共事与交往沟通能力的高素质人才，从而更好地为社会主义建设服务。

2. 通过特殊的普通合伙企业的债务承担，认识职业道德和职业操守，在学习专业知识、提高专业能力的同时，做德法兼修、服务社会的社会主义建设人才。

3. 学习关于有限合伙企业的修订背景，认识这是顺应我国市场经济发展要求、有力推动风险投资等行业的发展"洋为中用"的自然选择。在此基础上辩证地对待外国制度，批判性地进行比较学习，增强文化自信和制度自信。

引导案例

合伙关系

甲为厨师，甲、乙、丙3人约定开办饭店。3人签订的合伙协议中约定：甲负责灶上事务；乙提供3间房屋并负责饭店的经营，为负责人；丙出资10万元，但不参加饭店的事务处理；每年春节前结算，盈利按3∶4∶3的比例分配。后乙到市场监督管理部门办理了营业执照。开始3年，三人合作顺利，每年按约定的比例分得利润。但第四年不仅没有盈利反而欠下水产店货款5万元，水产店找乙要钱，乙提出应由丙还，因该饭店为丙出资；水产店找丙要钱，丙则提出该饭店是甲、乙合开的，自己不参加经营，只是借了10万元钱给他们，应由甲与乙还钱。问：欠水产店的债务是何人的债务？应由何人偿还？为什么？

第一节 合伙企业概述

一、合伙企业的概念和特征

2006年修订、自2007年6月1日起施行的《合伙企业法》规定,合伙企业是指自然人、法人和其他组织依照本法在中国境内设立的普通合伙企业和有限合伙企业。普通合伙企业由普通合伙人组成,合伙人对合伙企业债务承担无限连带责任。本法对普通合伙人承担责任的形式有特别规定的,从其规定。有限合伙企业由普通合伙人和有限合伙人组成,普通合伙人对合伙企业债务承担无限连带责任,有限合伙人以其认缴的出资额为限对合伙企业债务承担责任。

合伙企业的基本特征如下。

(一) 合伙企业由各合伙人组成

合伙企业不是单个人的行为,而是两个以上个人的联合,所以才称为合伙。

(二) 合伙人订立合伙协议

订立合伙协议是合伙人建立合伙关系、合伙企业的前提,也体现了合伙企业的基本属性。

(三) 合伙人共同出资

合伙人共同出资是合伙人联合起来共同经营的必要条件,能否出资也是能否作为合伙人的一个衡量标准。

(四) 合伙人共同经营

合伙企业是各合伙人结合而形成的,合伙人相互信赖,共同出资,直接参与经营,在经营中具有同等地位,合伙人既是出资者又是经营者。

(五) 普通合伙人对合伙企业债务承担无限连带责任

普通合伙人对合伙企业债务承担无限连带责任是合伙企业所体现的合伙关系的一个基本特征。合伙企业是以合伙人个人财产为基础建立的,合伙财产为合伙人所共有,与合伙人的个人财产密切联系,合伙企业由合伙人共同经营,风险共担,要求各合伙人用其个人财产来共同保障合伙企业的信誉,承担合伙企业的债务责任。

(六) 合伙人共享收益

扩展资料 4-1
合伙关系不等于合伙企业

合伙人共享收益是合伙企业的共同目的,合伙人共同出资、共同经营、共担风险,所产生的经营成果则由合伙人共享,合伙企业收益的归属、利润的分配都根据共享收益的原则来确定。

二、合伙企业的法律性质

合伙企业是不具有法人资格的营利性经济组织。合伙企业的营利性，使得合伙企业与其他合伙形式但不以营利为目的的合伙组织相区别，后者的设立和活动并不适用《合伙企业法》。合伙企业的组织性，使得合伙企业与一般的民事合伙区别开来，从而成为市场经济活动的主体和多种法律关系的主体。例如，合伙企业可以以自己的名义享有财产权利和其他合法权益，可以以自己的名义从事生产经营活动。

合伙企业这种企业形式，对合伙人而言既有有利的一面，也有不利的一面。

合伙企业的有利之处在于以下几点。

(1) 设立合伙企业的手续比较简单，费用较少。

(2) 通过合伙可以集中起比个人独资企业较多的资金。

(3) 每个合伙人都有参与管理的权利，对企业经营管理、企业的发展等问题有较多的控制权和发言权。

(4) 合伙企业的经营管理有较大的自由和灵活性，合伙企业不需公开财务账目和年度报告。

合伙企业的不利之处如下。

(1) 合伙企业人数有限，很难募集到大量资金，因而规模一般不大。

(2) 普通合伙人对合伙企业的债务承担无限连带责任，一旦经营失败，很容易导致倾家荡产。

(3) 每一合伙人都参与管理，不利于企业管理的集中和统一，不利于实现科学化的管理。

(4) 合伙企业的存续时间不稳定，一旦合伙人死亡或者退伙，合伙企业一般就解散了，这不利于合伙企业的稳定发展。

综上所述，合伙企业主要是一种适合中小规模企业或者家族企业经营的商事组织形式。

习题

一、名词解释题

合伙企业

二、问答题

简述合伙企业的特点。

第二节　普通合伙企业的设立

一、普通合伙企业设立的条件

根据《合伙企业法》第十四条的规定，设立普通合伙企业（以下简称“合伙企业”），应当

案例分析 4-1
合伙关系

具备下列条件。

(一) 对合伙人的要求

1. 关于合伙人的人数

合伙人数应不少于两人。《合伙企业法》未规定合伙企业的合伙人数的上限。

2. 关于自然人合伙人的行为能力

合伙人必须具有相应的民事行为能力,即完全民事行为能力人且能承担无限责任。限制民事行为能力人不得作为合伙人,无民事行为能力人当然更不得作为合伙人。

但需注意的是:根据《合伙企业法》第四十八条的规定,合伙人被依法认定为无民事行为能力人或限制民事行为能力人的,经其他合伙人一致同意,可以依法转为有限合伙人,普通合伙企业转为有限合伙企业;根据《合伙企业法》第五十条的规定,合伙人死亡或者被依法宣告死亡的,对该合伙人在合伙企业中的财产份额享有合法继承权的继承人,按照合伙协议的约定或经全体合伙人一致同意,从继承开始之日起,取得该合伙企业的合伙人资格;继承人为无民事行为能力人或限制民事行为能力人的,经全体合伙人一致同意,可以依法成为有限合伙人,普通合伙企业转为有限合伙企业。

3. 关于合伙人的职业禁止

法律、行政法规禁止从事营利性活动的人,不得成为合伙企业的合伙人,具体包括国家公务员、法官、检察官及警察等。

4. 关于合伙人的种类

除自然人外,法人和其他组织均可以成为合伙企业的合伙人,自然人之间可以设立合伙企业,法人或其他组织之间可以设立合伙企业,自然人和法人或其他组织之间也可以设立合伙企业。

5. 普通合伙人的资格限制

《合伙企业法》第三条明确规定:“国有独资公司、国有企业、上市公司以及公益性的事业单位、社会团体不得成为普通合伙人。”

(二) 书面合伙协议

《民法典》中规定了合伙合同,是指两个以上合伙人为了共同的事业目的,订立的共享利益,共担风险的协议。《合伙企业法》中规定的合伙协议是指合伙人为设立合伙企业而签订的合同。合伙协议应当依法由全体合伙人协商一致,以书面形式订立。合伙协议应当载明以下内容。

(1) 合伙企业的名称和主要经营场所的地点。

(2) 合伙目的和合伙企业的经营范围。

(3) 合伙人的姓名或者名称及其住所。

(4) 合伙人出资的方式、数额和缴付出资的期限。

(5) 利润分配和亏损分担办法。

(6) 合伙企业事务的执行。

(7) 入伙与退伙。

(8) 争议解决办法。

(9) 合伙企业的解散与清算。

(10) 违约责任。

合伙协议经全体合伙人签名、盖章后生效。合伙人按照合伙协议享有权利,履行义务。合伙协议的修改或补充,应当经过全体合伙人一致同意,但合伙协议另有约定的除外。

合伙协议未约定或者约定不明确的事项,由合伙人协商决定;协商不成的,依照《合伙企业法》和其他有关法律、行政法规的规定处理。

(三) 有合伙人认缴或者实际缴付的出资

各合伙人按照合伙协议实际缴付的出资,为对合伙企业的出资。合伙人出资的形式可以是货币、实物、土地使用权、知识产权或者其他财产权利。其他财产权利是指货币、实物、知识产权、土地使用权以外的其他具有直接的财产内容的权利,如采矿权、资本证券、土地承包经营权、债权、商业秘密等。经全体合伙人协商一致,合伙人也可以用劳务出资。劳务出资是指出资人以自己的劳动技能等并通过自己的劳动体现出来的一种出资形式。合伙人的出资是设立合伙企业的基本物质条件,也是合伙人资格取得的必备条件。

(四) 有合伙企业的名称和生产经营场所

合伙企业作为市场主体应有自己的名称。合伙企业的名称中应当标明“普通合伙”字样,不得使用“有限”或者“有限责任”字样。

经营场所是指合伙企业从事生产经营活动的所在地。从事经营活动的必要条件是指根据合伙企业的业务性质、规模等因素而需具备的设施、设备、人员等方面的条件。

(五) 法律、行政法规规定的其他条件

例如,根据《中华人民共和国注册会计师法》(以下简称《注册会计师法》)的规定,合伙制的会计师事务所的合伙人应为注册会计师。

二、普通合伙企业设立的程序

根据《合伙企业法》的规定,申请设立合伙企业,应当向企业登记机关提交相关文件,申请登记。

申请人提交的登记申请材料齐全、符合法定形式,企业登记机关能够当场登记的,应予当场登记,发给营业执照。除上述规定情形外,企业登记机关应当自受理申请之日起20日内,作出是否登记的决定。予以登记的,发给营业执照;不予登记的,应当给予书面答复,并说明理由。

合伙企业的营业执照签发日期,为合伙企业成立日期。合伙企业领取营业执照前,合伙人不得以合伙企业的名义从事合伙业务。

合伙企业设立分支机构,应当向分支机构所在地的企业登记机关申请登记,领取营业

执照。

在设立登记过程中,有以下几个注意事项。

(一) 合伙企业的登记机关

根据《市场主体登记管理条例》的规定,市场监督管理部门是企业的登记主管机关。国务院市场监督管理部门主管全国市场主体登记管理工作。县级以上地方人民政府市场监督管理部门主管本辖区市场主体登记管理工作,加强统筹指导和监督管理。

(二) 合伙企业的登记事项

根据《市场主体登记管理条例》的规定,合伙企业登记事项包括:名称、主体类型、经营范围、住所或者主要经营场所、注册资本或出资额、执行事务合伙人或者负责人姓名、合伙人名称或者姓名、住所、承担责任方式,以及法律、行政法规规定的其他事项。

合伙协议、经营期限或者合伙期限、合伙人认缴或者实际缴付的出资数额、缴付期限和出资方式、企业的受益所有人相关信息等事项应当向登记机关办理备案。

(三) 设立合伙企业应当提交的文件

设立合伙企业,应当由全体合伙人指定的代表或者共同委托的代理人向企业登记机关申请设立登记。申请设立合伙企业,应当向企业登记机关提交下列文件。

(1) 全体合伙人签署的设立登记申请书。

(2) 全体合伙人的身份证明。

(3) 全体合伙人指定代表或者共同委托代理人的委托书。

(4) 合伙协议。

(5) 全体合伙人对各合伙人认缴或者实际缴付出资的确认书。

(6) 主要经营场所证明。

(7) 市场监督管理部门规定提交的其他文件。

合伙企业的经营范围中有属于法律、行政法规或者国务院规定在登记前须经批准的项目的,应当向企业登记机关提交批准文件。

第三节 普通合伙企业的财产和与第三人的关系

一、普通合伙企业的财产

(一) 普通合伙企业财产的构成

合伙人的出资、以合伙企业名义取得的收益和依法取得的其他财产,均为合伙企业的财产,性质上为合伙人共有财产,合伙人依法拥有财产份额。

由此可见，合伙企业的财产由两部分构成。

一部分是合伙人的出资，即合伙人按照合伙协议实际缴付的出资。

一部分则是所有以合伙企业名义取得的收益，即合伙人以合伙企业的名义从事经营活动的所得。其主要包括以下两方面。

（1）以合伙企业名义取得的收益，即营业性收入，包括合伙企业的公共积累资金、未分配的盈余、合伙企业债权、合伙企业取得的工业产权和非专利技术以及合伙企业的名称、商誉等财产权利。

扩展资料 4-2　财产份额的转让

（2）依法取得的其他财产，即根据法律、行政法规等规定合法取得的其他财产，如合法接受赠予的财产等。

（二）普通合伙企业财产份额的转让

财产份额的转让是指合伙企业存续期间，合伙人向其他合伙人或者合伙人以外的其他人转让其在合伙企业中的全部或者部分财产份额的行为。

除合伙协议另有约定外，合伙人向合伙人以外的人转让其在合伙企业中的全部或者部分财产份额时，须经其他合伙人一致同意。合伙人之间转让在合伙企业中的全部或者部分财产份额时，应当通知其他合伙人。合伙人向合伙人以外的人转让其在合伙企业中的财产份额的，在同等条件下，其他合伙人有优先购买权；但是合伙协议另有约定的除外。合伙人以外的人依法受让合伙人在合伙企业中的财产份额的，经修改合伙协议即成为合伙企业的合伙人，依照《合伙企业法》和修改后的合伙协议享有权利、履行义务。

合伙人以其在合伙企业中的财产份额出质的，须经其他合伙人一致同意；未经其他合伙人一致同意，其行为无效，由此给善意第三人造成损失的，由行为人依法承担赔偿责任。

（三）普通合伙企业财产的管理

由于合伙企业的财产归合伙人共有，因此按照调整财产共有关系的法律要求和《合伙企业法》的规定，合伙企业的财产由全体合伙人依照《合伙企业法》的规定及合伙协议的约定共同管理和使用。

为了维护合伙企业财产的完整，并且以此保障合伙企业交易对方的合法权益，除法律另有规定外，合伙人在合伙企业清算前，不得请求分割合伙企业的财产。

合伙人在合伙企业清算前私自转移或者处分合伙企业财产的，合伙企业不得以此对抗善意第三人。

二、合伙企业与第三人的关系

合伙企业与第三人的关系是指合伙企业的外部关系，即合伙企业与合伙企业的合伙人以外的第三人的关系。

(一) 合伙企业与善意第三人的关系

合伙企业对合伙人执行合伙事务以及对外代表合伙企业权利的限制，不得对抗善意第三人。对于善意第三人，由于其在设定法律关系时不知道或者不能知道合伙人是存在权利瑕疵的，其在交易中所取得的财产或利益是无权的合伙人所让与并且是有偿取得的，为了维护交易的安全和社会经济关系的稳定，其权益理应得到法律保护。

(二) 合伙人与其债权人的关系

合伙企业对其债务，应先以其全部财产进行清偿。合伙企业不能清偿到期债务的，合伙人承担无限连带责任。合伙人由于承担无限连带责任，清偿数额超过《合伙企业法》规定的其亏损分担比例的，有权向其他合伙人追偿。

(三) 合伙企业与合伙人个人债权人之间的关系

合伙企业与其合伙人是不同的利益主体，因此，合伙人个人所负的债务不应当影响合伙企业的正常经营和其他合伙人的正当权益。为了避免合伙人以及合伙企业被某一合伙人的个人债务所累，保障合伙企业和其他合伙人的合法权益，《合伙企业法》规定，合伙人发生与合伙企业无关的债务，相关债权人不得以其债权抵消其对合伙企业的债务，也不得代位行使合伙人在合伙企业中的权利。

合伙人的自有财产不足清偿其与合伙企业无关的债务的，该合伙人可以以其从合伙企业中分取的收益用于清偿；债权人也可以依法请求人民法院强制执行该合伙人在合伙企业中的财产份额用于清偿。人民法院强制执行合伙人的财产份额时，应当通知全体合伙人，其他合伙人有优先购买权；其他合伙人未购买，又不同意将该财产份额转让给他人的，依照《合伙企业法》的规定为该合伙人办理退伙结算，或者办理削减该合伙人相应财产份额的结算。

第四节 普通合伙企业的管理

一、合伙企业事务执行的方式

合伙人对执行合伙事务享有同等的权利。按照合伙协议的约定或者经全体合伙人决定，可以委托一个或者数个合伙人对外代表合伙企业，执行合伙事务。作为合伙人的法人、其他组织执行合伙事务的，由其委派的代表执行。

扩展资料 4-3
企业事务执行

委托一个或者数个合伙人执行合伙事务的，其他合伙人不再执行合伙事务。不执行合伙事务的合伙人有权监督执行事务合伙人执行合伙事务的情况。

二、合伙企业事务的执行及监督

由一个或者数个合伙人执行合伙事务的，执行事务合伙人应当定期向其他合伙人报告事务执行情况以及合伙企业的经营和财务状况，其执行合伙事务所产生的收益归合伙企业，所产生的费用和亏损由合伙企业承担。

合伙人为了解合伙企业的经营状况和财务状况，有权查阅合伙企业会计账簿等财务资料。合伙人分别执行合伙事务的，执行事务合伙人可以对其他合伙人执行的事务提出异议。提出异议时，应当暂停该项事务的执行。受委托执行合伙事务的合伙人不按照合伙协议或者全体合伙人的决定执行事务的，其他合伙人可以决定撤销该委托。

合伙人对合伙企业有关事项作出决议，按照合伙协议约定的表决办法办理。合伙协议未约定或者约定不明确的，实行合伙人一人一票并经全体合伙人过半数通过的表决办法。《合伙企业法》对合伙企业的表决办法另有规定的，从其规定。

除合伙协议另有约定外，合伙企业的下列事项应当经全体合伙人一致同意。

(1) 改变合伙企业的名称。

(2) 改变合伙企业的经营范围、主要经营场所的地点。

(3) 处分合伙企业的不动产。

(4) 转让或者处分合伙企业的知识产权和其他财产权利。

(5) 以合伙企业名义为他人提供担保。

(6) 聘任合伙人以外的人担任合伙企业的经营管理人员。

三、合伙人及被聘任的经营管理人员的义务

合伙人不得自营或者同他人合作经营与本合伙企业相竞争的业务。除合伙协议另有约定或者经全体合伙人一致同意外，合伙人不得同本合伙企业进行交易。合伙人不得从事损害本合伙企业利益的活动。

被聘任的合伙企业的经营管理人员应当在合伙企业授权范围内履行职务。

被聘任的合伙企业的经营管理人员，超越合伙企业授权范围履行职务，或者在履行职务过程中因故意或者重大过失给合伙企业造成损失的，依法承担赔偿责任。

违反义务应承担责任。合伙人执行合伙事务，或者合伙企业从业人员利用职务上的便利将应当归合伙企业的利益据为己有的，或者采取其他手段侵占合伙企业财产的，应当将该利益和财产退还合伙企业，给合伙企业或者其他合伙人造成损失的，依法承担赔偿责任。

合伙人对《合伙企业法》规定或者合伙协议约定必须经全体合伙人一致同意始得执行的事务擅自处理，给合伙企业或者其他合伙人造成损失的，依法承担赔偿责任。

不具有事务执行权的合伙人擅自执行合伙事务，给合伙企业或者其他合伙人造成损失的，依法承担赔偿责任。

合伙人违反《合伙企业法》规定或者合伙协议的约定，从事与本合伙企业相竞争的业务或者与本合伙企业进行交易的，该收益归合伙企业所有，给合伙企业或者其他合伙人造成损失的，依法承担赔偿责任。

合伙企业登记事项发生变更，执行合伙事务的合伙人未按期申请办理变更登记的，应当赔偿由此给合伙企业、其他合伙人或者善意第三人造成的损失。

四、合伙企业的利润分配、亏损分担

合伙企业的利润分配、亏损分担，按照合伙协议的约定办理；合伙协议未约定或者约定不明确的，由合伙人协商决定；协商不成的，由合伙人按照实缴出资比例分配、分担；无法确定出资比例的，由合伙人平均分配、分担。

合伙协议不得约定将全部利润分配给部分合伙人或者由部分合伙人承担全部亏损。

习题

问答题

1. 合伙企业事务执行的方式有哪些？
2. 合伙企业利润分配和亏损分担的标准如何确定？

第五节　普通合伙企业的入伙与退伙

一、入伙

入伙是指在合伙企业存续期间，其他主体取得合伙企业新合伙人的身份。新合伙人入伙，除合伙协议另有约定外，应当经全体合伙人一致同意，并依法订立书面入伙协议。订立入伙协议时，原合伙人应当向新合伙人如实告知原合伙企业的经营状况和财务状况。新合伙人可以采用两种方式入伙：①从原始合伙人手中取得部分或全部合伙权益；②投入资本，取得新合伙企业的权益。

入伙的新合伙人与原合伙人享有同等权利，承担同等责任。入伙协议另有约定的，从其约定。新合伙人对入伙前合伙企业的债务承担无限连带责任。

合伙企业登记事项因入伙、合伙协议修改发生变更或者需要重新登记的，应当于作出变更决定或者发生变更事由之日起 15 日内，向企业登记机关办理有关登记手续。

二、退伙

(一) 退伙的概念和种类

在合伙企业存续期间，合伙人失去合伙企业合伙人身份的行为或事件，叫作退伙。根据《合伙企业法》的具体规定，退伙可以分为合伙人自愿退伙、合伙人当然退伙和合伙人被除名退伙。

扩展资料 4-4
退伙纠纷

(二) 合伙人自愿退伙

合伙协议可以约定合伙期限，也可以不约定合伙期限。合伙协议约定合伙期限的，在合伙企业存续期间，有下列情形之一的，合伙人可以退伙。

(1) 合伙协议约定的退伙事由出现。

(2) 经全体合伙人一致同意。

(3) 发生合伙人难以继续参加合伙的事由。

(4) 其他合伙人严重违反合伙协议约定的义务。

合伙协议未约定合伙期限的,合伙人在不给合伙企业事务执行造成不利影响的情况下,可以退伙,但应当提前30日通知其他合伙人。

合伙人违反上述规定退伙,称为违规退伙,也即指合伙人不按照合伙协议约定的或者法律规定的退伙程序退伙,或者突然声明退伙,不再履行法定义务的退伙行为。违规退伙应当赔偿由此给合伙企业造成的损失。合伙人违规退伙的法律责任形式为赔偿损失。损失不仅包括直接损失,还应当包括间接损失。

案例分析 4-2　退伙

(三) 合伙人当然退伙

当然退伙是指当出现法律规定的原因或条件时,而导致的合伙人资格的消灭。合伙人有下列情形之一的,为当然退伙。

(1) 作为合伙人的自然人死亡或者被依法宣告死亡。

(2) 个人丧失偿债能力。

(3) 作为合伙人的法人或者其他组织依法被吊销营业执照、责令关闭、撤销或者被宣告破产。

(4) 法律规定或者合伙协议约定合伙人必须具有相关资格而丧失该资格。

(5) 合伙人在合伙企业中的全部财产份额被人民法院强制执行。

合伙人死亡或者被依法宣告死亡的,对该合伙人在合伙企业中的财产份额享有合法继承权的继承人,按照合伙协议的约定或者经全体合伙人一致同意,从继承开始之日起,取得该合伙企业的合伙人资格。

有下列情形之一的,合伙企业应当向合伙人的继承人退还被继承合伙人的财产份额。

(1) 继承人不愿意成为合伙人。

(2) 法律规定或者合伙协议约定合伙人必须具有相关资格,而该继承人未取得该资格。

(3) 合伙协议约定不能成为合伙人的其他情形。

合伙人的继承人为无民事行为能力人或者限制民事行为能力人的,经全体合伙人一致同意,可以依法成为有限合伙人,普通合伙企业依法转为有限合伙企业。全体合伙人未能一致同意的,合伙企业应当将被继承合伙人的财产份额退还该继承人。

合伙人被依法认定为无民事行为能力人或者限制民事行为能力人的,经其他合伙人一致同意,可以依法转为有限合伙人,普通合伙企业依法转为有限合伙企业。其他合伙人未能一致同意的,该无民事行为能力或者限制民事行为能力的合伙人退伙。

退伙事由实际发生之日为退伙生效日。

(四) 合伙人被除名退伙

除名退伙是指在合伙企业存续期间,当某一合伙人违反有关法律法规或合伙协议的规定时,其他合伙人一致同意将该合伙人开除合伙企业,而使其丧失合伙人资格。

合伙人有下列情形之一的,经其他合伙人一致同意,可以决议将其除名。

(1) 未履行出资义务。

(2) 因故意或者重大过失给合伙企业造成损失。

(3) 执行合伙事务时有不正当行为。

(4) 发生合伙协议约定的事由。

对合伙人的除名决议应当书面通知被除名人。被除名人接到除名通知之日,除名生效,被除名人退伙。

被除名人对除名决议有异议的,可以自接到除名通知之日起30日内,向人民法院起诉。

(五) 退伙的法律后果

(1) 合伙人退伙,不影响其他合伙人之间的合伙关系,合伙企业继续存在。

(2) 合伙人退伙,其他合伙人应当与该退伙人按照退伙时的合伙企业财产状况进行结算,退还退伙人的财产份额。退伙人对给合伙企业造成的损失负有赔偿责任的,相应扣减其应当赔偿的数额。

退伙时有未了结的合伙企业事务的,待该事务了结后进行结算。

(3) 退伙人在合伙企业中财产份额的退还办法,由合伙协议约定或者由全体合伙人决定,可以退还货币,也可以退还实物。

(4) 退伙人对基于其退伙前的原因发生的合伙企业债务,承担无限连带责任。

(5) 合伙人退伙时,合伙企业财产少于合伙企业债务的,由各合伙人依法分担亏损。

习题

一、名词解释题

入伙　退伙

二、问答题

1. 简述入伙的条件和法律后果。

2. 简述退伙的分类和法律后果。

三、案例分析题

王某、李某、朱某3人订立了书面合伙协议约定,3人共同出资20万元开设普通合伙企业甲厂,其中王某出资8万元、李某出资6万元、朱某出资6万元;3人按出资比例分享收益或者分摊亏损。2019年3月18日,甲厂为解决资金周转困难,向乙银行贷款10万元,期限为1年。2020年6月2日,经王某和朱某同意,李某将其在甲厂中的财产份额以6万元转让给张某。2020年7月1日,李某办妥了退伙手续。王某和朱某向张某介绍了甲厂的经营和财务状况,修改了合伙协议,办理了变更登记手续。上述贷款到期后,甲厂已无力偿还。

问题：此时，乙银行应向谁要求偿还贷款？

第六节　特殊的普通合伙企业

一、特殊的普通合伙企业的含义

特殊的普通合伙企业是指合伙人依照《合伙企业法》第五十七条的规定承担责任的普通合伙企业。特殊的普通合伙企业除《合伙企业法》另有规定外，适用前述普通合伙企业的规定，即本章第一节至第五节的内容。

以专业知识和专门技能为客户提供有偿服务的专业服务机构，可以设立为特殊的普通合伙企业。特殊的普通合伙企业名称中应当标明“特殊普通合伙”字样。

扩展资料 4-5　锦天城 3700 万赔偿案

二、特殊的普通合伙企业的债务承担

一个合伙人或者数个合伙人在执业活动中因故意或者重大过失造成合伙企业债务的，应当承担无限责任或者无限连带责任，其他合伙人以其在合伙企业中的财产份额为限承担责任。

合伙人在执业活动中非因故意或者重大过失造成的合伙企业债务以及合伙企业的其他债务，由全体合伙人承担无限连带责任。合伙人在执业活动中因故意或者重大过失造成的合伙企业债务，以合伙企业财产对外承担责任后，该合伙人应当按照合伙协议的约定对给合伙企业造成的损失承担赔偿责任。

特殊的普通合伙企业应当建立执业风险基金、办理职业保险。执业风险基金用于偿付合伙人执业活动造成的债务。执业风险基金应当单独立户管理。其具体管理办法由国务院规定。

第七节　有限合伙企业

一、有限合伙企业的概念

根据《合伙企业法》的规定，有限合伙企业是指由有限合伙人和普通合伙人共同组成的，普通合伙人对合伙企业债务承担无限连带责任，有限合伙人以其认缴的出资额为限对合伙企业的债务承担有限责任的合伙组织。

二、有限合伙企业的设立

有限合伙企业的设立条件包括以下几个。

(1) 合伙人。有限合伙企业由两个以上 50 个以下合伙人设立；但是，法律另有规定的除外。有限合伙企业至少应当有一个普通合伙人。

(2) 企业的名称。有限合伙企业名称中应当标明“有限合伙”字样。

(3) 合伙协议。合伙协议除符合普通合伙企业的规定外,还应当载明下列事项:

① 普通合伙人和有限合伙人的姓名或者名称、住所;

② 执行事务合伙人应具备的条件和选择程序;

③ 执行事务合伙人权限与违约处理办法;

④ 执行事务合伙人的除名条件和更换程序;

⑤ 有限合伙人入伙、退伙的条件、程序以及相关责任;

⑥ 有限合伙人和普通合伙人相互转变程序。

(4) 出资方式。有限合伙人可以用货币、实物、知识产权、土地使用权或者其他财产权利作价出资。有限合伙人不得以劳务出资。

(5) 出资的缴纳。有限合伙人应当按照合伙协议的约定按期足额缴纳出资;未按期足额缴纳的,应当承担补缴义务,并对其他合伙人承担违约责任。

三、有限合伙企业的事务执行

有限合伙企业由普通合伙人执行合伙事务。执行事务合伙人可以要求在合伙协议中确定执行事务的报酬及报酬提取方式。

扩展资料 4-6
事务执行

有限合伙人不执行合伙事务,不得对外代表有限合伙企业。有限合伙人的下列行为,不视为执行合伙事务。

(1) 参与决定普通合伙人入伙、退伙。

(2) 对企业的经营管理提出建议。

(3) 参与选择承办有限合伙企业审计业务的会计师事务所。

(4) 获取经审计的有限合伙企业财务会计报告。

(5) 对涉及自身利益的情况,查阅有限合伙企业财务会计账簿等财务资料。

扩展资料 4-7
蚂蚁金服与有限合伙

(6) 在有限合伙企业中的利益受到侵害时,向有责任的合伙人主张权利或者提起诉讼。

(7) 执行事务合伙人怠于行使权利时,督促其行使权利或者为了本企业的利益以自己的名义提起诉讼。

(8) 依法为本企业提供担保。

四、有限合伙企业的几个特殊规定

(一) 有关有限合伙企业利润分配的特殊规定

有限合伙企业不得将全部利润分配给部分合伙人;但是,合伙协议另有约定的除外。

(二) 有关有限合伙企业合伙人自我交易和竞业禁止的特殊规定

有限合伙人可以同本有限合伙企业进行交易;但是,合伙协议另有约定的除外。与普通合伙人不同,有限合伙人并不参与企业的事务执行,也就是说,对企业的对外交易行为,有限合伙人并无直接或者间接的控制权,有限合伙人与本企业进行交易时,一般不会损害本企业的利益。有限合伙协议可以对有限合伙人与本企业之间的交易进行限定。

有限合伙人可以自营或者同他人合作经营与本有限合伙企业相竞争的业务；但是，合伙协议另有约定的除外。

（三）有关有限合伙企业合伙人的财产份额出质、转让的特殊规定

有限合伙人在有限合伙企业中的财产份额是有限合伙人的财产权益。有限合伙人可以将其财产份额出质；但是，合伙协议另有约定的除外。在企业存续期间，有限合伙人可以对该财产权利进行一定的处分。有限合伙人可以按照合伙协议的约定向合伙人以外的人转让其财产份额，但应当提前 30 日通知其他合伙人。

（四）有关有限合伙企业合伙人的财产清偿的特别规定

有限合伙人的自有财产不足清偿其与合伙企业无关的债务的，该合伙人可以以其从有限合伙企业中分取的收益用于清偿；债权人也可以依法请求人民法院强制执行该合伙人在有限合伙企业中的财产份额用于清偿。

人民法院强制执行有限合伙人的财产份额时，应当通知全体合伙人。在同等条件下，其他合伙人有优先购买权。

五、有限合伙企业合伙人的入伙、退伙

（一）入伙

新入伙的有限合伙人对入伙前有限合伙企业的债务，以其认缴的出资额为限承担责任。新入伙的有限合伙人对入伙前有限合伙企业的债务承担，不同于普通合伙人对入伙前的普通合伙企业的债务责任承担。由于有限合伙人仅以其认缴的出资额为限对有限合伙企业的债务承担责任，所以，新入伙的有限合伙人对其入伙前有限合伙企业的债务只能以其认缴的出资额为限承担责任。

案例分析 4-3 入伙的条件

（二）退伙

有限合伙人有下列情形之一的，为当然退伙：①作为合伙人的自然人死亡或者被依法宣告死亡；②作为合伙人的法人或者其他组织依法被吊销营业执照、责令关闭、撤销，或者被宣告破产；③法律规定或者合伙协议约定合伙人必须具有相关资格而丧失该资格；④合伙人在合伙企业中的全部财产份额被人民法院强制执行。作为有限合伙人的自然人死亡、被依法宣告死亡或者作为有限合伙人的法人或其他组织终止而导致退伙时，其继承人或者权利承受人可以依法取得该有限合伙人在有限合伙企业中的资格。

有限合伙人退伙后，对基于其退伙前的原因发生的有限合伙企业债务，以其退伙时从有限合伙企业中取回的财产承担责任。

(三) 合伙人身份的转变

有限合伙企业两类合伙人的相互转变,其本质是两类法律责任的转变,这对企业的生产经营会产生一定影响。所以,对两类合伙人的转变,除合伙人另有约定外,应当经全体合伙人一致同意。

有限合伙人转变为普通合伙人的,对其作为有限合伙人期间有限合伙企业发生的债务承担无限连带责任。

普通合伙人转变为有限合伙人的,对其作为普通合伙人期间合伙企业发生的债务承担无限连带责任。

在合伙人退伙或者身份转变等情形下,有限合伙企业仅剩有限合伙人的,应当解散;仅剩普通合伙人的,转为普通合伙企业。

习题

一、名词解释题

有限合伙

二、问答题

1. 简述有限合伙企业的设立条件。

2. 有限合伙企业和普通合伙企业的主要区别有哪些?

三、案例分析题

2019年1月,甲、乙、丙、丁4人决定投资设立一合伙企业,并签订了书面合伙协议。合伙协议的部分内容如下:①甲以货币出资10万元,乙以机器设备折价出资8万元,经其他3人同意,丙以劳务折价出资6万元,丁以货币出资4万元;②甲、乙、丙、丁按2:2:1:1的比例分配利润和承担风险;③由甲执行合伙企业事务,对外代表合伙企业,其他3人均不再执行合伙企业事务,但签订购销合同及代销合同应经其他合伙人同意。合伙协议中未约定合伙企业的经营期限。

合伙企业在存续期间,发生下列事实。

(1) 合伙人甲为了改善企业经营管理,于2019年4月独自决定聘任合伙人以外的A担任该合伙企业的经营管理人员,并以合伙企业名义为B公司提供担保。

(2) 2019年5月,甲擅自以合伙企业的名义与善意第三人C公司签订了代销合同,乙获知后,认为该合同不符合合伙企业利益,经与丙、丁商议后,即向C公司表示对该合同不予承认,因为甲无单独与第三人签订代销合同的权力。

(3) 2020年1月,丁提出退伙,丁退伙并不会给合伙企业造成任何不利影响。2020年3月,丁撤资退伙。于是,合伙企业又接纳戊新入伙,戊出资4万元。2020年5月,合伙企业的债权人C公司就合伙人丁退伙前发生的债务24万元要求合伙企业的现合伙人甲、乙、丙、戊及退伙人丁、经营管理人员A共同承担连带清偿责任。甲表示只按照合伙协议约定的比例清偿相应数额。丙则表示自己是以劳务出资的,只领取固定的工资收入,不负责偿还企业债务。丁以自己已经退伙为由,拒绝承担清偿责任。戊以自己新入伙为由,拒绝对其入伙前的债务承担清偿责任。A则表示自己只是合伙企业的经营管理人员,不对合伙企业债务承担责任。

(4) 2021 年 4 月,乙在与 D 公司的买卖合同中,无法清偿 D 公司的到期债务 8 万元。D 公司于 2021 年 6 月向人民法院提起诉讼,人民法院判决 D 公司胜诉。D 公司于 2021 年 8 月向人民法院申请强制执行乙在合伙企业中的全部财产份额。

问题:

(1) 甲聘任 A 担任合伙企业的经营管理人员及为 B 公司提供担保的行为是否合法?并说明理由。

(2) 甲以合伙企业名义与 C 公司所签的代销合同是否有效?并说明理由。

(3) 甲拒绝承担连带责任的主张是否成立?并说明理由。

(4) 丙拒绝承担连带责任的主张是否成立?并说明理由。

(5) 丁的主张是否成立?并说明理由。如果丁向 C 公司偿还了 24 万元的债务,丁可以向哪些当事人追偿?追偿的数额是多少?

(6) 戊的主张是否成立?并说明理由。

(7) 经营管理人员 A 拒绝承担连带责任的主张是否成立?并说明理由。

(8) 乙被人民法院强制执行其在合伙企业中的全部财产份额后,合伙企业决定对乙进行除名,合伙企业的做法是否符合法律规定?并说明理由。

(9) 丁的退伙属于何种情况?其退伙应符合哪些条件?

本章主要参考法律法规

1.《中华人民共和国合伙企业法》
2.《中华人民共和国合伙企业登记管理办法》
3.《中华人民共和国民法典》

即测即练

练4

第五章

公 司 法

学习目标

1. 了解公司概念和种类，理解公司性质；
2. 了解公司债券、财务会计制度等公司基本制度；
3. 了解公司设立条件和程序，理解设立的法律后果；
4. 理解股东权利和义务；了解股份发行和转让；
5. 了解公司组织机构的性质、构成、职权；
6. 掌握有限责任公司和股份有限公司的主要区别。

思政结合

1. 学习《公司法》、了解公司的历史、现状，了解公司制和股份制在社会主义经济建设中发挥的作用。认识社会主义建设成就，坚持爱国、爱党、爱社会主义的高度统一，展望未来，砥砺前行。

2. "着眼于增强公民、企业、各种组织的社会责任"。强化公司社会责任不仅是公司法的重要内容，也是构建和谐社会的重要内容。认识公司的营利性、社会责任及股东个人价值实现之间的关系，培育和践行社会主义核心价值观。

3. 学习公司组织机构，认识完善公司治理制度对创新中国式管理、提升公司质量、推进全面深化改革的重要意义，同时思考国家治理和个人治理，不断进行自我提升。

4. 总结个人独资企业、合伙企业、公司的主要区别，了解三种企业在我国社会主义经济建设中发挥的作用，关注我国社会现实与经济，增强民族自豪感与自信心。

引导案例

公司的设立

某年3月8日，陈某与韩某及第三人刘甲、刘乙共同商议，欲成立"甲有限责任公司"，订立了《甲有限责任公司章程》，约定陈某出资110万元、韩某出资150万元、刘甲出资40万元、刘乙出资30万元。截至当年6月30日，实际出资为：陈某56.5万元，韩某140万元，刘甲40万元，刘乙30万元。4人共投资266.5万元（其中现金193.5万元转入指定账户，厂房作价65.21万元，预付设备款77 900元），并陆续购买、安装了生产线设备，但未进行工商注册登记。5月28日，陈某以资金困难为由向其他3位股东书写了退股信，表示自愿放弃以前所有的投资股权。6月6日，刘甲和刘乙将指定账户上的648 841.76元转走。公司未设立成功。6月15日，韩某与他人设立了同名的甲公司，进行了工商注册登记，该新公司占用了原4位股东的厂房和设备。7月7日，韩某将之前四人购买的生产线、配套电力及办公设施以138万元的价格出售。设立公司期间的经济损失为243 789.15元。陈某认为公司未成功设立，应清算出资，自己出资56.5万元，现在只得到1.7万元，遂起诉要求韩某返还部分出资款。

第一节　公司法概述

一、公司的概念和特征

（一）公司的概念

公司是社会经济活动最主要的主体，是当今世界最普遍、最重要的企业形式。根据《公司法》的规定，公司是指在中国境内设立的有限责任公司和股份有限公司。公司是企业法人，有独立的法人财产，享有法人财产权。公司以其全部财产对公司的债务承担责任。

扩展资料 5-1　公司的力量

（二）公司的特征

作为现代企业的重要组织形式，公司具有以下法律特征。

1. 公司具有营利性，是以营利为目的的企业组织

公司以进行经营活动、获取经营收益为基本动机和目的，营利是公司经营活动的出发点和归宿点。营利性是所有企业的基本特性。

2. 公司具有依法认可性，是依法登记成立的企业组织

公司必须经依法认可、登记注册，才能取得主体资格。设立公司必须符合《公司法》规定的条件，履行设立程序。

3. 公司是以股东投资为基础设立的股权式企业

作为现代企业的主要形态，公司有其特定的产权结构形式。传统所有权在公司中转换为股权和公司法人权利。股权与公司法人权利既相互依存、相互独立，又相互制衡。

4. 公司是具有法人资格的企业

公司是具有法人资格的经济组织，是最典型的法人。正是公司的出现，才使法人制度得以建立和完善。

二、公司的种类

随着公司在现代社会经济生活中的地位越来越重要，公司的规模得到了空前的发展，其组织形式也日益多样化。一般的分类有：按股东对公司所承担的财产责任的性质，公司可划分为无限责任公司、有限责任公司、股份有限责任公司和两合公司；按公司之间的关系，公司可分为母公司和子公司、总公司和分公司；按公司的国籍，公司可分为本国公司、外国公司和跨国公司；按公司对外信用基础，公司可分为人合公司、资合公司、资合兼人合公司。

根据《公司法》的规定，公司种类相对较简单，主要分为以下几种。

(一) 有限责任公司和股份有限公司

按公司资本是否划分为等额股份及股份是否通过发行股票方式募集，公司可分为有限责任公司和股份有限公司。有限责任公司是股东以其认缴的出资额为限对公司承担责任，公司以其全部财产对其债务承担责任的企业法人。股份有限公司是全部资本划分为等额股份，股东以其所认购的股份为限对公司承担责任，公司以其全部财产对公司债务承担责任的企业法人。

(二) 母公司和子公司

根据公司之间的控制或从属关系，公司可分为母公司和子公司。当一个公司拥有另一公司一定比例以上并足以将其控制的股份时，该公司即为母公司，对方公司则为子公司。母公司、子公司均具有企业法人资格，依法独立承担民事责任。

(三) 总公司与分公司

总公司与分公司是以公司分支机构的设置和关系系统为标准划分的。总公司是指依法设立的管辖其全部组织的总机构，分公司则是总公司管辖的分支机构。分公司不具有法人资格，其民事责任由总公司承担，但可以领取营业执照，具有经营资格和诉讼主体资格，可以以自己的名义订立合同和参与诉讼。

(四) 本国公司和外国公司

本国公司与外国公司是以公司的国籍为标准划分的。本国公司是指依据本国法律，在本国登记设立的公司。凡依据《公司法》规定的条件和程序在我国境内设立登记的公司，即为中国公司。外国公司是指依照外国法律在中国境外设立的公司。

三、公司法的概念和特征

(一) 公司法的概念

公司法是规定公司的设立、组织、活动、解散及其内部、外部关系的法律规范的总称。公司法规范的对象是公司企业。公司法调整公司在设立、组织、运营或解散过程中所发生的社会关系，具体表现为：公司内部发起人之间或股东之间的关系；股东与公司之间的关系；公司内部的组织管理与协作关系；公司与国家经济行政机关之间所发生的外部组织管理关系。

(二) 公司法的特征

1. 公司法是组织法和活动法相结合的法律

公司法是组织法，以组织体为核心，因此，首先对公司的法律地位及资格，公司的设立、变更、终止，股东的权利义务，公司的组织机构及内部管理，公司与股东的关系等问题作出明确的规定。同时，公司法也是活动法，对与公司的组织特点直接相关的公司活动，如公司股份、债券的发行与转让，公司资本的增加和减少等，作出明确规定。

2. 公司法是强制性规范和任意性规范相结合的法律

公司法既有强制性规范，又有任意性规范，但以强制性规范为主。

强制性规范是指法律规范的权利义务具有绝对肯定形式，不允许当事人双方协议或单方任意改变或否认。公司法强制性规范主要体现在以下方面：设立公司时，不能任意创设公司的形态，必须符合设立条件，履行设立程序；股票、债券不能任意发行和转让，必须符合法定的程序和条件；利润分配，必须先弥补亏损，提取法定公积金等。若违反这些强制性规范，公司和相关当事人要承担相应的法律责任。

公司法中又有任意性的法律规范。任意性法律规范是指法律规范留有相当的选择空间，在这一空间范围内可以由当事人通过自由协商来创设、确认相互权利义务关系，并可协商变更或解除这种关系。公司法的任意性规范体现在公司治理结构方面，如对公司机关职权范围、决议方式的变通和补充规定等。

3. 公司法是实体法和程序法相结合的法律

公司法以大量的实体法律规范规定公司的法律地位、组织活动准则、组织机构的职权职责、公司以及股东的权利义务等，同时，也以大量的程序法律规范对公司的设立程序、组织活动程序等有关组织和行为加以规范。

习题

一、名词解释题

公司

二、问答题

1. 简述公司的种类。

2. 简述公司法的特征。

第二节　公司法基本制度

一、公司债券

（一）公司债券的概念和特征

公司债券是公司依照法定程序发行、约定在一定期限内还本付息的有价证券。公司债券有记名债券和无记名债券。它表明发行债券的公司和债券投资者之间的债权债务关系，公司债券的持有人是公司的债权人，而不是公司的所有者，这是与股票持有者最大的不同点，债券持有人有按约定条件向公司取得利息和到期收回本金的权利，取得利息优先于股东分红，公司破产清算时，也优于股东而收回本金。但债券持有者不能参与公司的经营、管理等各项活动。

公司债券具有以下几个特征。

1. 公司债券是一种"有价证券"

(1) 公司债券作为一种"证券",不是一般的物品或商品,而是能够证明权利的法律凭证。

(2) 公司债券是"有价证券",它反映和代表了一定的经济价值,并且自身带有广泛的社会接受性,一般能够转让,作为流通的金融性工具。

2. 公司债券是由公司发行的

公司债券的发行人、债务人是公司,而不是其他组织形式的企业。

3. 公司债券须通过发行得以实现

公司债券必须由其发行人面向其投资者通过发行才能实现。公司债券发行是发行人通过出售自身的信用凭证——公司债券获得资金,同时公司债券投资者通过支付资金购买发行人的信用凭证的一种信用交易过程。

4. 公司债券需要还本付息

还本付息,是公司债券与其他有价证券的根本区别。

公司债券到期要偿还,而且还需支付一定的利息。

5. 公司债券具有一定期限

公司债券反映的是债权债务关系,是一种借贷行为,有借有还,这就要确定经过多长时间偿还。

6. 公司债券的发行要依照法定程序进行

依照法定程序,其主要包含两层含义。

(1) 需经公司决策层,如董事会、股东大会等批准。

(2) 需经政府监管部门同意。政府监管部门在同意发行公司债券的审查过程中,还通过有关法律法规在信用评级、财务审计、法律认证、信息披露等方面进行严格要求。

(二) 公司债券的发行

1. 公司债券的发行主体

股份有限公司和有限责任公司只要符合法律(主要是证券法)规定的公司债券发行条件,就可以发行公司债券。但发行可转换公司债券的主体只能是股份有限公司中的上市公司。

2. 公司债券的发行条件

公司发行公司债券应当符合《证券法》规定的发行条件。

(1) 具备健全且运行良好的组织机构。

(2) 最近3年平均可分配利润足以支付公司债券一年的利息。

(3) 国务院规定的其他条件。

3. 公司债券的发行程序

发行公司债券不但要具备法定条件,还要履行法定程序。发行公司债券要履行以下程序。

(1) 董事会制订方案,股东(大)会作出决议。

有限责任公司、股份有限公司发行公司债券,由董事会制订方案,由股东会作出决议;

国有独资公司由董事会制订方案，由国有资产监督管理机构作出决定。

(2) 办理公司债券审核。

公司申请公开发行公司债券，应当报经国务院授权的部门或者国务院证券监督管理机构注册。

(3) 公告公司债券募集方法。

发行公司债券的申请经注册后，应当公告公司债券募集办法。《公司法》规定，公司债券募集办法中应当载明下列主要事项：

① 公司名称；

② 债券募集资金的用途；

③ 债券总额和债券的票面金额；

④ 债券利率的确定方式；

⑤ 还本付息的期限和方式；

⑥ 债券担保情况；

⑦ 债券的发行价格、发行的起止日期；

⑧ 公司净资产额；

⑨ 已发行的尚未到期的公司债券总额；

⑩ 公司债券的承销机构。

(4) 签订承销协议，承销商销售公司债券。

公司向社会公开发行公司债券，应当由证券经营机构承销。债券承销可以采取代销和包销两种方式。

(三) 公司债券的转让

公司债券的转让是指公司债券持有人将自己的公司债券让予他人，使受让人成为公司债券的持有人、公司债的债权人。

公司债券可以转让，转让价格由转让人与受让人约定。公司债券在证券交易所上市交易的，按照证券交易所的交易规则转让。

记名公司债券，由债券持有人以背书方式或者法律、行政法规规定的其他方式转让，转让后由公司将受让人的姓名或者名称及住所记载于公司债券存根簿。

无记名公司债券的转让，由债券持有人将该债券交付给受让人后即发生转让的效力。

二、公司的财务会计制度

(一) 公司财务会计制度的概念

公司财务会计制度是公司财务制度和会计制度的统称，具体指法律、法规及公司章程中所确立的一系列公司财务会计规程。公司财务会计报告是反映公司生产经营成果和财务状况的总结性的书面文件。它不仅是公司经营者准确掌握公司经营情况的重要手段，也是股东、债权人了解公司财产和经营状况的主要途径。

《公司法》规定，公司应当依照法律、行政法规和国务院财政部门的规定建立本公司的

扩展资料 5-2 股东的资产收益权

财务、会计制度。

公司应当在每一会计年度终了时编制财务会计报告,并依法经会计师事务所审计。财务会计报告应当依照法律、行政法规和国务院财政部门的规定制作。有限责任公司应当依照公司章程规定的期限将财务会计报告送交各股东。股份有限公司的财务会计报告应当在召开股东大会年会的20日前置备于本公司,供股东查阅;公开发行股票的股份有限公司必须公告其财务会计报告。

(二) 利润分配

根据《公司法》等有关法规的规定,公司当年实现的利润,一般应按照下列顺序分配。

(1) 弥补以前年度亏损,但不得超过税法规定的弥补期限。公司某一纳税年度的亏损可以用下一年度的所得弥补,下一年度的所得不足以弥补的,可以逐年延续弥补,但最长不得超过5年。

(2) 缴纳所得税。公司应当按照《中华人民共和国企业所得税法》的规定缴纳企业所得税。

(3) 依法提取法定公积金。公司分配当年税后利润时,应当提取利润的10%列入公司法定公积金。公司法定公积金累积额为公司注册资本的50%以上的,可以不再提取。公司的法定公积金不足以弥补以前年度亏损的,在提取法定公积金之前,应当先用当年利润弥补亏损。公司的公积金用于弥补公司的亏损、扩大公司生产经营或者转为增加公司资本。但是,资本公积金不得用于弥补公司的亏损。法定公积金转为资本时,所留存的该项公积金不得少于转增前公司注册资本的25%。

(4) 依法提取任意公积金。公司从税后利润中提取法定公积金后,经股东会或者股东大会决议,还可以从税后利润中提取任意公积金。

(5) 向投资人分配利润。有限责任公司依照《公司法》第三十四条的规定分配;股份有限公司按照股东持有的股份比例分配,但股份有限公司章程规定不按持股比例分配的除外。股东会、股东大会或者董事会违反前款规定,在公司弥补亏损和提取法定公积金之前向股东分配利润的,股东必须将违反规定分配的利润退还公司。

三、公司的合并、分立、增资、减资

(一) 公司的合并

1. 公司合并的概念和种类

公司合并是指两个或两个以上的公司依照《公司法》规定的条件和程序,通过订立合并协议,共同组成一个公司的法律行为。

公司的合并可分为吸收合并和新设合并两种形式。吸收合并又称存续合并,它是指通过将一个或一个以上的公司并入另一个公司的方式而进行公司合并的一种法律行为。并入的公司解散,其法人资格消失。接受合并的公司继续存在,并办理变更登记手续。新设合并是指两个或两个以上的公司以消灭各自的法人资格为前提而合并组成一个公司的法律行为。其合并结果是，原有公司的法人资格均告消灭，新组建公司办理设立登记手续，取得法人资格。

2. 公司合并的程序

(1) 董事会制订合并方案。

(2) 签订公司合并协议。公司合并协议是指由两个或者两个以上的公司就公司合并的有关事项订立的书面协议。

(3) 编制资产负债表和财产清单。资产负债表是反映公司资产及负债状况、股东权益的会计报表，是公司合并中必须编制的报表。此外，公司还要编制财产清单，清晰地反映公司的财产状况。

(4) 合并决议的形成。公司合并应当由公司股东会或者股东大会作出合并决议，之后方进行其他工作。

(5) 向债权人通知和公告。公司应当自作出合并决议之日起 10 日内通知债权人，并于 30 日内在报纸上公告。通知和公告的目的主要是告知公司债权人，以便让他们作出决定，对公司的合并是否提出异议。此外，公告也可以起到通知未参加股东会(股东大会)的股东的作用。

(6) 合并登记。公司合并以后，解散的公司应当到公司登记机关办理注销登记手续；存续公司应当到登记机关办理变更登记手续；新成立的公司应当到登记机关办理设立登记手续。公司合并只有进行登记后，才能得到法律上的承认。

3. 公司合并的法律后果

公司合并时，合并各方的债权、债务应由合并后存续的公司或者新设的公司承继。

(二) 公司的分立

公司分立指一个公司依照《公司法》有关规定，分成两个以上的公司的法律行为。

公司分立主要有两种方式：派生分立，是指一个公司分立成两个以上公司，本公司继续存在并设立一个以上新的公司；解散分立，是指一个公司分散为两个以上公司，本公司解散并设立两个以上新的公司。

公司分立程序如下。

1. 公司董事会拟订公司分立方案

其与公司合并类似。但在公司分立方案中，除应当对分立原因、目的、分立后各公司的地位、分立后公司章程及其他相关问题作出安排外，特别应妥善处理财产及债务分割问题。

2. 公司股东会关于分立方案的决议

公司分立属于《公司法》上所称重大事项，应当由股东会以特别会议决议方式决定。股东会决议通过方案时，特别要通过公司债务的分担协议，即由未来两家或多家公司分担原公司债务的协议。为了保证分立方案的顺利执行，应当同时授权董事会具体实施分立方案。该授权包括向国家主管机关提出分立申请、编制其他相关文件等事项。

3. 董事会编制公司财务及财产文件

根据《公司法》的规定，公司分立时应当进行财产分割。为妥善处理财产分割，应当编制资产负债表及财产清单。经股东会授权后,应当由董事会负责实施。

4. 政府主管机关的批准

其与公司合并须经政府主管机关批准的规则在本质上相同,即公司分立应以政府批准为前提。

5. 履行债权人保护程序

根据《公司法》的规定,债权人保护程序主要涉及分立通知及公告程序:在分立决议作出后的10日内,将分立决议通知债权人,并于30日内在报纸上公告。

公司分立,其财产做相应的分割。公司分立前的财产所有权、经营权、知识产权、债权等由分立后的公司享有,公司分立前的债务由分立后的公司承担连带责任。但是,公司在分立前与债权人就债务清偿达成的书面协议另有约定的除外。

(三) 公司的减资、增资

1. 公司注册资本的减少

公司减少注册资本不仅关系到公司股东的利益,还关系到公司债权人的利益和市场交易秩序的稳定,因而必须依法进行。根据《公司法》的规定,公司需要减少注册资本时,必须编制资产负债表及财产清单。公司应当自作出减少注册资本决议之日起10日内通知债权人,并于30日内在报纸上公告。债权人自接到通知书之日起30日内,未接到通知书的自公告之日起45日内,有权要求公司清偿债务或者提供相应的担保。公司减资后的注册资本不得低于法定的最低限额。公司减少注册资本,应当依法向公司登记机关办理变更登记。

2. 公司注册资本的增加

有限责任公司增加注册资本时,股东认缴新增资本的出资,依照公司法设立有限责任公司缴纳出资的有关规定执行。

股份有限公司为增加注册资本发行新股时,股东认购新股,依照公司法设立股份有限公司缴纳股款的有关规定执行。

公司增加注册资本,应当依法向公司登记机关办理变更登记。

四、外国公司的分支机构

(一) 外国公司与外国公司分支机构的概念

外国公司是指依照外国法律在中国境外设立的公司。外国公司具有以下特征。

(1) 外国公司依据外国法律登记成立。

(2) 外国公司在中国境外登记成立。

(3) 外国公司具有外国国籍,适用外国法律。

(4) 外国公司是一国公司在本国之外从事经营活动时的公司称谓,作为在本国之外从事经营活动(包括通过其分支机构从事经营活动)的公司,要遵守经营活动所在地国家的法律。

(5) 外国公司必须有法人资格,并对其分支机构进行经营活动承担民事责任。

外国公司在我国设立的分支机构是指外国公司依照我国法律，经过我国政府批准，在我国境内设立的从事生产经营活动的分支机构。外国公司在我国设立的分支机构具有以下特征。

(1) 外国公司分支机构是外国公司设立的机构，以外国公司存在为前提。

(2) 外国公司在我国设立并从事经营活动的分支机构，必须经我国政府批准，遵守我国法律。

(3) 外国公司分支机构不具有法人资格。

(二) 外国公司分支机构的设立

外国公司在中国境内设立分支机构，必须向中国主管机关提出申请，并提交其公司章程、所属国的公司登记证书等有关文件，经批准后，向公司登记机关依法办理登记，领取营业执照。外国公司分支机构的审批办法由国务院另行规定。

外国公司在中国境内设立分支机构，必须在中国境内指定负责该分支机构的代表人或者代理人，并向该分支机构拨付与其所从事的经营活动相适应的资金。对外国公司分支机构的经营资金需要规定最低限额的，由国务院另行规定。外国公司的分支机构应当在其名称中标明该外国公司的国籍及责任形式。外国公司的分支机构应当在本机构中置备该外国公司章程。

(三) 外国公司分支机构的义务

外国公司在中国境内设立的分支机构不具有中国法人资格，因此外国公司对其分支机构在中国境内进行经营活动承担民事责任。经批准设立的外国公司分支机构，在中国境内从事业务活动，必须遵守中国的法律，不得损害中国的社会公共利益，其合法权益受中国法律保护。

外国公司撤销其在中国境内的分支机构时，必须依法清偿债务，依照《公司法》有关公司清算程序的规定进行清算。未清偿债务之前，不得将其分支机构的财产移至中国境外。

习题

一、名词解释题

公司债券　外国公司分支机构　合并　分立

二、问答题

1. 简述公司债券的发行条件。
2. 简述外国公司分支机构的法律地位。
3. 简述公司财务会计制度的内容。
4. 简述公司合并的种类和法律后果。
5. 简述公司分立的种类和法律后果。

第三节 有限责任公司

一、有限责任公司的概念和法律特征

(一) 有限责任公司的概念

有限责任公司是指依照《公司法》在我国境内设立的,股东以其认缴的出资额为限对公司承担责任,公司以其全部财产对公司债务承担责任的企业法人。

扩展资料 5-3
公司的人格否认

(二) 有限责任公司的法律特征

有限责任公司具有以下法律特征。

(1) 有限责任公司的股东仅就其出资额为限对公司承担责任。股东以出资额为限对公司承担责任,这是有限责任公司区别于个人独资企业、合伙企业的重要特征。

(2) 有限责任公司的股东人数,一般都有最高人数的限制。《公司法》对有限责任公司的股东人数有最高数额的限制,要求50个以下股东出资设立;同时,也承认一人公司的合法地位。

(3) 有限责任公司不能公开募集股份,不能发行股票。有限责任公司的全部资本不分股份,股东仅以该出资额为限对公司负责。这是有限责任公司与股份有限公司的一个重大区别。有限责任公司是封闭型公司,公司资本的募集具有封闭性,有限责任公司的资本仅在发起人之间募集,同时,公司的管理、财务和经营信息具有非公开性,有限责任公司的经营涉及公司股东的利益,其管理、财务会计账簿及重大经营信息可以不向社会公开。

(4) 有限责任公司的设立程序要比股份有限公司更简便,只有发起设立,而无募集设立,程序上也较为简化。

(5) 股东出资的转让限制。有限责任公司是具有人合色彩的公司,股东之间的信任构成公司的重要信用基础。因此有限责任公司的股权对外转让,一方面应当保证股权转让方相对自由的处分权;另一方面也应当尽可能维护公司股东之间的信任关系。为此,法律对有限责任公司的股东对外转让出资作出限制,要求股权转让符合公司法规定的条件和程序。

二、有限责任公司的设立

有限责任公司的设立是指发起人为使公司成立、取得公司法人资格而进行的一系列法律行为的总称。

(一) 有限责任公司的设立条件

根据《公司法》的规定,设立有限责任公司应当具备以下条件。

1. 股东符合法定人数

有限责任公司由50个以下股东出资设立。股东可以是自然人,也可以是法人。有限责任公司股东因身份不同,可分为三类:①法人股东。一般而言,公法人除非得到明确的授权，一般不得投资开办公司，典型的如党政机关法人。其余的法人，除非法律、行政法规明确禁止，都可以成为股东。②自然人股东。凡具有民事权利能力和民事行为能力的人均可以投资设立有限责任公司。但是一些特定人员被排除在外，如党政机关、军队等从事特定职业的人，以及承担竞业禁止义务的人。③国家股东。国家作为有限责任公司的股东，须由其授权的投资机构或部门作为代表。

2. 有符合公司章程规定的全体股东认缴的出资额

有限责任公司的注册资本为在公司登记机关登记的全体股东认缴的出资额。法律、行政法规对有限责任公司注册资本另有规定的，从其规定。

3. 股东共同制定公司章程

公司章程是股东依法制定的、规定公司组织及行为的基本规则的重要法律文件，是设立公司必须具备的条件。有限责任公司的章程由全体股东共同制定并签名、盖章。公司成立后，章程对公司、股东、董事、监事、高级管理人员具有约束力。有限责任公司章程应当载明下列事项：①公司名称和住所；②公司经营范围；③公司注册资本；④股东的姓名或者名称；⑤股东的出资方式、出资额和出资时间；⑥公司的机构及其产生办法、职权、议事规则；⑦公司法定代表人；⑧股东会会议认为需要规定的其他事项。

4. 合法的公司名称及符合要求的组织机构

公司的名称是公司区别于其他公司的标志。公司只准使用一个名称，在登记主管机关辖区内不得与已登记的同行业企业名称相同或近似。公司名称应当依次由字号、行业或经营特点、组织形式组成，且不得违反法律、行政法规的禁止性规定。有限责任公司名称中必须标明“有限责任公司”或者“有限公司”字样。

5. 有公司住所

有限责任公司以其主要办事机构所在地为住所。有限责任公司只能有一个住所，且应当在其公司登记机关的辖区内。

(二) 有限责任公司的设立程序

(1) 确定公司股东数额并达成投资协议。

(2) 订立公司章程。公司章程是公司股东依法订立的关于公司组织活动的具有法律效力的基本规则。有限责任公司的公司章程应经全体股东一致同意，全体股东在订立的公司章程上签字盖章。

(3) 认缴公司资本。股东应当按期足额缴纳公司章程中规定的各自的出资额。

(4) 申请设立登记。

股东的首次出资认足后由全体股东指定的代表或者共同委托的代理人向公司登记机关报送公司登记申请书、公司章程等文件，申请设立登记。

法律、行政法规规定设立公司必须报经批准的，应当在公司登记前依法办理批准手续。公众可以向公司登记机关申请查询公司登记事项，公司登记机关应当提供查询服务。依法设立的公司，由公司登记机关发给营业执照。营业执照签发日期为公司成立日期。营业执照应当载明公司的名称、住所、注册资本、经营范围、法定代表人姓名等事项。营业执照记载的事项发生变更的，公司应当依法办理变更登记，由公司登记机关换发营业执照。

有限责任公司成立后，应当向股东签发出资证明书。出资证明书应当载明下列事项：①公司名称；②公司成立日期；③公司注册资本；④股东的姓名或者名称、缴纳的出资额和出资日期；⑤出资证明书的编号和核发日期。出资证明书由公司盖章。有限责任公司应当置备股东名册，记载下列事项：①股东的姓名或者名称及住所；②股东的出资额；③出资证明书编号。记载于股东名册的股东，可以依股东名册主张行使股东权利。

公司应当将股东的姓名或者名称及其出资额向公司登记机关登记；登记事项发生变更的，应当办理变更登记。未经登记或者变更登记的，不得对抗第三人。

三、有限责任公司的股东出资及其股权转让

有限责任公司的股东以认缴出资对公司债务承担责任。股东应依照《公司法》和章程的规定缴纳出资，在公司成立后不得抽逃出资，股权转让也应依法进行。

（一）有限责任公司的股东出资

案例分析 5-1
出资义务

1. 出资额

有限责任公司股东应按照公司章程认缴出资。公司是在股东出资形成的公司资本基础上成立的经济组织。全体股东出资形成的公司资本是公司成立的基本条件，是公司进行经营活动的基本物质条件，是公司承担财产责任的基本保障。

2. 出资形式

出资形式即出资财产的种类。公司的资本信用决定了股东出资不但必须达到一定的数额，而且必须达到一定的质量，具有适宜于公司经营与清偿债务的特性。出资形式规定是公司设立制度、公司资本制度的重要内容。

股东可以用货币出资，也可以以实物、知识产权、土地使用权等用货币估价并以依法转让的非货币财产作价出资；但是，法律、行政法规规定不得作为出资的财产除外。

3. 出资缴纳

股东应当按期足额缴纳公司章程中规定的各自所认缴的出资额。股东以货币出资的，应当将货币出资足额存入有限责任公司在银行开设的账户；以非货币财产出资的，应当依法办理其财产权的转移手续。

扩展资料 5-4
股权转让纠纷

股东不按照前款规定缴纳出资的，除应当向公司足额缴纳外，还应当向已按期足额缴纳出资的股东承担违约责任。有限责任公司成立后，发现作为设立公司出资的非货币财产的实际价额显著低于公司章程所定价格的，应当由缴付该出资的股东补足其差额，公司设立时的其他股东承担连带责任。

（二）有限责任公司股东的股权转让

公司股权是公司股东基于股东资格而享有的权利，包括依法享有的资产收益、参与重大决策和选择管理者等权利。公司股权作为财产权，可以根据股东的意愿依法转让。公司股权也可因人民法院的强制执行而转让，或因其他法定事由的出现而转让。有限责任

公司股东的股权转让有以下几种情形。

1. 股权的内部转让

有限责任公司的股东之间可以相互转让其全部或者部分股权。

公司的股东之间无论是转让全部股权，还是转让部分股权，都不会有新股东的产生，其他股东已有的伙伴关系不会受到影响，也就没有必要对这种转让进行限制，因此股东内部可以自由转让股权。

2. 股权的对外转让

股东向股东以外的人转让股权，应当经其他股东过半数同意。股东应就其股权转让事项书面通知其他股东征求同意，其他股东自接到书面通知之日起满30日未答复的，视为同意转让。其他股东半数以上不同意转让的，不同意的股东应当购买该转让的股权；不购买的，视为同意转让。

经股东同意转让的股权，在同等条件下，其他股东有优先购买权。两个以上股东主张行使优先购买权的，协商确定各自的购买比例；协商不成的，按照转让时各自的出资比例行使优先购买权。

公司章程对股权转让另有规定的，从其规定。

3. 人民法院强制执行时的股权转让

人民法院依照法律规定的强制执行程序转让股东的股权，是指人民法院依照民事诉讼法等法律规定的执行程序，强制执行生效的法律文书时，以拍卖、变卖或其他方式转让有限责任公司股东的股权。人民法院依照法律规定的强制执行程序转让股东的股权时，应当通知公司及全体股东，其他股东在同等条件下有优先购买权。其他股东自人民法院通知之日起满20日不行使优先购买权的，视为放弃优先购买权。

4. 异议股东申请回购

有限责任公司的股东对股东会重大决议投反对票的，可以请求公司按照合理的价格收购其股权，从而退出公司。根据《公司法》的规定，有下列情形之一的，对股东会该项决议投反对票的股东可以请求公司按照合理的价格收购其股权。

(1) 公司连续5年不向股东分配利润，而公司该5年连续盈利，并且符合本法规定的分配利润条件的。

(2) 公司合并、分立、转让主要财产的。

(3) 公司章程规定的营业期限届满或者章程规定的其他解散事由出现，股东会会议通过决议修改章程使公司存续的。

自股东会会议决议通过之日起60日内，股东与公司不能达成股权收购协议的，股东可以自股东会会议决议通过之日起90日内向人民法院提起诉讼。

依照法律转让股权后，公司应当注销原股东的出资证明书，向新股东签发出资证明书，并相应修改公司章程和股东名册中有关股东及其出资额的记载。对公司章程的该项修改不需再由股东会表决。

四、有限责任公司的组织机构

(一) 有限责任公司的股东会

1. 股东会的性质地位

公司股东依法享有资产收益、参与重大决策和选择管理者等权利。有限责任公司的股东还享有知情权,有权查阅、复制公司章程、股东会会议记录、董事会会议决议、监事会会议决议和财务会计报告。股东可以要求查阅公司会计账簿。股东要求查阅公司会计账簿的,应当向公司提出书面请求,说明目的。公司有合理根据认为股东查阅会计账簿有不正当目的,可能损害公司合法利益的,可以拒绝提供查阅,并应当自股东提出书面请求之日起15日内书面答复股东并说明理由。公司拒绝提供查阅的,股东可以请求人民法院要求公司提供查阅。股东会是指依照《公司法》和公司章程的规定设立的,由全体股东共同组成的,对公司经营管理和各种涉及公司及股东利益的事项拥有最高决策权的机构。股东会是公司的权力机构。

(1) 股东会享有对公司重要事项的最终决定权。

(2) 股东会的决议具有最高效力。

(3) 股东会同其他机构的关系上,董事会是股东会的执行机构,是由股东会推选出代表进行公司管理、执行股东会决议的;监事会主要是由股东会选举产生,主要代表股东对公司经营活动进行监督。它们都对股东会负责,向股东会报告工作,接受股东会的监督。

2. 股东会的职权

股东会作为公司的权力机关,享有决定公司重大事项的权力。股东会的职权具体包括投资经营决定权、人事决定权、重大事项审批权、重大事项决议权、公司章程修改权等。股东会主要行使下列职权。

(1) 决定公司的经营方针和投资计划。

(2) 选举和更换非由职工代表担任的董事、监事,决定有关董事、监事的报酬事项。

(3) 审议批准董事会的报告。

(4) 审议批准监事会或者监事的报告。

(5) 审议批准公司的年度财务预算方案、决算方案。

(6) 审议批准公司的利润分配方案和亏损弥补方案。

(7) 对公司增加或者减少注册资本作出决议。

(8) 对发行公司债券作出决议。

(9) 对公司合并、分立、解散、清算或者变更公司形式作出决议。

(10) 修改公司章程。

(11) 公司章程规定的其他职权。

对前款所列事项股东以书面形式一致表示同意的,可以不召开股东会会议,直接作出决定,并由全体股东在决定文件上签名、盖章。

3. 股东会会议的种类

股东会是公司的非常设机构,通过召开股东会会议形成决议的方式行使职权。股东会会议是一种定期或临时举行的全体股东出席的会议，分为定期会议和临时股东会两类。

定期会议又称股东年会，是公司依照法律规定或公司章程的规定而定期召开的会议。定期会议主要决定股东会职权范围内的例行重大事项，如对公司的财务预算和决算方案、年度利润分配或亏损弥补方案、董事会和监事会所做的公司年度报告以及公司重要的人事任免等作出决定。定期会议一般每年召开一次。《公司法》规定，有限责任公司股东会应当按照公司章程的规定按时召开。

临时股东会是公司根据需要，在定期会议以外的时间内临时召开的会议，其目的是讨论决定两次定期会议之间公司遇到的需要股东会决策的问题。临时股东会一般由一定数量的股东、董事会或监事会提出。法律也对召开临时股东会的事由作出了强制性的规定。代表 1/10 以上表决权的股东，1/3 以上的董事，监事会或者不设监事会的公司的监事提议召开临时会议的，应当召开临时会议。

4. 股东会的召开

《公司法》规定，首次股东会会议由出资最多的股东召集和主持，依照法律规定行使职权。有限责任公司设立董事会的，股东会会议由董事会召集，董事长主持；董事长不能履行职务或者不履行职务的，由副董事长主持；副董事长不能履行职务或者不履行职务的，由半数以上董事共同推举一名董事主持。

有限责任公司不设董事会的，股东会会议由执行董事召集和主持。

董事会或者执行董事不能履行或者不履行召集股东会会议职责的，由监事会或者不设监事会的公司的监事召集和主持；监事会或者监事不召集和主持的，代表 1/10 以上表决权的股东可以自行召集和主持。

召开股东会会议，应当于会议召开 15 日前通知全体股东；但是，公司章程另有规定或者全体股东另有约定的除外。

股东会应当对所议事项的决定做成会议记录，出席会议的股东应当在会议记录上签名。

5. 股东会的决议

股东会决定公司重要事项是通过股东在股东会会议上行使表决权，股东会根据多数表决权的股东同意作出会议决议来实现的。股东会决议的过程就是股东表决权行使的过程。

股东会决议分为普通决议和特别决议。《公司法》规定，股东会会议由股东按照出资比例行使表决权；但是，公司章程另有规定的除外。股东会的议事方式和表决程序，除本法有规定的外，由公司章程规定。

股东会会议对一般事项所做的决议，需代表半数以上表决权的股东通过，但股东会会议作出修改公司章程、增加或者减少注册资本的决议，以及公司合并、分立、解散或者变更公司形式的决议，必须经代表 2/3 以上表决权的股东通过。

（二）有限责任公司的董事会

1. 董事会的性质和地位

董事会是由股东推选出的董事组成，代表全体股东利益对公司活动进行管理和指挥的机构。董事会作为公司的日常经营决策机构和业务执行机构,其性质的地位体现在以下几方面。

(1) 董事会是代表股东对公司进行管理的机构。

(2) 董事会是公司的执行机关。

(3) 董事会是公司日常事务的经营决策机关。

(4) 董事会是公司法人的对外代表机构。

(5) 董事会是公司的法定常设机构。

2. 董事会的职权

《公司法》规定,董事会对股东会负责,行使下列职权。

(1) 召集股东会会议,并向股东会报告工作。

(2) 执行股东会的决议。

(3) 决定公司的经营计划和投资方案。

(4) 制订公司的年度财务预算方案、决算方案。

(5) 制订公司的利润分配方案和亏损弥补方案。

(6) 制订公司增加或者减少注册资本以及发行公司债券的方案。

(7) 制订公司合并、分立、解散或者变更公司形式的方案。

(8) 决定公司内部管理机构的设置。

(9) 决定聘任或者解聘公司经理及其报酬事项,并根据经理的提名决定聘任或者解聘公司副经理、财务负责人及其报酬事项。

(10) 制定公司的基本管理制度。

(11) 公司章程规定的其他职权。

3. 董事会的构成

有限责任公司设董事会,其成员为3～13人;但是,股东人数较少或者规模较小的有限责任公司,可以设一名执行董事,不设董事会。执行董事可以兼任公司经理。执行董事的职权由公司章程规定。

两个以上的国有企业或者两个以上的其他国有投资主体投资设立的有限责任公司,其董事会成员中应当有公司职工代表;其他有限责任公司董事会成员中可以有公司职工代表。董事会中的职工代表由公司职工通过职工代表大会、职工大会或者其他形式民主选举产生。

董事会设董事长一人,可以设副董事长。董事长、副董事长的产生办法由公司章程规定。

董事任期由公司章程规定,但每届任期不得超过3年。董事任期届满,连选可以连任。

董事任期届满未及时改选,或者董事在任期内辞职导致董事会成员低于法定人数的,在改选出的董事就任前,原董事仍应当依照法律、行政法规和公司章程的规定履行董事职务。

4. 董事会会议的召开

董事会会议有定期会议与临时会议两种形式。

董事会会议由董事长召集和主持；董事长不能履行职务或者不履行职务的，由副董事长召集和主持；副董事长不能履行职务或者不履行职务的，由半数以上董事共同推举一名董事召集和主持。

5. 董事会的决议

董事会的议事方式和表决程序，除《公司法》有规定的外，由公司章程规定。

董事会应当对所议事项的决定做成会议记录，出席会议的董事应当在会议记录上签名。

董事会决议的表决，实行一人一票。

（三）有限责任公司的经理

经理是董事会聘任负责公司日常经营活动的最重要的高级管理人员，股东人数较少或规模较小的有限责任公司，执行董事可以兼任公司经理。

《公司法》规定，有限责任公司可以设经理，由董事会决定聘任或者解聘。经理对董事会负责，行使下列职权。

（1）主持公司的生产经营管理工作，组织实施董事会决议。

（2）组织实施公司年度经营计划和投资方案。

（3）拟订公司内部管理机构设置方案。

（4）拟订公司的基本管理制度。

（5）制定公司的具体规章。

（6）提请聘任或者解聘公司副经理、财务负责人。

（7）决定聘任或者解聘除应由董事会决定聘任或者解聘以外的负责管理人员。

（8）董事会授予的其他职权。

公司章程对经理职权另有规定的，从其规定。经理列席董事会会议。

（四）有限责任公司的监事会

1. 监事会的性质和地位

监事会制度是根据权力制衡原理由股东选举监事组成公司专门监督机关对公司经营进行监督的制度。监事会是公司的监督机关，是由股东会（和职工）选举产生并向股东会负责，代表股东对公司经营（公司财务、董事、经理人员履行职责行为）进行监督的机关。其性质和地位主要体现在以下几方面。

（1）监事会是代表股东对公司经营进行监督的机关。

（2）监事会是公司的监督机关。

（3）监事会是公司的法定常设机关。

2. 监事会的职权

《公司法》规定，监事会、不设监事会的公司的监事行使下列职权。

（1）检查公司财务。

（2）对董事、高级管理人员执行公司职务的行为进行监督，对违反法律、行政法规、公司章程或者股东会决议的董事、高级管理人员提出罢免的建议。

(3) 当董事、高级管理人员的行为损害公司的利益时,要求董事、高级管理人员予以纠正。

(4) 提议召开临时股东会会议,在董事会不履行本法规定的召集和主持股东会会议职责时召集与主持股东会会议。

(5) 向股东会会议提出提案。

(6) 依照本法第一百五十一条的规定,对董事、高级管理人员提起诉讼。

(7) 公司章程规定的其他职权。

监事可以列席董事会会议,并对董事会决议事项提出质询或者建议。

监事会、不设监事会的公司的监事发现公司经营情况异常,可以进行调查;必要时,可以聘请会计师事务所等协助其工作,费用由公司承担。

3. 监事会的构成

有限责任公司设监事会,其成员不得少于 3 人。股东人数较少或者规模较小的有限责任公司,可以设 1~2 名监事,不设监事会。

监事会应当包括股东代表和适当比例的公司职工代表,其中职工代表的比例不得低于 1/3,具体比例由公司章程规定。监事会中的职工代表由公司职工通过职工代表大会、职工大会或者其他形式民主选举产生。

董事、高级管理人员不得兼任监事。

监事的任期每届为 3 年。监事任期届满,连选可以连任。

监事任期届满未及时改选,或者监事在任期内辞职导致监事会成员低于法定人数的,在改选出的监事就任前,原监事仍应当依照法律、行政法规和公司章程的规定履行监事职务。

4. 监事会会议的召开

监事会会议有定期会议和临时会议两种形式。监事会设主席一人,由全体监事过半数选举产生。监事会主席召集和主持监事会会议;监事会主席不能履行职务或者不履行职务的,由半数以上监事共同推举一名监事召集和主持监事会会议。

监事会每年度至少召开一次会议,监事可以提议召开临时监事会会议。

5. 监事会的决议

监事会的议事方式和表决程序,除公司法有规定的外,由公司章程规定。

监事会决议应当经半数以上监事通过。

案例分析 5-2
有限责任公司的设立和管理

监事会应当对所议事项的决定做成会议记录,出席会议的监事应当在会议记录上签名。

监事会、不设监事会的公司的监事行使职权所必需的费用,由公司承担。

五、公司董事、监事、高级管理人员的任职资格及义务

(一) 公司董事、监事、高级管理人员的任职资格

公司董事、监事及高级管理人员(包括经理、副经理、财务负责人以及公司董事会秘书

和公司章程规定的其他人员）在公司中处于特殊地位，并具有法定职权。为保证其具有正确履行职责的能力，防止其违法行为，通常对任职资格加以限制。根据《公司法》的规定，有下列情形之一的，不得担任公司的董事、监事、高级管理人员。

(1) 无民事行为能力或者限制民事行为能力。

(2) 因贪污、贿赂、侵占财产、挪用财产或者破坏社会主义市场经济秩序，被判处刑罚，执行期满未逾 5 年，或者因犯罪被剥夺政治权利，执行期满未逾 5 年。

(3) 担任破产清算的公司、企业的董事或者厂长、经理，对该公司、企业的破产负有个人责任的，自该公司、企业破产清算完结之日起未逾 3 年。

(4) 担任因违法被吊销营业执照、责令关闭的公司、企业的法定代表人，并负有个人责任的，自该公司、企业被吊销营业执照之日起未逾 3 年。

(5) 个人所负数额较大的债务到期未清偿。

公司违反前款规定选举、委派董事、监事或者聘任高级管理人员的，该选举、委派或者聘任无效。董事、监事、高级管理人员在任职期间出现(1)所列情形的，公司应当解除其职务。

此外，根据《中华人民共和国公务员法》的有关规定，国家公务员不得兼任公司的董事、监事、高级管理人员。

(二) 公司董事、监事、高级管理人员的义务

董事、监事、高级管理人员应当遵守法律、行政法规和公司章程，对公司有忠实义务和勤勉义务。董事、监事、高级管理人员不得利用职权收受贿赂或者其他非法收入，不得侵占公司的财产。

董事、高级管理人员不得有下列行为。

(1) 挪用公司资金。

(2) 将公司资金以其个人名义或者以其他个人名义开立账户存储。

(3) 违反公司章程的规定，未经股东会、股东大会或者董事会同意，将公司资金借贷给他人或者以公司财产为他人提供担保。

(4) 违反公司章程的规定或者未经股东会、股东大会同意，与本公司订立合同或者进行交易。

(5) 未经股东会或者股东大会同意，利用职务便利为自己或者他人谋取属于公司的商业机会，自营或者为他人经营与所任职公司同类的业务。

(6) 接受他人与公司交易的佣金归为己有。

(7) 擅自披露公司秘密。

(8) 违反对公司忠实义务的其他行为。

董事、高级管理人员违反前款规定所得的收入应当归公司所有。

董事、监事、高级管理人员执行公司职务时违反法律、行政法规或者公司章程的规定，给公司造成损失的，应当承担赔偿责任。

六、一人有限责任公司的概念和特别规定

(一)一人有限责任公司的概念

一人有限责任公司是指只有一个自然人股东或者一个法人股东的有限责任公司。一人有限责任公司是有限责任公司的特殊形式,是独立的企业法人。一人有限责任公司的设立和组织机构,除法律另有规定外,适用有限责任公司的规定。

一人有限责任公司和个人独资企业的主要区别如下。

1. 法律性质不同

一人有限责任公司需要满足《公司法》规定的公司资本制度、公司财务会计审计制度以及公司治理制度,而个人独资企业适用《个人独资企业法》,受该法的调整与约束。

2. 承担的民事责任能力不同

一人有限责任公司是企业法人,具有完全的民事权利能力、民事行为能力和民事责任能力,而个人独资企业不是法人,不能以其财产独立承担民事责任,而是投资者以个人财产对企业债务承担无限责任。

3. 承担的税收义务有所不同

一人有限责任公司及其股东须分别就其公司所得和股东股利缴纳所得税,而个人独资企业不缴纳企业所得税,只待投资者取得投资回报时缴纳个人所得税。

(二)一人有限责任公司的特别规定

1. 一人有限责任公司数量的特别规定

一个自然人只能投资设立一个一人有限责任公司。该一人有限责任公司不能投资设立新的一人有限责任公司。一人有限责任公司应当在公司登记中注明自然人独资或者法人独资,并在公司营业执照中载明。

2. 一人有限责任公司组织机构的特别规定

一人有限责任公司章程由股东制定。一人有限责任公司不设股东会。股东作出重大决定时,应当采用书面形式,并由股东签名后置备于公司。

3. 一人有限责任公司财务会计信息的特别规定

一人有限责任公司应当在每一会计年度终了时编制财务会计报告,并经会计师事务所审计。

4. 一人有限责任公司股东民事责任的特别规定

一人有限责任公司也是公司制,因此法律要求股东的财产应当与公司的财产相分离,这样双方权责明确,既有利于市场经济的发展,也有利于相对债权人利益的保障。为了保障公司债权人的利益,防止股东以此逃避债务,法律规定,如果股东不能证明公司财产独立于股东自己的财产,即股东与一人公司的财产无法分清,应当对公司债务承担连带责任。

七、国有独资公司的概念和特别规定

（一）国有独资公司的概念

国有独资公司是指国家单独出资、由国务院或者地方人民政府授权本级人民政府国有资产监督管理机构履行出资人职责的有限责任公司。国有独资公司是一种特殊形态的有限责任公司形式，其设立条件和程序除特别规定外，与一般的有限责任公司大体相同，所不同的主要是股东的人数以及公司章程的制定。与一般的有限责任公司相比较，国有独资公司具有以下特征。

(1) 公司股东的单一性。国有独资公司的股东仅有一人，是国家单独出资设立。

(2) 单一股东的特定性。国有独资公司的股东只能是国家，并由国有资产监督管理机构履行出资人职责。

(3) 资本归属的国有性。国有独资公司的全部资本由国家投入。公司的财产权源于国家对投资财产的所有权。

（二）国有独资公司的特别规定

1. 公司章程制定的特别规定

国有独资公司章程由国有资产监督管理机构制定，或者由董事会制定报国有资产监督管理机构批准。章程内容与其他有限责任公司章程大致相同，但制定程序有所不同：一是由国有资产监督管理机构亲自制定，包括组织自己的技术力量制定、委托其他单位制定；二是由董事会制定并报国有资产监督管理机构批准，即首先由董事会自行制定，然后报经国有资产监督管理机构审查批准。

2. 国有独资公司组织机构的特别规定

(1) 国有独资公司不设股东会。国有资产监督管理机构行使股东会职权。国有资产监督管理机构可以授权公司董事会行使股东会的部分职权，决定公司的重大事项，但公司的合并、分立、解散、增加或者减少注册资本和发行公司债券，必须由国有资产监督管理机构决定；其中，重要的国有独资公司合并、分立、解散、申请破产的，应当由国有资产监督管理机构审核后，报本级人民政府批准。

(2) 国有独资公司设立董事会。国有独资公司设董事会，依照法律行使职权。董事每届任期不得超过3年。董事会成员中应当有公司职工代表。

董事会成员由国有资产监督管理机构委派；但是，董事会成员中的职工代表由公司职工代表大会选举产生。

董事会设董事长一人，可以设副董事长。董事长、副董事长由国有资产监督管理机构从董事会成员中指定。

(3) 国有独资公司设经理。国有独资公司设经理，由董事会聘任或者解聘。经理依照法律行使职权。

经国有资产监督管理机构同意，董事会成员可以兼任经理。

(4) 国有独资公司设立监事会。国有独资公司监事会成员不得少于5人，其中职工代表的比例不得低于1/3,具体比例由公司章程规定。

监事会成员由国有资产监督管理机构委派;但是,监事会成员中的职工代表由公司职工代表大会选举产生。监事会主席由国有资产监督管理机构从监事会成员中指定。

监事会行使法律规定的职权和国务院规定的其他职权。

(5) 国有独资公司的董事长、副董事长、董事、高级管理人员,未经国有资产监督管理机构同意,不得在其他有限责任公司、股份有限公司或者其他经济组织兼职。

习题

一、名词解释题

有限责任公司　一人有限责任公司　国有独资公司

二、问答题

1. 简述有限责任公司的设立条件。
2. 简述有限责任公司的法律特征。
3. 简述有限责任公司股东的权利和义务。
4. 简述有限责任公司组织机构的议事规则。

三、案例分析题

1. 甲有限责任公司与乙有限责任公司签订投资协议,甲公司自2018年5月1日至2020年12月3日向乙公司提供总价15万元的现金及货物,并约定由乙公司办理相关工商登记手续,以完成股权变更。甲公司的出资到位后,乙公司一直未办理相关的工商登记手续,仅在乙公司内部名册上记载了甲公司的出资。因此,甲公司要求乙公司归还投资款物,并赔偿由此给甲公司造成的损失。乙公司称,已将甲公司上述出资用于自身的经营之中;甲公司作为股东,参加了乙公司的股东会议,并在相关会议纪要上签字,甲公司已经享有了公司股东地位,行使了股东权利,不能要求退还出资。

问题:甲公司要求返还出资是否合法?并简述其理由。

2. 某食品公司与某农业技术研究院共同设立从事食品生产的有限责任公司甲。协议内容如下。

(1) 公司注册资本为1 000万元,食品公司以货币出资,金额200万元,另外以某食品商标作价300万元;研究所以新型食品加工专利技术出资,该技术作价500万元(有评估机构出具的评估证明)。

(2) 公司董事会由5名董事组成,分别由双方按出资比例选派。董事长由食品公司推荐,公司的经理、财务负责人由董事长直接任命。

(3) 双方按5∶5的出资比例分享利润、支付设立费用、分担风险。甲公司于2020年4月登记成立,并指派丁某为公司董事长。丁某聘任汪某为公司经理。食品公司方面的某一董事A称,有证据证明丁某原是研究所下属公司的承包人,承包期因贪污行为受到刑事处罚,2008年3月刑满释放,且于1年前向朋友借钱5万元炒股,被套牢,借款仍未还清。另外汪某原先担任某公司的经理,管理水平低下,致使该公司经营困难,该公司于2019年3月宣告破产。据上述两个理由,董事A认为丁某无权做董事长,汪某无权担任公司经理。

(4) 食品公司方面另一些董事怀疑公司账目有假,有三人退出董事会,其中一名董事B提出,现董事会成员已不足公司章程所定人数的2/3,应依法召开临时股东会,更换公司领导。

问题:

(1) 食品公司与研究所的协议中,有关出资方式、比例及董事长的产生方式是否合法?试说明理由。

(2) 丁某是否有资格做董事长?为什么?

(3) 汪某是否有资格做公司经理?为什么?

(4) 董事B的提议是否符合法律规定?

第四节 股份有限公司

一、股份有限公司的概念和法律特征

(一) 股份有限公司的概念

股份有限公司是指公司全部资本分为等额股份,股东以其认购的股份为限对公司承担责任,公司则以其全部财产对公司债务承担责任的公司。

(二) 股份有限公司的法律特征

扩展资料 5-5 上市公司-中国经济的压舱石

股份有限公司具有如下法律特征。

1. 公司组织的资合性

首先,股份有限公司的资合性特征表现在公司对外信用的基础是公司资本,即公司所募集的股份总额。它既是公司成立的要件,也是公司得以自下而上发展的源泉,更是对公司债权人的总担保。

其次,股份有限公司的资合性还表现在公司股份可依法自由转让。股份有限公司的股票除了可以在一般交易场所转让交易外,还可以通过申请成为上市公司在证券交易所持牌交易。有限责任公司股东转让其出资受到程度不同的限制,因而公司股东通常处于较为稳定的状态,股东之间的人身依赖性和信任性较强。而股份有限公司则鼓励股份的自由转让,通过股份的自由转让达到股票证券化、证券大众化的目的,以方便投资者投资。

2. 资本募集的公开性

设立股份有限公司可以采取发起设立方式或募集设立方式。其中以募集方式设立股份有限公司的,除由发起人认购公司应发行股份的一部分外,其余股份向社会公开募集或向特定对象募集,社会公众均可通过购买股票而成为公司的股东。

3. 公司资本的股份性

股份为股份有限公司资本的最小计算单位。股份有限公司的全部资本分为数额相等的股份,每一股份的金额与股份总数的乘积即为公司的资本总额。每个股东所持的股份数可以是不同的,但每股的金额必须相等;只有每一股份所代表的金额是相等的,才便于股票的发行和资本的筹集,才便于股东权的计算、行使或转让,充分发挥资合公司的优势和特点。

4. 股东责任的有限性

股份有限公司的股东仅以其认购的股份为限对公司负责,对公司债权人不负任何直接的法律责任。股东责任的有限性对于鼓励投资、促进交易的发展和经济繁荣,无疑具有重要意义。

5. 充分的法人性

股份有限公司是一种最为典型的法人企业。股东的广泛性使公司的所有权与控制权的分离表现得最为充分。公司具有完备的组织机构和独立的财产,这一切充分体现了法人组织的基本特征。法人制度的完善与股份有限公司的出现和发展密不可分。

二、股份有限公司的设立

(一) 股份有限公司的设立方式

股份有限责任公司是典型的资合性公司,其资本来源有两个方面:一是全部资本由发起人缴纳;二是由发起人缴纳一部分,其余部分由募集而来。相应地就产生了发起设立和募集设立两种股份有限责任公司的设立方式。

发起设立是指由发起人认购公司应发行的全部股份而设立公司。以这种方式设立公司的特点是:不向社会公开募集股份,设立公司简便,只要发起人认足了股份就可以向公司登记机关申请设立登记,但它要求各个发起人有比较雄厚的资金。

募集设立是指由发起人认购公司应发行股份的一部分,其余股份向社会公开募集或者向特定对象募集而设立公司。以募集方式设立股份有限公司只需投入较少的资金,就能够从社会上聚集到较多的资金,从而使公司能够迅速聚集到较大的资本额。由于募集设立涉及发起人以外的人,所以,法律对募集设立规定了较为严格的程序,以保护广大投资者的利益。

(二) 股份有限公司的设立条件

设立股份有限公司,应当具备下列条件。

(1) 发起人符合法定人数。设立股份有限公司,应当有2人以上200人以下为发起人,其中须有半数以上的发起人在中国境内有住所。股份有限公司发起人承担公司筹办事务。发起人应当签订发起人协议,明确各自在公司设立过程中的权利和义务。股份有限公司的发起人应当承担下列责任:①公司不能成立时,对设立行为所产生的债务和费用负连带责任;②公司不能成立时,对认股人已缴纳的股款,负返还股款并加算银行同期存款利息的连带责任;③在公司设立过程中,由于发起人的过失致使公司利益受到损害的,应当对公司承担赔偿责任。

(2) 有符合公司章程规定的全体发起人认购的股本总额或募集的实收股本总额。法律、行政法规对股份有限公司注册资本的限额有规定的,从其规定。

股份有限公司采取发起设立方式设立的,注册资本为在公司登记机关登记的全体发起人认购的股本总额。在缴足前,不得向他人募集股份。股份有限公司采取募集方式设立的，注册资本为在公司登记机关登记的实收股本总额。

(3) 股份发行、筹办事项符合法律规定。

(4) 发起人制定公司章程，采用募集方式设立的经创立大会通过。章程是规范公司组织与行为的基本法律文件，由发起人制定，经全体发起人同意，采取募集方式设立的还需经创立大会通过。公司成立后，章程对公司、股东、董事、监事、高级管理人员具有约束力。章程应当载明下列事项：

① 公司名称和住所；

② 公司经营范围；

③ 公司设立方式；

④ 公司股份总数、每股金额和注册资本；

⑤ 发起人的姓名或者名称、认购的股份数、出资方式和出资时间；

⑥ 董事会的组成、职权和议事规则；

⑦ 公司法定代表人；

⑧ 监事会的组成、职权和议事规则；

⑨ 公司利润分配办法；

⑩ 公司的解散事由与清算办法；

⑪ 公司的通知和公告办法；

⑫ 股东大会会议认为需要规定的其他事项。

(5) 有公司名称，建立符合股份有限公司要求的组织机构。股份有限公司名称应当符合国家有关规定。股份有限公司名称中必须标明“股份有限公司”字样，且只能使用一个名称。

(6) 有公司住所。股份有限公司以其主要办事机构所在地为住所。经公司登记机关登记的公司住所只能有一个，且应当在其公司登记机关的辖区内。

(三) 股份有限公司的设立程序

股份有限公司的设立指的是为成立股份有限公司、取得法人资格而依法进行的一系列筹建准备行为。股份有限公司的设立程序因发起设立和募集设立的不同而有所区别。

1. 发起设立方式设立股份有限公司的程序

(1) 发起人之间以书面形式订立发起人协议。发起人协议通常包括以下主要内容：发起人的姓名以及住所；公司拟发行的股份类别，每股的面值、发行价；每个发起人的认购数额、出资类别；发起人缴纳股款、交付现物、转让财产权利的时间和方式以及发起费用的预算、开支和每一个发起人的发起费用的负担等。

(2) 发起人订立书面协议后就应该按照协议的规定缴纳出资认购股份。发起人缴纳出资的方式适用有限责任公司股东出资规定，主要有以现金缴纳或者用实物、工业产权、非专利技术、土地使用权来抵充股款。以现金之外的其他财产或财产权利出资的，需要由有关的中介机构进行评估，并且要依法办理有关的财产权利转移手续。

(3) 发起人交付全部出资以后，应当选举董事会和监事会，并由董事会向公司登记机关报送公司章程以及法律、行政法规规定的其他文件，申请设立登记。

2. 募集设立方式设立股份有限公司的程序

(1) 发起人首先要做的是与前述的发起设立的程序中前两步相同的步骤,有所区别的是:在发起设立中,发起人要认购全部的股份;而在募集设立中,发起人只认购全部拟股份中的一部分,《公司法》规定认购数额应不少于首期发行股份数的35%。

(2) 制定招股说明书。招股说明书是向非特定的社会公众发出的认购股份的书面说明。

(3) 公开发行的向国务院证券监督管理机构或国务院授权的部门报送募股申请。申请时,还必须同时报送《公司法》规定的一些文件,如公司章程、经营估算书、发起人的姓名、认购的股份数等。

(4) 募股申请经注册以后,发起人应公告招股说明书,并制作认股书。公告招股说明书时应该根据所要募集的范围在相应的报纸杂志上予以公告。同时,发起人必须制作认股书,认股书应载明《公司法》所要求的内容,由认股人填写有关事项,如认购的股数、金额、认股人的住所等。

(5) 发起人应该同依法设立的证券经营机构签订承销协议,并与银行签订代收股款的协议。发起人要募集股份,必须通过证券经营机构进行,而且必须与银行签订代收股款的协议,由银行代为收取和保存认股人缴纳的股款。

(6) 取得验资证明。发起人在股款募足以后,必须请中立的机构或专家出具证明全部股份已经如数缴纳的文件,这一文件是申请公司注册的必备文件。发行的股份超过招股说明书规定的截止期限尚未募足的,或者发行股份的股款缴足后,发起人在30日内未召开创立大会的,认股人可以按照所缴股款并加算银行同期存款利息,要求发起人返还。

(7) 召集由认股人组成的创立大会。发起人应当在创立大会召开15日前将会议日期通知各认股人或者予以公告。创立大会应有代表股份总数过半数的发起人、认股人出席,方可举行。创立大会行使下列职权:审议发起人关于公司筹办情况的报告;通过公司章程;选举董事会成员;选举监事会成员;对公司的设立费用进行审核;对发起人用于抵作股款的财产的作价进行审核;发生不可抗力或者经营条件发生重大变化直接影响公司设立的,可以作出不设立公司的决议。

创立大会对前款所列事项作出决议,必须经出席会议的认股人所持表决权过半数通过。发起人、认股人缴纳股款或者交付抵作股款的出资后,除未按期募足股份、发起人未按期召开创立大会或者创立大会决议不设立公司的情形外,不得抽回其股本。

(8) 由创立大会选举的董事会向公司登记机关报送有关文件,申请设立登记。董事会应该在创立大会结束后的30日内向公司的登记机关报送《公司法》要求的相关文件,申请设立公司。向公司登记机关报送下列文件,申请设立登记:公司登记申请书,创立大会的会议记录,公司章程,验资证明,法定代表人、董事、监事的任职文件及其身份证明,发起人的法人资格证明或者自然人身份证明,公司住所证明。

股份有限公司成立后,发起人未按照公司章程的规定缴足出资的,应当补缴;其他发起人承担连带责任。

股份有限公司成立后,股东不得抽逃出资。发现作为设立公司出资的非货币财产的实际价额显著低于公司章程所定价额的,应当由交付该出资的发起人补足其差额,其他发起人承担连带责任。

公司登记机关依法核准登记后，发给公司营业执照，公司即告成立。公司营业执照的签发日期，即为股份有限公司的成立日期。

股份有限公司应当将公司章程、股东名册、公司债券存根、股东大会会议记录、董事会会议记录、监事会会议记录、财务会计报告置备于本公司。

三、股份有限公司的组织机构

（一）股份有限公司的股东大会

1. 股东大会的组成

公司股东依法享有资产收益、参与重大决策和选择管理者等权利。股份有限公司股东还享有知情权，有权查阅公司章程、股东名册、公司债券存根、股东大会会议记录、董事会会议决议、监事会会议决议、财务会计报告，对公司的经营提出建议或者质询。股份有限公司股东大会由全体股东组成。股东大会是公司的权力机构，依照《公司法》的规定行使职权。

2. 股东大会的职权

有限责任公司股东会职权的规定，适用于股份有限公司股东大会。

3. 股东大会会议的召开

股份有限公司的股东大会分为年会和临时会议。

股东大会应当每年召开一次年会。有下列情形之一的，应当在两个月内召开临时股东大会。

（1）董事人数不足《公司法》规定人数或者公司章程所定人数的 2/3 时。

（2）公司未弥补的亏损达实收股本总额 1/3 时。

（3）单独或者合计持有公司 10% 以上股份的股东请求时。

案例分析 5-3　股份有限公司组织机构

（4）董事会认为必要时。

（5）监事会提议召开时。

（6）公司章程规定的其他情形。

股东大会会议由董事会召集，董事长主持；董事长不能履行职务或者不履行职务的，由副董事长主持；副董事长不能履行职务或者不履行职务的，由半数以上董事共同推举一名董事主持。

董事会不能履行或者不履行召集股东大会会议职责的，监事会应当及时召集和主持；监事会不召集和主持的，连续 90 日以上单独或者合计持有公司 10% 以上股份的股东可以自行召集和主持。

召开股东大会会议，应当将会议召开的时间、地点和审议的事项于会议召开 20 日前通知各股东；临时股东大会应当于会议召开 15 日前通知各股东；发行无记名股票的，应当于会议召开 30 日前公告会议召开的时间、地点和审议事项。

单独或者合计持有公司3%以上股份的股东,可以在股东大会召开10日前提出临时提案并书面提交董事会;董事会应当在收到提案后2日内通知其他股东,并将该临时提案提交股东大会审议。临时提案的内容应当属于股东大会职权范围,并有明确议题和具体决议事项。

股东大会不得对前两款通知中未列明的事项作出决议。

无记名股票持有人出席股东大会会议的,应当于会议召开5日前至股东大会闭会时将股票交存于公司。

4. 股东大会的决议

股东出席股东大会会议,所持每一股份有一表决权。但是,公司持有的本公司股份没有表决权。

股东大会作出决议,必须经出席会议的股东所持表决权过半数通过。但是,股东大会作出修改公司章程、增加或者减少注册资本的决议,以及公司合并、分立、解散或者变更公司形式的决议,必须经出席会议的股东所持表决权的2/3以上通过。

《公司法》和公司章程规定公司转让、受让重大资产或者对外提供担保等事项必须经股东大会作出决议的,董事会应当及时召集股东大会会议,由股东大会就上述事项进行表决。

股东大会选举董事、监事,可以依照公司章程的规定或者股东大会的决议,实行累积投票制。累积投票制是指股东大会选举董事或者监事时,每一股份拥有与应选董事或者监事人数相同的表决权,股东拥有的表决权可以集中使用。

股东可以委托代理人出席股东大会会议,代理人应当向公司提交股东授权委托书,并在授权范围内行使表决权。

股东大会应当对所议事项的决定做成会议记录,主持人、出席会议的董事应当在会议记录上签名。会议记录应当与出席股东的签名册及代理出席的委托书一并保存。

(二)股份有限公司的董事会、经理

董事会是股份有限公司的经营决策和执行机构,是股份有限公司的必设和常设机构。董事会依法对公司进行经营管理,对股东大会负责。

1. 董事会的组成

股份有限公司设董事会,其成员为5~19人。

董事会成员中可以有公司职工代表。董事会中的职工代表由公司职工通过职工代表大会、职工大会或者其他形式民主选举产生。董事会设董事长一人,可以设副董事长。董事长和副董事长由董事会以全体董事的过半数选举产生。

2. 董事会的职权

《公司法》关于有限责任公司董事会职权的规定,适用于股份有限公司的董事会。

3. 董事会会议的召开

董事长召集和主持董事会会议,检查董事会决议的实施情况。副董事长协助董事长工作,董事长不能履行职务或者不履行职务的,由副董事长履行职务;副董事长不能履行

职务或者不履行职务的，由半数以上董事共同推举一名董事履行职务。

董事会每年度至少召开两次会议，每次会议应当于会议召开10日前通知全体董事和监事。

代表1/10以上表决权的股东、1/3以上董事或者监事会，可以提议召开董事会临时会议。董事长应当自接到提议后10日内，召集和主持董事会会议。

董事会召开临时会议，可以另定召集董事会的通知方式和通知时限。

4. 董事会的决议

董事会会议有过半数的董事出席方可举行。董事会作出决议，必须经全体董事的过半数通过。

董事会决议的表决，实行一人一票。

董事会会议，应由董事本人出席；董事因故不能出席，可以书面委托其他董事代为出席，委托书中应载明授权范围。

董事会应当对会议所议事项的决定做成会议记录，出席会议的董事应当在会议记录上签名。

董事应当对董事会的决议承担责任。董事会的决议违反法律、行政法规或者公司章程、股东大会决议，致使公司遭受严重损失的，参与决议的董事对公司负赔偿责任。但经证明在表决时曾表明异议并记载于会议记录的，该董事可以免除责任。

5. 经理

股份有限公司设经理，由董事会决定聘任或者解聘。

关于有限责任公司经理职权的规定，适用于股份有限公司经理。

公司董事会可以决定由董事会成员兼任经理。

（三）股份有限公司的监事会

股份有限公司设监事会。监事会是股份有限公司的监督机构，对股东大会负责。监事会是股份有限公司的必设机构。

1. 监事会的组成

股份有限公司设监事会，其成员不得少于3人。监事会应当包括股东代表和适当比例的公司职工代表，其中职工代表的比例不得低于1/3，具体比例由公司章程规定。监事会中的职工代表由公司职工通过职工代表大会、职工大会或者其他形式民主选举产生。董事、高级管理人员不得兼任监事。

2. 监事会的职权

关于有限责任公司监事会职权的规定，适用于股份有限公司监事会。监事会行使职权所必需的费用，由公司承担。

3. 监事会会议的召开

监事会设主席一人，可以设副主席。监事会主席和副主席由全体监事过半数选举产生。监事会主席召集和主持监事会会议；监事会主席不能履行职务或者不履行职务的，由监事会副主席召集和主持监事会会议；监事会副主席不能履行职务或者不履行职务的,由半数以上监事共同推举一名监事召集和主持监事会会议。

监事会每6个月至少召开一次会议。监事可以提议召开临时监事会会议。

4. 监事会的决议

监事会的议事方式和表决程序,除《公司法》规定的外,由公司章程规定。监事会决议应当经半数以上监事通过。监事会应当对所议事项的决定做成会议记录,出席会议的监事应当在会议记录上签名。

四、股份有限公司的董事、监事和高级管理人员的任职资格及义务

股份有限公司的董事、监事和高级管理人员的任职资格及义务的法律规定与有限责任公司相同。

董事、高级管理人员违反法律规定给公司造成损失的,有限责任公司的股东、股份有限公司连续180日以上单独或者合计持有公司1%以上股份的股东,可以书面请求监事会或者不设监事会的有限责任公司的监事向人民法院提起诉讼;监事有违反法律规定给公司造成损失的,前述股东可以书面请求董事会或者不设董事会的有限责任公司的执行董事向人民法院提起诉讼。

监事会、不设监事会的有限责任公司的监事,或者董事会、执行董事收到股东书面请求后拒绝提起诉讼,或者自收到请求之日起30日内未提起诉讼,或者情况紧急、不立即提起诉讼将会使公司利益受到难以弥补的损害的,前款规定的股东有权为了公司的利益以自己的名义直接向人民法院提起诉讼。

董事、高级管理人员违反法律、行政法规或者公司章程的规定,损害股东利益的,股东可以向人民法院提起诉讼。

五、上市公司组织机构的概念和特别规定

(一)上市公司的概念

上市公司是指其股票在证券交易所上市交易的股份有限公司。

(二)上市公司组织机构的特别规定

上市公司在一年内购买、出售重大资产或者担保金额超过公司资产总额30%的,应当由股东大会作出决议,并经出席会议的股东所持表决权的2/3以上通过。

上市公司设立独立董事,具体办法由国务院规定。

上市公司设董事会秘书,负责公司股东大会和董事会会议的筹备、文件保管以及公司股东资料的管理,办理信息披露事务等事宜。

上市公司董事与董事会会议决议事项所涉及的企业有关联关系的,不得对该项决议行使表决权,也不得代理其他董事行使表决权。该董事会会议由过半数的无关联关系董事出席即可举行,董事会会议所做决议须经无关联关系董事过半数通过。出席董事会的无关联关系董事人数不足3人的,应将该事项提交上市公司股东大会审议。

六、股份有限公司的股份发行和转让

(一) 股份有限公司的股份发行

1. 股份和股票的概念

股份是指由股份有限公司发行的股东所持有的通过股票形式来表现的可以转让的资本的一部分。股份作为代表公司资本的一部分，是公司资本的最小划分单位，不能再分，所有股东持有的股份加起来代表的资本数额即为公司的资本总额。

股票是指公司签发的证明股东所持股份的凭证。

股票具有以下基本特征。

(1) 不可偿还性。股票是一种无偿还期限的有价证券，投资者认购了股票后，在公司存续期间，一般不能再要求退股，只能依法转让。股票的转让只意味着公司股东的改变，并不减少公司资本。从期限上看，只要公司存在，它所发行的股票就存在，股票的期限等于公司存续的期限。

(2) 参与性。股东有权出席股东大会，选举公司董事会，参与公司重大决策。股东参与公司决策的权利大小，取决于其所持有的股份的多少。从实践中看，只要股东持有的股票数量达到左右决策结果所需的实际多数，就能掌握公司的决策控制权。

(3) 收益性。股东凭其持有的股票，有权从公司领取股息或红利，获取投资的收益。收益性还表现在股票投资者可以通过低价买入股票和高价卖出股票，赚取价差利润。

(4) 流通性。股票的流通性是指股票在不同投资者之间的可交易性。股票的流通，使投资者可以在市场上卖出所持有的股票，取得现金。

(5) 价格波动性和风险性。股票在交易市场上作为交易对象，同商品一样，有自己的市场行情和市场价格。由于股票价格要受到诸如公司经营状况、供求关系、银行利率、大众心理等多种因素的影响，其波动有很大的不确定性。因此，股票是一种高风险的金融产品。

股票的分类有四种：第一种是普通股和优先股，第二种是国有股、发起人股和社会公众股，第三种是内资股和外资股，第四种是记名股票和无记名股票。

股票采用纸面形式或者国务院证券监督管理机构规定的其他形式。

股票应当载明下列主要事项：公司名称，公司成立日期，股票种类、票面金额及代表的股份数，股票的编号。股票由法定代表人签名，公司盖章。发起人的股票，应当标明发起人股票字样。

公司发行的股票，可以为记名股票，也可以为无记名股票。公司向发起人、法人发行的股票，应当为记名股票，并应当记载该发起人、法人的名称或者姓名，不得另立户名或者以代表人姓名记名。公司发行记名股票的，应当置备股东名册，记载下列事项：股东的姓名或者名称及住所，各股东所持股份数，各股东所持股票的编号，各股东取得股份的日期。发行无记名股票的，公司应当记载其股票数量、编号及发行日期。

2. 股份发行的原则

股份的发行，实行公平、公正的原则，同种类的每一股份应当具有同等权利。

同次发行的同种类股票,每股的发行条件和价格应当相同;任何单位或者个人所认购的股份,每股应当支付相同价额。

3. 股份发行的价格

股票发行价格可以按票面金额,也可以超过票面金额,但不得低于票面金额。

4. 股份发行的种类

股份有限公司的股份发行根据所处的发行阶段可以分为设立发行和新股发行两种。设立发行是股份有限公司在设立阶段为筹集资本而进行的股份发行。新股发行是股份有限公司在成立后为增加注册资本而进行的股份发行。

公司发行新股,股东大会应当对下列事项作出决议:新股种类及数额,新股发行价格,新股发行的起止日期,向原有股东发行新股的种类及数额。

公司依法公开发行新股时,必须公告新股招股说明书和财务会计报告,并制作认股书。

公司发行新股,可以根据公司经营情况和财务状况确定其作价方案。

公司发行新股募足股款后,必须向公司登记机关办理变更登记并公告。

(二)股份有限公司的股份转让

1. 股份转让的概念和种类

股份的转让是指股份有限公司的股东依照一定的程序将自己的股份让予受让人、由受让人取得股份成为公司的股东。《公司法》规定,股东持有的股份可以依法转让。但同时《公司法》又规定,股东转让其股份,应当在依法设立的证券交易场所进行或者按照国务院规定的其他方式进行。

股票转让可分为无记名股票的转让和记名股票的转让。

无记名股票的转让,由股东将该股票交付给受让人后即发生转让的效力。无记名股票因股票票面不记载股东姓名或名称,只要将股票交付给受让人,对方就成为持股人,转让行为即告成立,因此无记名股票的转让较为自由和方便。

记名股票,由股东以背书方式或者法律、行政法规规定的其他方式转让;转让后由公司将受让人的姓名或者名称及住所记载于股东名册。

2. 股份转让的限制

(1)对发起人所持股份的转让限制。根据《公司法》的规定,发起人持有的本公司股份,自公司成立之日起一年内不得转让。公司公开发行股份前已发行的股份,自公司股票在证券交易所上市交易之日起一年内不得转让。

扩展资料 5-6
发起人股份转让

(2)对公司董事、监事、高级管理人员所持股份的转让限制。《公司法》规定,公司董事、监事、高级管理人员应当向公司申报所持有的本公司的股份及其变动情况,在任职期间每年转让的股份不得超过其所持有本公司股份总数的25%;所持本公司股份自公司股票上市交易之日起一年内不得转让。上述人员离职后半年内,不得转让其所持有的本公司股份。公司章程可以对公司董事、监事、高级管理人员转让其所持有的本公司股份作出其他限制性规定。

(3) 对公司收购自身股份的限制。《公司法》规定,公司不得收购本公司股份。但是,有下列情形之一的除外:①减少公司注册资本;②与持有本公司股份的其他公司合并;③将股份用于员工持股计划或股权激励;④股东因对股东大会作出的公司合并、分立决议持异议,要求公司收购其股份的;⑤将股份用于转换上市公司发行的可转换为股票的公司债券;⑥上市公司为维护公司价值及股东权益所必需。

公司因上述第①项、第②项规定的情形收购本公司股份的,应当经股东大会决议;因第③项、第⑤项、第⑥项规定的情形收购本公司股份的,可以依照公司章程的规定或者股东大会的授权,经 2/3 以上董事出席的董事会会议决议。

公司依法收购本公司股份后,属于第①项情形的,应当自收购之日起 10 日内注销;属于第②项、第④项情形的,应当在 6 个月内转让或者注销;属于第③项、第⑤项、第⑥项情形的,公司合计持有的本公司股份数不得超过本公司已发行股份总额的 10%,并应当在 3 年内转让或者注销。

(4) 对股票质押的限制。《公司法》规定,公司不得接受本公司的股票作为质押权的标的。

(5) 对记名股票丢失后公示催生期间该股票转让的限制。记名股票被盗、遗失或者灭失,股东可以依照《中华人民共和国民事诉讼法》(以下简称《民事诉讼法》)规定的公示催告程序,请求人民法院宣告该股票失效。人民法院宣告该股票失效后,股东可以向公司申请补发股票。公示催生期间,该股票不得转让。

习题

一、名词解释题

股份有限公司　发起设立　募集设立　股票

二、问答题

1. 简述股份有限公司的设立条件。
2. 简述股份有限公司的法律特征。
3. 简述股份有限公司股东的权利和义务。
4. 简述股份有限公司组织机构的议事规则。

三、案例分析题

甲股份有限公司(以下简称"甲公司")于 2019 年 2 月 1 日召开董事会会议,该次会议召开情况及讨论决议事项如下:

(1) 甲公司董事会的 7 名董事中有 6 名出席该次会议。其中,董事谢某因病不能出席会议,电话委托董事李某代为出席会议并行使表决权。

(2) 甲公司与乙公司有业务竞争关系,但甲公司总经理胡某于 2019 年下半年擅自为乙公司从事经营活动,损害甲公司的利益,故董事会作出如下决定:解聘公司总经理胡某;将胡某为乙公司从事经营活动所得的收益收归甲公司所有。

(3) 为完善公司经营管理制度,董事会会议通过了修改公司章程的决议,并决定从通过之日起执行。

问题:

(1) 董事谢某电话委托董事李某代为出席董事会会议并行使表决权的做法是否符合法律规定?简要说明理由。

(2) 董事会作出解聘甲公司总经理的决定是否符合法律规定?简要说明理由。

(3) 董事会作出将胡某为乙公司从事经营活动所得的收益收归甲公司所有的决定是否符合法律规定?简要说明理由。

(4) 董事会作出修改公司章程的决议是否符合法律规定?简要说明理由。

本章主要参考法律法规

1.《中华人民共和国公司法》

2.《中华人民共和国公司登记管理条例》

3.《中华人民共和国证券法》

即测即练

第六章

企业的终止与清算

学习目标

1. 了解企业终止的概念，理解终止的原因；
2. 了解清算的概念、意义，掌握清算的种类；
3. 掌握清算的主要过程。

思政结合

1. 学习企业的清算制度，了解相关主体对于清算事务的平等参与和倡导市场主体之间的平等精神，认识社会主义核心价值观社会层面的平等在法律中的直接反映和具体体现。

2. “逆水行舟，不进则退”，通过学习破产的原因和意义，在深刻领悟传统文化价值的同时，认识破产制度对社会主义市场经济健康发展的重要性，关注我国经济发展。

3. 通过学习企业破产重组的规定和案例，培养从容应对挫折、面对问题积极乐观，寻求解决方案的态度。

引导案例

破产重整

2021 年 7 月 9 日，紫光集团有限公司发布公告称收到北京市第一中级人民法院送达的《通知书》，债权人徽商银行以集团不能清偿到期债务，资产不足以清偿全部债务且明显缺乏清偿能力，具备重整价值和重整可行性为由，向法院申请对集团进行破产重整。据悉紫光集团目前有 9 只债券先后违约，逾期债务金额 70 余亿元。此外，紫光集团的全资子公司紫光通信、紫光国际控股有限公司以及紫光芯盛均有不同程度的逾期债务，累计金额约 180 亿元。（资料来源：百度 2021 年 7 月 13 日，https://baijiahao.baidu.com/s?id=1705148565121553444&wfr=SPIDER&for=pc）

第一节　企业的终止

一、企业终止的概念和特征

企业终止是指企业根据法定程序彻底结束经营活动并使企业市场经营主体资格归于

消灭的事实状态和法律结果。

案例分析 6-1
注销的法律意义

企业终止有以下特征。

(1) 企业终止的法律意义是使企业的市场经营主体资格消灭。

(2) 企业终止必须依据法定程序进行。

(3) 企业终止必须经过清算程序,只有对债务进行清偿并对剩余财产分配完毕之后,企业方可消灭。

二、企业终止的原因

一般情况下,企业终止的原因有以下两个。

(一) 破产

企业因不能清偿到期债务,被依法宣告破产并对其全部财产强制进行清算和分配,最后终止企业。根据申请破产人的不同,破产包括由债权人申请破产和由企业自己申请破产两种。根据《企业破产法》的规定,其主体适用范围是所有的企业法人。其他法律规定企业法人以外的组织的清算,属于破产清算的,参照适用本法规定的程序。

(二) 解散

解散是指业已成立的企业,因发生法律或章程、协议规定的事由致使其丧失经营能力及产生其他法律后果的行为。

扩展资料 6-1
司法解散

企业可以设立,也可以解散,只不过解散可以分为自愿和不自愿两种情况。

自愿解散又称为任意解散,是基于投资人的意志,按照章程、协议的规定或经股东会决议、合伙人一致同意、投资人自愿而解散。

不自愿解散是指企业依法被强制解散,包括行政强制解散,出现企业无以为继的理由应当解散和人民法院强制解散(司法解散)。行政强制解散是当企业违反法律、行政法规被吊销营业执照、责令关闭或被撤销的,应当解散。司法解散是指当公司经营管理发生严重困难,继续存续会使股东利益受到重大损失,通过其他途径不能解决的,人民法院可以根据持有公司全部股东表决权 10%以上的股东的请求解散公司。只有公司存在人民法院强制解散的情形,个人独资企业和合伙企业没有司法解散的制度。

总的来讲,个人独资企业有下列情形之一时,应当解散。

(1) 投资人决定解散。

(2) 投资人死亡或者被宣告死亡,无继承人或者继承人决定放弃继承。

(3) 被依法吊销营业执照。

(4) 法律、行政法规规定的其他情形。

合伙企业有下列情形之一的,应当解散。

(1) 合伙期限届满,合伙人决定不再经营。

(2) 合伙协议约定的解散事由出现。

(3) 全体合伙人决定解散。

(4) 合伙人已不具备法定人数满 30 日。

(5) 合伙协议约定的合伙目的已经实现或者无法实现。

(6) 依法被吊销营业执照、责令关闭或者被撤销。

(7) 法律、行政法规规定的其他原因。

公司可能因下列原因解散。

(1) 公司章程规定的营业期限届满或者公司章程规定的其他解散事由出现。

(2) 股东会或者股东大会决议解散。

(3) 因公司合并或者分立需要解散。

(4) 依法被吊销营业执照、责令关闭或者被撤销。

(5) 公司经营管理发生严重困难,继续存续会使股东利益受到重大损失,通过其他途径不能解决的,持有公司全部股东表决权 10%以上的股东,可以请求人民法院解散公司。

除公司合并或分立存续以外,因其他事由而发生的解散均为需要清算的解散。其法律后果为:企业的营业活动终止;清算组或管理人对内将接管企业财产和企业管理事务,对外将代表企业的行为;企业进入清算程序。

第二节　企业的清算

一、清算的种类

企业的清算,是指在企业注销前,为了了结企业作为当事人的各种法律关系,使企业的主体资格归于消灭,而对企业未了结的业务、财产及债权债务关系等进行清理、处分的行为和程序。

根据我国法律的相关规定,清算可分为自行清算、指定清算和破产清算三类。

所谓自行清算是指企业自己组织的清算。自行清算既适用于自愿解散,又适用于强制解散。指定清算是指经利害关系人申请由法院指定清算人进行清算的情形。只要企业没有在法定期限内自行组织清算,债权人均可以向法院提出申请,请求指定清算人进行清算。破产清算是指公司符合《企业破产法》规定的破产条件的,依《企业破产法》实施破产清算。

自行清算、指定清算和破产清算相比,有以下的区别:①发生清算的原因不同。适用自行清算和指定清算的原因是自愿解散和强制解散;破产清算的原因是破产。②决定清算组成员的机关不同。企业清算组,如果是自愿解散的有限责任公司,是由全体股东组成,股份公司由股东大会选举产生。合伙企业,清算人由全体合伙人担任;经全体合伙人过半数同意,可以自合伙企业解散事由出现后 15 日内指定一个或者数个合伙人,或者委托第三人,担任清算人。自合伙企业解散事由出现之日起 15 日内未确定清算人的,合伙人或者其他利害关系人可以申请人民法院指定清算人。个人独资企业解散,由投资人自行清算或者由债权人申请人民法院指定清算人进行清算。强制解散的,由作出强制解散的主管机关决定清算组人选;破产清算组的组成人员必须由人民法院决定。③适用清算的程序不同。自行清算和指定清算适用一般的清算程序,破产清算适用破产清算程序。④适用的法律不同。自行清算和指定清算分别适用公司法、个人独资企业法和合伙企业法,破产清算适用《企业破产法》。

二、清算的过程

(一) 自行清算、指定清算的程序

1. 确定清算人或清算组

个人独资企业解散,由投资人自行清算或者由债权人申请人民法院指定清算人进行清算。

合伙企业解散,清算人由全体合伙人担任;经全体合伙人过半数同意,可以自合伙企业解散事由出现后15日内指定一个或者数个合伙人,或者委托第三人担任清算人。自合伙企业解散事由出现之日起15日内未确定清算人的,合伙人或者其他利害关系人可以申请人民法院指定清算人。

有限责任公司的清算组由股东组成,股份有限公司的清算组由董事或者股东大会确定的人员组成。逾期不成立清算组进行清算的,债权人可以申请人民法院指定有关人员组成清算组进行清算。人民法院应当受理该申请,并及时组织清算组进行清算。

公司清算组的法律地位与董事会相当,清算组在执行清算事务范围内,它所承担的义务和享有的权利都与董事会相同。

2. 债权申报及审查

清算要进行债权申报、审查和登记。

个人独资企业中,投资人自行清算的,应当在清算前15日内书面通知债权人,无法通知的,应当予以公告。债权人应当在接到通知之日起30日内,未接到通知的应当在公告之日起60日内,向投资人申报其债权。

合伙企业中,清算人自被确定之日起10日内将合伙企业解散事项通知债权人,并于60日内在报纸上公告。债权人应当自接到通知书之日起30日内,未接到通知书的自公告之日起45日内,向清算人申报债权。

债权人申报债权,应当说明债权的有关事项,并提供证明材料。清算人应当对债权进行登记。清算期间,合伙企业存续,但不得开展与清算无关的经营活动。

公司中,清算组应当自成立之日起10日内通知债权人,并于60日内在报纸上公告。债权人应当自接到通知书之日起30日内,未接到通知书的自公告之日起45日内,向清算组申报其债权。债权人申报债权,应当说明债权的有关事项并提供证明材料。清算组应当对债权进行登记。在申报债权期间,清算组不得对债权人进行清偿。

3. 清理财产、制订清算方案

根据相关法律规定,清算组或清算人在清算期间行使下列职权。

(1) 清理企业财产,分别编制资产负债表和财产清单。

(2) 通知、公告债权人。

(3) 处理与清算有关的企业未了结的业务。

(4) 清缴所欠税款以及清算过程中产生的税款。

(5) 清理债权、债务。

(6) 处理企业清偿债务后的剩余财产。

(7) 代表企业参与民事诉讼活动。

公司中,清算组在清理公司财产、编制资产负债表和财产清单后,应当制订清算方案,并报股东会、股东大会或者人民法院确认。清算组在清理公司财产、编制资产负债表和财产清单后,发现公司财产不足清偿债务的,应当依法向人民法院申请宣告破产。公司经人民法院裁定宣告破产后,清算组应当将清算事务移交给人民法院。

4. 分配企业财产

(1) 个人独资企业解散的,财产应当按照下列顺序清偿:所欠职工工资和社会保险费用,所欠税款,其他债务。

(2) 合伙企业财产在支付清算费用和职工工资、社会保险费用、法定补偿金以及缴纳所欠税款、清偿债务后的剩余财产,依照《合伙企业法》的相关规定进行分配。

(3) 公司财产在分别支付清算费用、职工的工资、社会保险费用和法定补偿金,缴纳所欠税款,清偿公司债务后的剩余财产,有限责任公司按照股东的出资比例分配,股份有限公司按照股东持有的股份比例分配。清算期间,公司存续,但不得开展与清算无关的经营活动。公司财产在未依照前款规定清偿前,不得分配给股东。

其中清算费用是指企业自宣布清算以来的各项费用,包括财产维持费用、员工工资或生活补助、通信费、交通费、诉讼费及清算组的各项花销。职工工资是指企业在宣布清算前拖欠员工的工资和奖金。社会保险费用是指企业在宣布清算前拖欠员工的依法应当缴纳的各项社会保险费用。法定补偿金是指企业应解散而终止与员工的劳动合同,依照法律、行政法规的规定应当给予员工的经济补偿。所欠税款应当包括企业在宣布清算前应缴未缴的各项税金以及企业在清算过程中发生的应缴税金。

5. 清算结束,办理注销登记

(1) 个人独资企业清算结束后,投资人或者人民法院指定的清算人应当编制清算报告,并于 15 日内到登记机关办理注销登记。个人独资企业解散后,原投资人对个人独资企业存续期间的债务仍应承担偿还责任,个人独资企业财产不足以清偿债务的,投资人应当以其个人的其他财产予以清偿。但债权人在 5 年内未向债务人提出偿债请求的,该责任消灭。

(2) 合伙企业清算结束,清算人应当编制清算报告,经全体合伙人签名、盖章后,在 15 日内向企业登记机关报送清算报告,申请办理合伙企业注销登记。合伙企业注销后,原普通合伙人对合伙企业存续期间的债务仍应承担无限连带责任。合伙企业不能清偿到期债务的,债权人可以依法向人民法院提出破产清算申请,也可以要求普通合伙人清偿。合伙企业依法被宣告破产的,普通合伙人对合伙企业债务仍应承担无限连带责任。

扩展资料 6-2 方正集团破产重整

(3) 公司清算结束后,清算组应当制作清算报告,报股东会、股东大会或者人民法院确认,并报送公司登记机关,申请注销公司登记,公告公司终止。公司的债权债务关系消灭。

(二)破产清算

根据企业《企业破产法》的规定,企业法人不能清偿到期债务,并且资产不足以清偿全部债务或者明显缺乏清偿能力的,债务人企业自身或企业的债权人可以向人民法院提出破产清算申请。

法院依法受理破产申请并宣告企业破产后,企业进入破产清算程序,企业称为破产人,企业财产称为破产财产,法院受理破产申请时债权人对债务人享有的债权称为破产债权。

1. 破产财产的变价

宣告企业破产后,管理人应当及时拟订破产财产变价方案,提交债权人会议讨论。管理人应当按照债权人会议通过的或者法院依法裁定的破产财产变价方案,适时变价出售破产财产。按照国家规定不能拍卖或者限制转让的财产,应当按照国家规定的方式处理。

管理人由法院在受理破产申请时依法指定。管理人主要履行《企业破产法》规定的接管债务人财产等资料,调查债务人财产状况、决定债务人的内部管理事务、管理和处分债务人的财产等职责。

2. 破产财产的分配

破产财产优先清偿破产费用和共益债务后,依照下列顺序清偿。

(1) 破产人所欠职工的工资和医疗、伤残补助、抚恤费用,所欠的应当划入职工个人账户的基本养老保险、基本医疗保险费用,以及法律、行政法规规定应当支付给职工的补偿金。

(2) 破产人欠缴的除前项规定以外的社会保险费用和破产人所欠税款。

(3) 普通破产债权。

破产费用是指《企业破产法》规定的法院受理破产申请后发生的下列费用。

(1) 破产案件的诉讼费用。

(2) 管理、变价和分配债务人财产的费用。

(3) 管理人执行职务的费用、报酬和聘用工作人员的费用。

共益债务是指法院受理破产申请后发生的下列债务。

(1) 因管理人或者债务人请求对方当事人履行双方均未履行完毕的合同所产生的债务。

(2) 债务人财产受无因管理所产生的债务。

(3) 因债务人不当得利所产生的债务。

(4) 为债务人继续营业而应支付的劳动报酬和社会保险费用以及由此产生的其他债务。

(5) 管理人或者相关人员执行职务致人损害所产生的债务。

(6) 债务人财产致人损害所产生的债务。

破产财产不足以清偿同一顺序的清偿要求的,按照比例分配。

破产企业的董事、监事和高级管理人员的工资按照该企业职工的平均工资计算。

3. 破产程序的终结和企业的注销登记

破产人没有财产可供分配的或者管理人在最后分配完结后,应当及时向法院提交破产财产分配报告，并提请法院裁定终结破产程序。

管理人应当自破产程序终结之日起 10 日内，持法院终结破产程序的裁定，向破产人的原登记机关办理注销登记。

个人独资企业和合伙企业的破产清算程序参照《企业破产法》规定的清算程序。

三、清算组(人)的责任

清算组在执行职务时，应当遵守法律、法规、公司章程和股东会议的决议，维护债权人和公司股东的利益。清算组如果违反法律，损害了债权人和股东的利益，应当依法承担民事赔偿责任。清算组应当忠于职守，依照诚实信用原则执行清算事务，不得利用职权收受贿赂或者其他非法收入，不得侵占公司财产。在公司解散以后、清算结束之前这段时间里，公司不得从事与清算无关的新的经营活动。《公司法》规定了清算组的责任：在责任主体上，有清算组的责任、公司的责任，还有其他人的责任；在归责原则上，清算组仅对其故意或重大过失造成公司或债权人的损失负赔偿责任。

《个人独资企业法》规定，清算期间个人独资企业不得开展与清算目的无关的经营活动。在清偿债务前，清算期间，投资人不得转移、隐匿财产。

《合伙企业法》规定，清算人未依照规定向企业登记机关报送清算报告，或者报送清算报告隐瞒重要事实，或者有重大遗漏的，责令改正。合伙人担任清算人在执行清算事务时，谋取非法收入或者侵占合伙企业财产的，责令将该收入和侵占的财产退还合伙企业；构成犯罪的，依法追究刑事责任。合伙人委托的清算人有前款行为的，责令将该收入和侵占的财产退还合伙企业，并依法承担赔偿责任；构成犯罪的，依法追究刑事责任。清算人违反本法规定，隐匿、转移合伙企业财产，对资产负债表或者财产清单做虚伪记载，或者在未清偿债务前分配企业财产的，责令改正；损害债权人利益的，依法承担赔偿责任；构成犯罪的，依法追究刑事责任。

扩展资料 6-3 未依法清算的后果

四、清算的法律意义

企业清算的法律意义是在合法维护利益相关者的前提下使企业终止、企业市场主体资格消失。法律将清算作为企业终止的必经程序，其直接目的和结果是消灭企业的市场主体资格，而这种消灭是在合法维护利益相关者、有关权利人的基础上消灭企业的市场主体资格。

习题

案例分析题

1. 华星机械贸易有限责任公司(以下简称“华星公司”)成立于 2013 年 3 月，注册资本为 100 万元。黄某、彭某、梁某为公司股东，其中黄某占公司股份的 40%，彭某、梁某各占公司股份的 30%。2014 年 10 月，华星公司租赁徐某的小型挖机，为其工程施工，约定每月租赁费为 27 000 元，施工过程中的修理费由徐某自己承担，工程完工后，经双方结算，公司应付徐某挖机租赁费 20 400 元。2015 年 10 月，华星公司陷入难以维系状态，股东黄某、彭某、梁某决定解散公司,此后即下落不明,未对公司的财产债权、债务进行清理,所欠徐某20 400元挖机租赁费分文未付。2016年4月,徐某在久索租赁费不着的情况下,向法院提起诉讼,要求追回拖欠的租赁费。

问题:应如何确定公司债务的承担主体?

2. 2018年9月,被告陈某等4人合伙成立了普通合伙企业某家电维修中心,陈某为该合伙企业事务执行人。2019年1月至10月,该维修中心到B公司购买配件,累计欠货款31 939元。2019年11月23日,陈某等4位合伙人签订了一份维修中心整体转让协议,约定将该中心整体转让给陈某。原维修中心的债权由陈某等4位合伙人负责收回,收回的债权用于支付工人工资等费用,对所欠货款未做处理。同年11月25日,该维修中心被市场监督管理部门注销。

问题:简述家电维修中心所欠B公司的货款应由谁偿付及理由。

本章主要参考法律法规

1.《中华人民共和国个人独资企业法》
2.《中华人民共和国合伙企业法》
3.《中华人民共和国公司法》
4.《中华人民共和国企业破产法》

即测即练

第三篇

合同和担保法律制度

第七章

合 同 法

学习目标

1. 了解合同概念和分类、合同编适用范围；
2. 掌握合同成立、生效条件以及合同效力类型；
3. 了解合同履行原则和规则，掌握合同抗辩权和合同保全制度；
4. 了解合同变更、转让、终止的概念，掌握合同变更、转让、终止的条件；
5. 了解合同责任概念和种类，掌握缔约责任和违约责任构成要件、承担方式；
6. 了解合同解释的规则；
7. 了解有名合同的种类与当事人主要权利和义务。

思政结合

1.《民法典》各基本原则（如平等、自愿、公平、诚信等）是社会主义核心价值观的转化和表达，社会主义核心价值这条精神轴线，贯穿《民法典》始终。

(1) 通过了解诚信在合同法中的重要性，在生活、学习和今后的工作中诚信做人，为构建社会主义诚信社会作出贡献。

(2) 契约精神是诚信在合同履行中的具体反映。认识契约自由离不开诚信，只有诚实不欺、守信践诺才能在市场主体之间建立起信任，确保市场健康运行、安全有序，同时，结合我国传统文化中蕴含的契约精神，思考什么是新时代中国特色社会主义契约精神。

(3) 通过学习显失公平的合同，认识合同离不开公正的指引。只有维护市场交易公平、公正，才能切实保障市场主体利益，增进交易效率，更好地建设社会主义市场经济。

(4) 绿色原则为“用最严格制度最严密法治保护生态环境”提供了法律保障。认识其中蕴含的国家长治久安的大计和中国共产党“人民至上”的执政理念，认识其中体现的中华优秀传统文化和马克思主义人与自然关系，培养生态文明理念，为可持续发展做贡献。

2. 合同法律是市场交易的最基本制度，对建设社会主义市场经济具有重要意义。结合我国合同立法的历史和现状，加深对我国改革开放和经济发展成就的认识，增强民族自豪感。

3. 有名合同是经济生活的缩影。合同编新增四类合同，回应了我国经济和社会发展的迫切需求，反映了产业结构、城乡格局、社会文化及生态建设等方面巨大而深刻的变化，在此基础上进一步关注我国现实经济问题。

引导案例

合同的概念

2016年1月3日，甲有限责任公司为激励工作，与其分公司签订合同，其主要内容是：“分公司当年应完成的销售利润目标为50万元。分公司超额完成的销售利润部分按照当年销售利润的四成由分公司提成。”2017年1月，甲公司对2016年进行年度考核时，该分公司完成销售利润共计55万元。甲公司以公司急需资金为由，表示暂缓执行上述合同规定的提成。分公司以甲公司合同违约为由将其诉至法院。受诉法院经审查认为，双方争议的合同属于甲公司内部管理手段，不是合同法规定的合同，不属于合同法调整范围，裁定驳回分公司起诉。

第一节　合同法概述

一、合同的概念和分类

（一）合同的概念

合同又称契约、协议。狭义的合同是指民事合同，即平等当事人之间设立、变更、终止民事权利义务关系的协议。广义的合同是指确立权利和义务的协议。

自2021年1月1日施行的《民法典》是调整合同的主要法律。其中，《民法典》的第三编合同（以下简称“合同编”）规定了包括订立、效力、履行等内容在内的合同的一般规定和19种具体合同。根据合同编的规定，合同是民事主体设立、变更、终止民事关系的协议。婚姻、收养、监护等有关身份关系的合同适用有关该身份关系的法律，没有规定的，可以根据其性质参照合同编的规定。可见，《民法典》中的合同是狭义的合同。

（二）合同的种类

根据不同的标准，可以将合同分为不同的类型。这里主要介绍较为重要的几个合同种类。

1. 有名合同和无名合同

根据《民法典》等法律中是否规定了合同名称，可将合同分为有名合同和无名合同。

1）有名合同

有名合同是指在法律中规定了确定名称的合同，又称典型合同。合同编中规定的19种合同均为有名合同，如买卖合同，供用电、水、气、热力合同，赠与合同等。

2）无名合同

无名合同是指法律上没有规定确定名称的合同，即非典型合同。

扩展资料7-1　典型合同与非典型合同

2. 有偿合同和无偿合同

按照合同当事人是否支付给对方合同代价，可将合同分为有偿合同和无偿合同。

1) 有偿合同

有偿合同是指一方当事人或双方当事人须给予对方一定的代价才能得到合同中相应利益的合同。

2) 无偿合同

无偿合同是指合同一方给予对方利益,而自己并不取得相应利益的合同。

例如,租赁合同是有偿合同,不需支付保管费的保管合同是无偿合同。

3. 单务合同和双务合同

按照双方当事人是否在合同中承担义务,可将合同分为单务合同和双务合同。

1) 单务合同

单务合同是指合同的当事人中一方享受权利而不承担义务,另一方承担义务而不享受权利。

2) 双务合同

双务合同是指合同的当事人双方均享有权利和承担义务,且双方权利和义务是对应的。

例如,赠与合同是典型的单务合同,买卖合同则是典型的双务合同。

4. 诺成合同和实践合同

按照合同的成立是否需要交付标的物,可将合同分为诺成合同和实践合同。

1) 诺成合同

诺成合同是指当事人意思表示一致即成立的合同。

2) 实践合同

实践合同是指在当事人意思表示一致的基础上,还需交付标的物才能成立的合同。

合同通常都是诺成合同,实践合同通常由法律特别规定。例如,自然人之间的借款合同是实践合同。

5. 要式合同和不要式合同

按照合同成立是否有特定的形式要求,可将合同分为要式合同和不要式合同。

1) 要式合同

要式合同是指需要采用特殊形式才能成立的合同。

例如,合伙企业的合伙协议,根据法律规定应采用书面形式,则为要式合同。

2) 不要式合同

不要式合同也称非要式合同,是指无须采用特定形式即成立的合同。

根据《民法典》的规定,合同以不要式为原则,要式为例外。

6. 议商合同和附和合同

根据合同订立的过程,可将合同分为议商合同和附和合同。

1) 议商合同

议商合同是合同当事人经过协商订立的合同。议商合同充分体现了契约自由和意思自治的原则。

2）附和合同

附和合同也称格式合同、标准合同或定式合同，是指由一方预先拟定合同的条款，对方只能表示接受或不接受，即订立或不订立合同，而不能就合同的条款内容与拟订方进行协商的合同。

例如，保险合同就是典型的附和合同。保险合同的条款是由保险人单方面预先制定的，投保人不能参与制定，只能选择接受或不接受。

7. 主合同和从合同

按照合同之间的关系，可将合同分为主合同和从合同。

1）主合同

主合同是指可以独立存在，不需要依赖其他合同的合同。

2）从合同

从合同是指以其他合同为存在前提的合同，或为其他合同服务的合同。

例如，买卖合同和为之服务的运输合同，买卖合同为主合同，运输合同为从合同。

8. 束己合同和涉他合同

根据合同是否只为签订合同的当事人设定权利和义务，而不涉及当事人之外的其他人的权利和义务，可将合同分为束己合同和涉他合同。

1）束己合同

束己合同是指严格遵循合同相对性原则，当事人为自己设定并承受权利义务，第三人不能向合同当事人主张权利，当事人也不得向第三人主张权利的合同。此为合同的常态。

2）涉他合同

涉他合同是指突破了合同的相对性原则，合同当事人在合同中为第三人设定了权利或义务的合同。涉他合同包括为第三人利益的合同和由第三人履行的合同。

例如，规定投保人之外的第三人为受益人的人身保险合同是涉他合同。

9. 射幸合同与非射幸合同

根据合同效果是否带有不确定性，可将合同分为射幸合同和非射幸合同。

1）射幸合同

射幸合同是指当事人一方是否履行义务有赖于偶然事件的出现的一种合同。这种合同的效果在于订约时带有不确定性。

2）非射幸合同

非射幸合同则是合同当事人的义务均为确定的。

例如，财产保险合同是射幸合同。在合同的有效期间，如发生保险标的的损失，则保险人需负担的赔偿金额可能远远超出其所得的保险费；相反，如果无损失发生，则投保人只能付出保费而无任何保险金赔付。

二、基本原则

合同编是《民法典》的一部分，因此，《民法典》所规定的下列原则均适用于包括合同在内的民事活动。

(一) 平等原则

平等原则是指民事主体在民事活动中的法律地位一律平等。合同当事人的法律地位一律平等,一方不得将自己的意志强加给另一方。

(二) 自愿原则

民事主体从事民事活动,应当遵循自愿原则,按照自己的意思设立、变更、终止民事法律关系。合同的订立过程、合同的内容等方面均体现了自愿原则。

(三) 公平原则

民事主体从事民事活动,应当遵循公平原则,合理确定各方的权利和义务。公平原则要求当事人在合同中的权利和义务大致相当。因此《民法典》对显失公平的民事行为作出了相应规定。

(四) 诚信原则

民事主体从事民事活动,应当遵循诚信原则,秉持诚实,恪守承诺。诚信原则要求合同当事人本着善良的态度和善意的方式来订立和履行合同。例如,在履行合同时,当事人应当遵循诚信原则,根据合同的性质、目的和交易习惯履行通知、协助、保密等义务。

(五) 守法与公序良俗原则

民事主体从事民事活动,不得违反法律,不得违背公序良俗。违反法律、行政法规的强制性规定的民事法律行为无效。但是,该强制性规定不导致该民事法律行为无效的除外。违背公序良俗的民事法律行为无效。

(六) 绿色原则

民事主体从事民事活动,应当有利于节约资源、保护生态环境。当事人在履行合同过程中,应当避免浪费资源、污染环境和破坏生态。

习题

一、名词解释题

合同　实践合同　诺成合同　涉他合同　束己合同　双务合同　单务合同　有偿合同　无偿合同　射幸合同

二、问答题

1. 简述合同编的适用范围。
2. 简述合同的主要分类。
3. 简述《民法典》的基本原则。

第二节　合同的订立

合同的订立是指合同当事人就合同的内容达成一致的过程。

合同的订立不同于合同的成立。合同成立是合同订立的后果之一。

一、合同的订立方式

合同编规定："当事人订立合同,可以采取要约、承诺方式或者其他方式。"采用要约、承诺方式即将当事人就合同内容磋商谈判订立合同的过程概括为要约和承诺两个阶段,因此合同订立的主要程序包括要约和承诺两个步骤。

（一）要约

1. 要约的概念

合同编规定："要约是希望与他人订立合同的意思表示。"要约在贸易中又称为发盘、发价。

要约是特定的人作出的意思表示,特定人包括自然人、法人等民事主体及其代理人。发出要约的人是要约人,接收要约的人是受要约人。

2. 要约的成立要件

根据合同编的规定,一份有效要约应当符合以下条件。

(1) 内容具体明确。内容具体明确是指要约的内容应包括将来可能订立的合同的主要内容,不能含糊不清。

(2) 表明经受要约人承诺,要约人即受要约约束。要约要表明要约人的态度,是以订立合同为目的,一旦对方承诺,合同即成立。

3. 要约的生效时间

要约的生效时间关系到要约是否对要约人产生约束力和承诺期限等问题。

要约是一种意思表示,根据《民法典》对有相对人的意思表示生效时间的相关规定,要约采用的具体方式不同,要约生效的时间也不同

(1) 以对话方式作出的意思表示,相对人知道其内容时生效。例如要约采用打电话方式的,对方知道电话内容时,要约生效。

(2) 以非对话方式作出的意思表示,到达相对人时生效。例如要约采用书面形式的,要约到达受要约人时生效。

(3) 以非对话方式作出的采用数据电文形式的意思表示,要约采用数据电文形式时,相对人指定特定系统接收数据电文的,该数据电文进入该特定系统时生效;未指定特定系统的,相对人知道或者应当知道该数据电文进入其系统时生效。当事人对采用数据电文形式的意思表示的生效时间另有约定的,按照其约定。例如要约人采用电子邮件发送要约,就属于这种情形。

(4) 以公告方式作出的意思表示,公告发布时生效。例如商业广告就是以公告方式作出的意思表示。如果商业广告符合要约条件构成要约,则该要约自广告发布时生效。

需要注意的是,根据《民法典》的规定,行为人可以明示或者默示作出意思表示。沉默只有在有法律规定、当事人约定或者符合当事人之间的交易习惯时,才可以视为意思表示。

4. 要约的撤回和撤销

要约人发出要约后,收回要约或者对要约进行修改,这属于要约的撤回或撤销。

1) 要约的撤回

要约的撤回是指要约人在要约生效前收回要约,使要约不发生法律效力。

合同编规定,要约可以撤回。根据《民法典》的规定,撤回意思表示的通知应当在意思表示到达相对人前或者与意思表示同时到达相对人。因此,撤回要约的通知应当在要约到达受要约人之前或者与要约同时到达受要约人。

2) 要约的撤销

要约的撤销是指在要约生效后,要约人使其丧失法律效力的意思表示。撤销包括全部内容的撤销,也包括部分内容的变更。

合同编规定,要约可以撤销。撤销要约的意思表示以对话方式作出的,该意思表示的内容应当在受要约人作出承诺之前为受要约人所知道;撤销要约的意思表示以非对话方式作出的,应当在受要约人作出承诺之前到达受要约人。

由于撤销要约是收回了一个已经生效的要约,因此法律对撤销要约有所限制。以下情况下,要约不得撤销。

第一,要约人确定了承诺期限或者要约中明示要约不可撤销。例如,要约中规定"9月30日后本要约失效""3日内答复有效""我将保持要约中的各项条件不变""本要约不得撤销"等。

第二,受要约人有理由相信要约是不可撤销的,并已经为履行合同做了准备工作。一般来说,要约中要求受要约人以行为作出承诺的,就有理由认为要约不可撤销,如"款到即发货"等。或者受要约人已经做了必要的准备,如"购买原材料""办理借贷筹备借款"等。

5. 要约的失效

要约的失效是指要约失去法律效力。要约失效主要包括以下几种情况。

(1) 受要约人拒绝要约,原要约因受要约人的拒绝而失效。

(2) 要约被依法撤销。

(3) 要约规定的承诺期限届满,受要约人未作出承诺,则要约效力消灭。

(4) 受要约人对要约的内容作出实质性变更使要约失效。该变更的性质是受要约人对要约人发出新要约。

6. 要约邀请

要约邀请也称要约引诱,是希望他人向自己发出要约的表示,即邀请他人向自己发出要约的意思表示。

要约邀请不具备要约的构成要件。其目的在于诱使他人向自己发出要约,而非与他人订立合同,故只是订立合同的预备行为,而非订约行为。因此,要约邀请发出后,既不能因相对人的承诺而成立合同,也不能因自己作出某种承诺而约束要约人。

在现实经济生活中,分清楚要约和要约邀请是至关重要的,它直接影响到合同是否成立。

根据合同编规定，寄送的价目表、拍卖公告、招标公告、招股说明书、债券募集办法、基金招募说明书、商业广告和宣传等为要约邀请。商业广告和宣传的内容符合要约规定的，视为要约。

如寄送的价目表中包含了商品名称及价格条款，但只是向对方提供商品信息，从中并不能确定寄送人具有一经对方承诺即接受承诺后果的意图，而是希望对方向自己提出订约条件。

(二) 承诺

1. 承诺的概念

承诺是指受要约人同意接受要约的全部条件以缔结合同的意思表示，即接受一份有效要约。

2. 承诺的构成要件

一份有效的承诺应当具备以下条件。

(1) 承诺必须由受要约人作出。

只有受要约人才有承诺的资格，受要约人以外的第三人不享有承诺的权利。

(2) 承诺须向要约人作出。

承诺是对要约的同意，是受要约人与要约人订立合同，当然要向要约人作出。如果承诺不是向要约人作出，则作出的承诺不视为承诺，达不到与要约人订立合同的目的。

(3) 承诺的内容须与要约一致。

承诺的内容应当与要约的内容一致。受要约人对要约的内容作出实质性变更的，为新要约。有关合同标的、数量、质量、价款或者报酬、履行期限、履行地点和方式、违约责任和解决争议方法等的变更，是对要约内容的实质性变更。

承诺对要约的内容作出非实质性变更的，除要约人及时表示反对或者要约表明承诺不得对要约的内容作出任何变更外，该承诺有效，合同的内容以承诺的内容为准。

(4) 承诺应当在要约规定的期限内到达要约人。

如果要约规定了承诺期限，则承诺应在规定的期限内到达受要约人。承诺期限的起点，根据要约作出的方式有所不同。

要约如果采用信件或电报方式作出，承诺期限从信件载明的日期或者电报交发之日起开始计算；信件未载明日期的，从投寄该信件的日期开始计算。

要约如果采用电话、传真、电子邮件等相对快速的通信方式作出，承诺期限从要约到达受要约人时开始计算。

如果要约没有规定承诺期限，要约以对话方式作出的，则受要约人应当即时承诺。当事人另有约定的除外。如果要约是以非对话方式作出的，承诺应当在合理的期限内到达。

3. 承诺的方式

承诺的方式是指受要约人通过何种形式将承诺的意思送达给要约人。根据《民法典》的相关规定，承诺应当以通知的方式作出，但根据交易习惯或者要约表明可以通过行为作出承诺的除外。因此如果要约中明确规定承诺必须以一定方式作出，否则承诺无效，那么承诺人作出承诺时,必须符合要约人规定的承诺方式,在此情况下,承诺的方式为承诺的特殊要件。

4. 承诺的生效时间

承诺作为一种意思表示,如果是以通知方式作出的,根据前述《民法典》关于有相对人的意思表示的生效时间的规定,承诺生效时间根据具体通知方式有所不同,即分为以下三种情况:以对话方式作出的意思表示;以非对话方式作出的意思表示及以非对话方式作出的采用数据电文形式的意思表示(详见要约生效时间)。

承诺不需要通知的,根据交易习惯或者要约的要求作出承诺的行为时生效。

5. 承诺的撤回

承诺的撤回是指受要约人在承诺生效前收回承诺。

根据合同编规定,承诺可以撤回。对撤回承诺的通知的要求和撤回要约相同,即应当在承诺通知到达要约人之前或者与承诺通知同时到达要约人。

承诺不能撤销。如前所述,承诺生效时双方合同已经成立,受要约人不能再收回承诺。

6. 逾期承诺

逾期承诺又称承诺迟到,是指承诺在承诺期限届满之后才到达要约人。对于迟到承诺的效力,主要有以下两种情况。

(1) 迟延承诺。受要约人超过承诺期限发出承诺,或者在承诺期限内发出承诺,按照通常情形不能及时到达要约人的,该承诺的性质为受要约人向要约人发出的新要约;但是,要约人及时通知受要约人该承诺有效的除外。

(2) 未迟发而迟到的承诺。受要约人在承诺期限内发出承诺,按照通常情形能够及时到达要约人,但是因其他原因致使承诺到达要约人时超过承诺期限的,除要约人及时通知受要约人因承诺超过期限不接受该承诺外,该承诺有效。

二、合同的内容和形式

(一) 合同的内容

合同内容是合同当事人协商一致的合同主要条款,规定了当事人各方的权利和义务。

合同编规定合同内容由当事人约定,合同一般包括以下条款。

(1) 当事人的姓名或名称和住所。当事人是享受合同权利和承担合同义务的主体,因此,当事人是合同必需的条款。

案例分析 7-1
合同的成立

(2) 标的。合同标的是合同当事人权利和义务指向的对象。如果合同没有标的或者标的不明确具体,权利义务就没有基础。

(3) 标的数量。

(4) 标的质量。

(5) 价款或酬金。

(6) 履行期限、地点和方式。

(7) 违约责任。

(8)解决争议的方法。

(二)合同的形式

合同形式是指合同的外在表现形式,即合同内容的载体。

根据《民法典》的规定,民事法律行为可以采用书面形式、口头形式或者其他形式;法律、行政法规规定或者当事人约定采用特定形式的,应当采用特定形式。

可见,对民事法律行为的形式,我国法律是以不要式为原则,要式为例外。

具体到合同,合同编也作出了相同的规定:当事人订立合同,可以采用书面形式、口头形式或者其他形式。

1. 书面形式

书面形式是合同书、信件、电报、电传、传真等可以有形地表现所载内容的形式。

以电子数据交换、电子邮件等方式能够有形地表现所载内容,并可以随时调取查用的数据电文,视为书面形式。

2. 口头形式

口头形式的合同是指双方当事人通过对话等方式达成的合同。口头形式因其迅速简便的优点,一般用于即时清结的合同。

3. 其他形式

其他形式的合同是指当事人采用书面形式和口头形式之外的其他方式来体现合同内容。

其他形式一般包括行为和默示的形式。

三、合同成立的时间和地点

(一)合同成立的时间

1. 一般规定

合同编规定,承诺生效时合同成立,法律另有规定或者当事人另有约定的除外。因此,通常情形下合同成立时间即有效承诺到达要约人的时间。

2. 合同书形式的合同的成立时间

当事人采用合同书形式订立合同的,自双方当事人签名、盖章或者按指印时合同成立。这表明双方对相关权利和义务意思表示一致。因此,最后一方当事人签名、盖章或者按指印的时间,就是该合同成立的时间。

3. 当事人采用信件、数据电文等形式订立合同要求签订确认书的,签订确认书时合同成立

确认书是确认合同内容完整、充分,受要约方同意要约内容的证明文书,一般由受要约人出具。采用信件、传真等形式进行磋商比较方便、安全、省时,但信件、传真所载内容常是双方争议较大的部分,长期的协商可能会使合同内容分散,形式、数量繁多,为保证将协议中各个时段双方达成一致意见的内容统一起来,使合同内容更加明朗化,一方可要求对方签订确认书。确认书是一种概括性的合同文书。当事人一方通过互联网等信息网络发布的商品或者服务信息符合要约条件的,对方选择该商品或者服务并提交订单成功时合同成立,但是当事人另有约定的除外。

4. 合同通过履行而成立

法律、行政法规规定或者当事人约定未采用书面形式,但一方已经履行主要义务,对方接受的,该合同成立。

在这种情况下,合同为要式合同,书面形式不具备,合同并未成立,但根据双方当事人的行为,从鼓励交易、节约社会成本出发,合同编规定此时合同成立,当事人不得以未采用书面形式为由,否定该合同成立。

原则上,合同依法成立即产生法律效力。因此,合同成立的时间通常也是合同生效的时间。

(二) 合同成立的地点

1. 一般规定

合同编规定:"承诺生效的地点为合同成立的地点。采用数据电文形式订立合同的,收件人的主营业地为合同成立的地点;没有主营业地的,其住所地为合同成立的地点。当事人另有约定的,按照其约定。"

2. 合同书形式的合同的成立地点

合同编规定:"当事人采用合同书形式订立合同的,最后签名、盖章或者按指印的地点为合同成立的地点。但是当事人另有约定的除外。"

3. 合同成立的地点的法律意义

在双方发生纠纷时,合同的成立地是确定法院管辖权及选择法律的适用等问题的重要依据。

四、合同订立的特殊情形

关于合同订立,还有以下一些特殊情形。

(一) 国家订货任务、指令性任务的合同订立

国家根据抢险救灾、疫情防控或者其他需要下达国家订货任务、指令性任务的,有关民事主体之间应当依照有关法律、行政法规规定的权利和义务订立合同。

(二) 当事人的要约义务

依照法律、行政法规的规定负有发出要约义务的当事人,应当及时发出合理的要约。

(三) 当事人的承诺义务

依照法律、行政法规的规定负有作出承诺义务的当事人,不得拒绝对方合理的订立合同要求。

(四) 合同采用格式条款

格式条款是当事人为了重复使用而预先拟定,并在订立合同时未与对方协商的条款。采用格式条款订立合同的,提供格式条款的一方应当遵循公平原则确定当事人之间的权利和义务,并且承担合理提示和说明的义务。

（五）预约合同

预约合同是指当事人约定在将来一定期限内订立合同的认购书、订购书、预订书等。当事人一方不履行预约合同约定的订立合同义务的，对方可以请求其承担预约合同的违约责任。

（六）悬赏广告

悬赏人以公开方式声明对完成特定行为的人支付报酬的，完成该行为的人可以请求其支付。

习题

一、名词解释题

要约　承诺　要约邀请

二、问答题

1. 简述要约的有效条件。
2. 简述承诺的有效条件。
3. 简述要约邀请的种类。
4. 要约是否可以撤回和撤销？
5. 合同的一般条款有哪些？
6. 说明合同订立和成立的关系。

三、案例分析题

1. 甲（卖方）通过电子邮件向乙（买方）发出了出售100件某种货物的要约，甲在该邮件中还提出，为了稳妥起见，以双方最后签订确认书为准。

乙在要约规定的期限内以电子邮件对该要约进行了承诺，同意甲方提出的价格、质量、履行期限等条件。

甲按照上述条件拟定好确认书并签章后寄给乙。但乙拒绝签章。此后，甲径自按照要约内容将100件货物发运给乙。乙收货并将相应款项支付给甲。不久，该种货物涨价，甲以双方合同未成立为由，向乙要求退款退货。

问题：双方合同是否成立，甲方要求是否应支持？

2. 2020年7月5日，彭某给周某发送电子邮件称："经慎重考虑，我决定将位于某市某路的一套90平方米的私房以105万元的售价卖给你，如果你同意买房，请回复电子邮件，就算成交。"

周某收到上述邮件后在次日给彭某回复电子邮件表示，同意以105万元购买这套房屋。

问题：双方之间是否成立了书面合同？

第三节　合同的效力

合同的效力是指已经成立的合同具有法律效力，对合同当事人具有法律约束力。合同生效是指已依法成立的合同发生法律效力。

一、合同的生效

(一) 合同生效的时间

合同编规定:“依法成立的合同,自成立时生效,但是法律另有规定或者当事人另有约定的除外。依照法律、行政法规的规定,合同应当办理批准等手续的,依照其规定。”

当事人可以对合同的生效附条件和附期限。根据《民法典》的规定,民事行为可以附条件和附期限,但是根据性质不能附条件或附期限的除外。

附生效条件的合同,自条件成就时生效;附解除条件的合同,自条件成就时失效。当事人为自己的利益不正当地阻止条件成就的,视为条件已成就;不正当地促成条件成就的,视为条件不成就。

附生效期限的合同,自期限届至时生效;附解除期限的合同,自期限届满时失效。

(二) 合同生效的条件

根据《民法典》关于民事法律行为有效条件的规定,在合同成立的基础上,合同生效应具备以下条件。

(1) 当事人具有订立合同的能力。当事人必须具备订立合同相应的行为能力。

(2) 当事人意思表示真实。合同是当事人意思表示一致的产物。在此基础上,合同生效还要求当事人意思表示真实,即该意思表示能真实反映当事人的内心意愿,内心意愿和外在行为是一致的。

(3) 不违反法律、行政法规的强制性规定,不违背公序良俗。

(三) 合同生效的意义

在合同有效的情况下,合同当事人应按照合同约定,依法履行合同义务,实现合同权利。违反合同约定的,则应依法承担相应的法律责任。

二、合同效力的类型

根据上述合同的生效条件,如果已经成立的合同欠缺某一条件,则该合同不是有效的合同。根据不同情况,除了有效的合同或因期限、条件等未满足而尚未生效的合同之外,根据合同效力,合同还分为以下类型。

(一) 效力待定的合同

1. 效力待定合同的概念

效力待定的合同是指合同成立时,因欠缺合同生效条件,合同效力处于不确定的状态。该合同效力的确定取决于有关人的行为,如权利人的追认等。

2. 效力待定合同的种类

效力待定的合同主要包括以下类型。

1) 限制民事行为能力人订立的需经追认的合同

根据《民法典》关于民事法律行为的规定,限制行为能力人订立的合同可分为以下两类。

第一类是纯获利益的合同或者与其年龄、智力、精神健康状况相适应的合同。限制行为能力人有资格签订此类合同，因此不需要经法定代理人追认。

第二类是与限制民事行为能力人的年龄、智力、精神健康状况不相适应的合同。限制民事行为能力人订立此类合同须经其法定代理人同意或追认才产生法律效力。

合同相对人可以催告法定代理人自收到通知之日起一个月内追认。法定代理人未做表示的，视为拒绝追认。合同被追认前，善意相对人有权以通知的方式撤销该合同。

2）无代理权人以他人名义订立的合同

无代理权的情况主要包括：行为人没有代理权，行为人超越代理权或者行为人的代理权终止后以被代理人的名义进行活动。

无代理权人以他人名义订立的合同，未经被代理人追认，对被代理人不发生法律效力。

相对人可以催告被代理人自收到通知之日起一个月内追认，被代理人未作出表示的，视为拒绝追认。合同被追认前，善意当事人有权以通知的方式撤销该合同。被代理人已开始履行合同或者接受相对人履行的，视为追认。

表见代理的情况例外。表见代理是指相对人有理由相信无权代理的行为人有代理权的，代理行为有效由被代理人承担无权代理的法律后果。

需要注意的是，越权订立的合同不属于此类合同。

法人的法定代表人或者非法人组织的负责人超越权限订立的合同，除相对人知道或者应当知道其超越权限外，该代表行为有效，订立的合同对法人或者非法人组织发生效力。

扩展资料 7-2　欺诈订立的合同

（二）可撤销的合同

1. 可撤销的合同的概念

可撤销的合同是指合同欠缺意思表示真实的生效条件，因此，受影响的当事人（撤销权人）有权要求法院撤销该合同。

2. 可撤销的合同的种类

根据合同编及《民法典》关于民事法律行为的规定，可撤销的合同主要包括以下种类。

1）基于重大误解订立的合同

当事人在订立合同时对当事人、合同标的物的性质、数量、质量等重要内容产生错误认识。

2）显失公平的合同

显失公平的合同是一方利用对方处于危困状态、缺乏判断能力等情形而订立的合同。法律规定成立时显失公平的合同为可撤销，是公平原则的具体体现。

3）欺诈、胁迫订立的损害他人利益的合同

所谓欺诈，就是故意隐瞒真实情况或者故意告知对方虚假的情况，欺骗对方，诱使对方作出错误的意思表示而与之订立合同。所谓胁迫，是指行为人以将要发生的损害或者以直接实施损害相威胁，使对方当事人产生恐惧而与之订立合同。

欺诈、胁迫订立的合同，被影响一方意思表示不真实，如此类合同没有损害国家利益，则属于可撤销的合同。

3. 撤销权的行使

当事人应在法定期限内行使撤销权。被撤销的合同,自始没有法律约束力。有下列情形之一的,撤销权消灭。

(1) 当事人自知道或者应当知道撤销事由之日起一年内、重大误解的当事人自知道或者应当知道撤销事由之日起90日内没有行使撤销权。

(2) 当事人受胁迫,自胁迫行为终止之日起一年内没有行使撤销权。

(3) 当事人知道撤销事由后明确表示或者以自己的行为表明放弃撤销权。

(4) 当事人自民事法律行为发生之日起5年内没有行使撤销权。

(三) 无效合同

1. 无效合同的概念

无效合同是指合同虽然成立,但因其违反法律的相关规定不发生法律效力。当事人在订立无效合同后,不得依据合同实际履行,也不承担不履行合同的违约责任。无效合同从订立之日起就不具有法律约束力。

扩展资料 7-3
无效合同

2. 无效合同的种类

首先,《民法典》中关于民事法律行为无效的规定,适用于合同。

违反法律、行政法规的强制性规定的民事法律行为无效。但是,该强制性规定不导致该民事法律行为无效的除外。

违背公序良俗的民事法律行为无效。

行为人与相对人恶意串通,损害他人合法权益的民事法律行为无效。

其次,合同编规定了无效免责条款和无效格式条款。

合同中的下列免责条款无效:

(1) 造成对方人身损害的;

(2) 因故意或者重大过失造成对方财产损失的。

有下列情形之一的,该格式条款无效:

(1) 具有上述民事法律行为无效情形和无效免责条款的情形的;

(2) 提供格式条款一方不合理地免除或者减轻其责任、加重对方责任、限制对方主要权利;

(3) 提供格式条款一方排除对方主要权利。

需要注意的是,当事人超越经营范围订立的合同,应当依照《民法典》关于民事法律行为效力的规定和合同编的有关规定确定,不得仅以超越经营范围确认合同无效。

另外,合同中有关解决争议方法的条款效力,独立于合同其他部分。合同不生效、无效、被撤销或者终止的,不影响有关解决争议方法的条款的效力。

习题

一、名词解释题

效力待定的合同　可撤销的合同　无效合同

二、问答题

1. 简述合同生效的要件。

2. 简述合同成立和合同生效的关系。

3. 效力待定的合同包括哪些种类?

4. 可撤销的合同有哪些种类?

5. 无效合同有哪些种类?

三、案例分析题

1. 2019 年 10 月,谢某与刘某签订一份代办协议,约定由谢某为刘某代办相关登记手续。刘某付给谢某 25 万元代办费。后刘某自己办好了相关手续,但谢某一直未退还已收的 25 万元。

2020 年 8 月 29 日,刘某带领 20 余人威胁谢某签订了《债务抵偿协议书》:"谢某欠刘某现金 25 万元,谢某同意以其所有的某门面抵偿该债务。"

问题:该《债务抵偿协议书》有效力吗?

2. 陈某因病重入院急需大笔医疗费。无奈之下,陈某决定卖掉一套住房。李某出价 30 万元欲买该房,而同一小区相似位置的同类房屋市场售价为 40 万元。因急需医疗费,陈某只好答应将该房屋卖给李某。双方签订房屋买卖合同约定:"李某一次性支付房款 30 万元,陈某将房屋交付给李某并办理房屋过户手续。"

问题:该房屋买卖合同的效力如何?

第四节 合同的履行

合同的履行是指当事人在合同生效后履行合同及相关义务,实现合同权利的过程。合同履行是签订合同的根本目的。

一、合同履行的原则

合同履行的原则是指双方当事人在履行合同过程中必须遵守的原则。根据《民法典》的规定,合同的履行主要有以下原则。

(一) 全面履行原则

全面履行原则又称"正确履行原则"或"适当履行原则",是指当事人按照合同规定全面完成合同义务的履行原则。

全面履行原则的具体内容表现为:按照合同约定的主体履行,按照合同约定的标的履行,按照合同约定的质量履行,按照合同约定的价款或者报酬履行,按照合同约定的履行地点履行,按照合同约定的履行期限履行,按照合同约定的履行方式履行。

(二) 诚信原则

当事人应当遵循诚信原则,根据合同目的、性质和交易习惯,履行通知、保密和协作等义务。

(三) 绿色原则

当事人在履行合同时,应当避免浪费资源、污染环境和破坏生态。

二、合同履行的规则

合同履行的规则是指在特殊情况下如何履行合同义务。

(一) 合同约定不明的履行原则

具体、明确、当事人都无疑义的合同是合同履行的关键和前提,也是人民法院审理合同纠纷的直接证据。合同编列出了合同一般包括的条款,当事人也可参照各类合同的示范文本订立合同。但在实践中,由于各种原因,当事人应当约定的条款而未做约定或者约定不明确的情况并不少见。有以下几种情况:一是当事人对某些合同条款未做意思表示而疏漏,二是当事人虽有约定但不明确,三是当事人约定某些条款在合同订立后另行约定,四是合同的某些条款因违法而被确认无效或撤销。此时,则需依法对合同内容进行补充完善。

1. 协议补充原则

协议补充原则是指当事人对没有约定或者约定不明确的合同内容通过协商的办法订立补充协议,使合同具体化和明确化,并与原合同共同构成一份完整的合同。合同编规定:"合同生效后,当事人就质量、价款或者报酬、履行地点等内容没有约定或者约定不明确的,可以协议补充。"

2. 按照合同有关条款或交易习惯确定原则

约定不明合同在履行中形成纷争时,首先应当适用当事人协议补充原则。其次,当不能达成补充协议时,应按合同编"按照合同相关条款或者交易习惯确定"的原则进行。

按照合同有关条款确定原则是指在合同当事人就没有约定或者约定不明确的合同内容不能达成补充协议时,结合合同其他方面的内容加以确定,使合同具体化和明确化。因为合同是一个整体,当事人就某一具体条款明确规定,但在其他条款中涉及这一问题时,就可以按照该条款加以确定。

按照交易习惯确定原则是指在合同当事人就没有约定或约定不明确的合同内容不能达成补充协议时,按照人们在同样的交易中通常采用的合同内容加以确定,使合同具体化和明确化。无论在国内交易中还是在国际交易中,都已形成了许多交易习惯,这些交易习惯可以用来补充当事人合同的内容。

3. 法定补充原则

当事人就有关合同内容约定不明确,在适用以上两项原则仍不能确定时,应当适用法定补充原则。所谓法定补充原则,又称合同的补缺规则,是指法律规定的,适用主要条款欠缺或合同条款约定不明确，但并不影响其效力的合同，以弥补当事人所欠缺或未明确表示的意思，使合同内容合理、确定，便于履行的法律条款。

(1) 质量要求不明确的，按照强制性国家标准履行；没有强制性国家标准的，按照推荐性国家标准履行；没有推荐性国家标准的，按照行业标准履行；没有国家标准、行业标准的，按照通常标准或者符合合同目的的特定标准履行。

(2) 价款或者报酬不明确的，按照订立合同时履行地的市场价格履行；依法应当执行政府定价或者政府指导价的，依照规定履行。

(3) 履行地点不明确，给付货币的，在接受货币一方所在地履行；交付不动产的，在不动产所在地履行；其他标的，在履行义务一方所在地履行。

(4) 履行期限不明确的，债务人可以随时履行，债权人也可以随时请求履行，但是应当给对方必要的准备时间。

(5) 履行方式不明确的，按照有利于实现合同目的的方式履行。

(6) 履行费用的负担不明确的，由履行义务一方负担；因债权人原因增加的履行费用，由债权人负担。

另外，以支付金钱为内容的债，除法律另有规定或者当事人另有约定外，债权人可以请求债务人以实际履行地的法定货币履行。

(二) 执行政府定价或政府指导价规则

执行政府定价或者政府指导价的，如果在合同约定的交付期限内该价格调整的，按照交付时的价格计算。

逾期交付标的物的，遇价格上涨时，按原价格执行；价格下降的，按新价格执行。

逾期提取标的物的，遇价格上涨时，按新价格执行；价格下降的，按原价格执行。

这一规定的实质是采用政府定价或政府指导价时对违约的价格制裁。

(三) 涉他合同履行规则

如果合同当事人在合同中为第三人设定了权利或义务，则该合同的履行规则如下。

1. 向第三人履行的合同

向第三人履行的合同是指合同当事人在合同中约定，债务人向第三人履行债务，第三人因此享有合同权利。

根据合同编规定："当事人约定由债务人向第三人履行债务，债务人未向第三人履行债务或者履行债务不符合约定的，应当向债权人承担违约责任。"

2. 由第三人履行的合同

由第三人履行的合同是指合同当事人在合同中约定，由第三人向债权人履行债务。

因为第三人并非合同当事人，因此，第三人并不因此约定而成为合同债务人。

根据合同编规定："当事人约定由第三人向债权人履行债务，第三人不履行债务或者履行债务不符合约定的，债务人应当向债权人承担违约责任。"

三、合同履行中的抗辩权

法律意义上的抗辩，是指义务人对抗权利人的履行请求并说明理由。

抗辩权是指债权人行使债权时，债务人根据法定事由对抗债权人行使请求权的权利。抗辩权以法律规定的抗辩事由为依据，以对方当事人请求权的存在和有效为前提，这一权利的行使可以造成对方请求权的消灭或者使其效力延期发生。

合同履行中的抗辩权是指在符合法定条件时，一方当事人对抗对方当事人要求履行合同的请求权，暂时拒绝履行其合同债务的权利。根据产生的条件和后果，合同履行中的抗辩权包括以下三种类型。

(一) 同时履行抗辩权

1. 同时履行抗辩权的概念和效力

同时履行抗辩权是指在双务合同中没有规定先后履行顺序，合同一方当事人在对方未履行或者未适当履行合同义务之前，有权拒绝履行自己的合同义务。

根据合同编规定："当事人互负债务，没有先后履行顺序的，应当同时履行。一方在对方履行之前有权拒绝其履行请求。一方在对方履行债务不符合约定时，有权拒绝其相应的履行请求。"

2. 同时履行抗辩权的构成要件

(1) 基于双务合同。

(2) 未约定履行顺序。

(3) 义务已到履行期限。

(4) 对方未履行或未适当履行。

(二) 先履行抗辩权

1. 先履行抗辩权的概念和效力

合同编规定："当事人互负债务，有先后履行顺序，先履行一方未履行的，后履行一方有权拒绝其履行请求。先履行一方履行债务不符合约定的，后履行一方有权拒绝其相应的履行请求。"

2. 先履行抗辩权的构成要件

(1) 基于双务合同。

(2) 合同约定了履行先后顺序。

(3) 先履行一方未履行或者未适当履行。

(三) 不安抗辩权

1. 不安抗辩权的概念和效力

不安抗辩权是指在双务合同中，合同约定了先后履行顺序。先履行一方当事人，有确切证据证明对方当事人丧失履行债务能力时，有中止履行合同义务的权利。

合同编规定："应当先履行债务的当事人，有确切证据证明对方有下列情形之一的，可以中止履行：(一)经营状况严重恶化；(二)转移财产、抽逃资金，以逃避债务；(三)丧失商业信誉；(四)有丧失或者可能丧失履行债务能力的其他情形。当事人没有确切证据中止履行的，应当承担违约责任。”

可见，先履行一方负有举证义务。

2. 不安抗辩权的构成要件

(1) 合同为双务合同。

(2) 有先后的履行顺序，享有不安抗辩权之人为先履行义务的当事人。

(3) 后履行一方的履行能力明显降低，有不能为对方给付的现实危险。

(4) 先履行一方的债务已到清偿期先履行。

(5) 先履行一方有确切证据证明相对人无能力履行债务。

3. 不安抗辩权的行使

当事人依照行使不安抗辩权的规定中止履行的，应当及时通知对方。对方提供适当担保时，应当恢复履行。中止履行后，对方在合理期限内未恢复履行能力并且未提供适当担保的，中止履行的一方可以解除合同。

可见，不安抗辩权的行使包括如下方面。

(1) 通知对方。

(2) 恢复履行的情形。对方提供适当担保，则先履行一方当事人履行合同义务的风险降低，因此应当恢复履行合同。

(3) 解除合同的情形。对方在合理期限内未恢复履行能力或者并未提供适当担保的，可以解除合同。

四、合同履行中的特殊情形

合同编还对合同履行中的一些特殊情形作出了规定。例如：

1. 提前履行

债权人可以拒绝债务人提前履行债务，但是提前履行不损害债权人利益的除外。

债务人提前履行债务给债权人增加的费用，由债务人负担。

2. 部分履行

债权人可以拒绝债务人部分履行债务，但是部分履行不损害债权人利益的除外。

债务人部分履行债务给债权人增加的费用，由债务人负担。

3. 情势变更

合同的基础条件发生了当事人在订立合同时无法预见的、不属于商业风险的重大变化，继续履行合同对于当事人一方明显不公平的，受不利影响的当事人可以与对方重新协商；在合理期限内协商不成的，当事人可以请求人民法院或者仲裁机构变更或者解除合同。

人民法院或者仲裁机构应当结合案件的实际情况，根据公平原则变更或者解除合同。

五、合同的保全

合同债务人在承担财产责任时，用于给付的债务人所有的物权、知识产权或者债权，被称为债务人的责任财产。因此，该责任财产也是债权人权利实现的保障。

合同的保全是指法律为防止因债务人财产的不正当减少给债权人的债权带来危害而设置的保全债务人责任财产的法律制度。合同的保全制度具体包括债权人代位权制度和债权人撤销权制度。

（一）代位权

1. 代位权的概念

根据合同编的规定，代位权是指债务人怠于行使其债权或者与该债权有关的从权利，影响债权人的到期债权实现的，债权人依法以自己的名义代位行使债务人对相对人的权利。

2. 代位权的行使

（1）代位权的行使应通过人民法院。

债权人可以向法院请求以自己的名义代位行使债务人对相对人的权利，但是该权利专属于债务人自身的除外。

法院认定代位权成立的，由相对人向债权人履行义务，债权人接受履行后，债权人与债务人、债务人与相对人之间相应的权利义务终止。债务人对相对人的债权或者与该债权有关的从权利被采取保全、执行措施，或者债务人破产的，依照相关法律的规定处理。

（2）代位权的行使范围以债权人的到期债权为限。

债权人行使代位权的必要费用，由债务人负担。相对人对债务人的抗辩，可以向债权人主张。

债权人的债权到期前，债务人的债权或者与该债权有关的从权利存在诉讼时效期间即将届满或者未及时申报破产债权等情形，影响债权人的债权实现的，债权人可以代位向相对人请求其向债务人履行、向破产管理人申报或者作出其他必要的行为。

（二）撤销权

1. 撤销权的概念

撤销权是指当债务人滥用其财产处分权而危害债权人的债权时，债权人可以依法请求人民法院撤销债务人实施的处分行为。

2. 撤销权的行使

案例分析 7-2
撤销权的行使

根据合同编的规定，债权人行使撤销权的条件如下。

1）可以请求撤销的行为

债权人可以请求法院撤销的情形包括：

债务人以放弃其债权、放弃债权担保、无偿转让财产等方式无偿处分财产权益，或者恶意延长其到期债权的履行期限，影响债权人的债权实现的。

债务人以明显不合理的低价转让财产、以明显不合理的高价受让他人财产或者为他人的债务提供担保，影响债权人的债权实现，债务人的相对人知道或者应当知道该情形的。

2）撤销权的主体

撤销权的行使主体是债权人，即因债务人处分财产的行为而受到损害的债权人。债权人应以债务人为被告，并可以将受益人或受让人列为第三人。应该向被告人住所地的人民法院起诉。

3）撤销权的行使范围

撤销权的行使范围以债权人的债权为限，因为撤销权的立法宗旨是保全合同债权，所以撤销权行使以债权人的债权为限，即行使债权人撤销权的请求额不得超过债权人的债权。

4）撤销权的行使费用

债权人行使撤销权是由于债务人的行为造成的，所以，撤销权行使的必要费用由债务人承担。有过错的受益人或受让人应当分担。

5）撤销权的行使期限

撤销权自债权人知道或者应当知道撤销事由之日起一年内行使。自债务人的行为发生之日起5年内没有行使撤销权的，该撤销权消灭。

习题

一、名词解释题

同时履行抗辩权　先履行抗辩权　不安抗辩权　代位权　撤销权

二、问答题

1. 合同履行的原则有哪些？
2. 合同履行的主要规则是什么？
3. 简述三种抗辩权的成立条件。
4. 简述代位权的行使条件。
5. 简述撤销权的行使条件。

三、案例分析题

1. 甲与乙房地产公司于2018年3月18日签订了购房合同约定："房款总价为158万元，合同签订之日，甲付购房款138万元，余款应在2018年6月20日前付清。未按期付清余款，每天按余款的0.1%向房地产公司支付违约金；乙公司应于2018年7月1日将房屋交付给甲使用，如因乙公司的原因延期交付，每天按房价的0.1%向甲支付违约金。"合同签订后，甲按合同约定向乙公司支付了138万元现金。

2018年6月11日，甲到乙公司施工现场，看到房屋刚完成主体框架，估计不能按时交房，为了避免损失，故未向乙公司支付余款。2018年11月10日，乙公司通知甲办理交房手续和交付余款，甲要求在余款中扣除乙公司的违约金，乙公司不同意，于是甲以乙公司逾期交房为由诉至法院，要求乙公司承担违约责任，支付违约金。乙公司认为甲没有按时交付余款系违约，故反诉要求甲支付延期付款违约金。

问题：双方是否依法履行了合同？甲是否享有抗辩权？并说明理由。

2. 甲公司和乙公司签订了一份原材料买卖合同，双方约定由甲公司向乙公司提供用于生产高精密仪器的原材料500箱，货款25万元。原材料的质量标准以封存样品为准，乙公司分两次付款给甲公司。在履行期间,甲公司收到乙公司的第一笔10万元货款后即将第一批250箱原材料运送到乙公司处。乙公司在收到货物后,认为不合格,但未及时向甲公司提出,所生产出的仪器一部分无法使用。在甲公司交付第二批货物时,由于供货市场出现问题,该批原材料紧俏,甲公司于是与乙公司协商,以不能提供全部货物为由,希望将合同标的换为品质稍差一些的另外一种原材料。乙公司考虑到自己的生产计划,于是同意了甲公司的要求。最终,甲公司提供了全部的货物,但已经超过了合同约定的时间。乙公司接受了履行,但是以甲公司没有按照约定时间履行合同为由行使抗辩权,拒绝履行付款义务。

问题:

(1) 本案中合同规定原材料的质量应该如何确定?

(2) 本案中乙公司收到第一批货物后,合同能否解除?

(3) 甲公司、乙公司双方达成的改变标的物的协议是否有效?其后果是什么?

第五节 合同的变更、转让与终止

一、合同的变更

(一) 合同变更的概念

合同的变更有广义和狭义之分。广义的合同变更,包括合同内容的变更与合同主体的变更。

合同内容的变更是指在合同成立后尚未履行或者尚未履行完毕之前,当事人在原合同基础上达成协议修改原合同的内容,也即当事人不变、合同的内容予以改变的情况。

合同主体的变更是指改变债权人或债务人,即合同权利义务的移转,因此合同主体的变更实际上是合同权利义务的转让。

狭义的合同变更仅指合同内容的变更。我国合同编规定的即狭义的合同变更。

(二) 合同变更的要件

合同变更的要件包括以下三个。

(1) 当事人之间存在有效合同。

(2) 当事人协商变更。当事人协商一致,可以变更合同,也即对合同内容的修改。根据合同编的规定,当事人对合同变更的内容约定不明确的,推定为未变更。

(3) 变更符合形式要求。合同编规定,当事人协商一致,可以变更合同。法律、行政法规规定变更合同应当办理批准等手续的,依照其规定。

如果当事人在合同中约定了合同的变更须采取特定的方式如书面形式,当事人必须遵守这种约定。

（三）合同变更的效力

变更后的合同取代了原合同，因此，当事人应按照变更后的合同内容履行。

合同中未变更的内容和权利义务继续有效，已经履行的债务仍然有效。

二、合同的转让

（一）合同转让的概念和特点

1. 合同转让的概念

合同转让是指在合同依法成立后，不改变合同的内容，仅改变合同主体，即合同当事人依法将其合同债权和债务全部或部分转让给第三方的行为。

扩展资料 7-4　债权转让模式

2. 合同转让的特点

（1）转让前后的合同内容的一致性。

合同转让只是改变履行合同权利和义务的主体，并不改变原合同权利和义务，转让后的权利人或义务人所享有的权利或义务仍是原合同约定的，因此，转让合同并不引起合同内容的变更，其内容应与原合同内容一致。

（2）合同转让后产生新的合同当事人。

合同转让改变了原合同权利义务主体，自转让成立起，第三人代替原合同关系的一方或加入原合同成为原合同的权利义务主体，成为合同当事人。

（二）合同转让的种类和条件

根据合同转让的内容不同，可以将合同的转让分为以下三种类型。

1. 债权转让

所谓债权转让，又称合同债权让与，是指当事人一方将其合同债权全部或者部分转让给第三人。

根据合同编的规定，合同债权人转让合同债权的，应当通知债务人。未经通知，该转让对债务人不发生效力。债权人转让权利的通知不得撤销，但经受让人同意的除外。债权人转让权利的，受让人取得与债权有关的从权利，但该从权利专属于债权人自身的除外。债务人接到债权转让通知后，债务人对让与人的抗辩，可以向受让人主张。债务人接到债权转让通知时，债务人对让与人享有债权，并且债务人的债权先于转让的债权到期或者同时到期的，债务人的债权与转让的债权是基于同一合同产生，债务人可以向受让人主张抵销。

2. 债务的转移

债务的转移又称合同债务承担，是指当事人一方将其合同义务全部或者部分转移给第三人。

合同义务必然涉及原合同当事人的利益，所以合同义务的转让应征得债权人的同意。不经债权人同意，转让合同无效。债务人转移义务的，新债务人可以主张原债务人对债权人的抗辩。原债务人对债权人享有债权的，新债务人不得向债权人主张抵销。债务人转移义务的,新债务人应当承担与主债务有关的从债务,但该从债务专属于原债务人自身的除外。

3. 合同权利义务的概括转让

合同权利义务的概括转让又称合同权利义务的一并转让,是指当事人一方将其合同权利义务一并全部转让给第三人。

当事人一方转让合同权利和义务的,应经对方当事人同意。

此外,法律、行政法规规定合同转让应当办理批准等手续的,当事人还必须依法办理相应的手续。

根据合同编的有关规定,如果合同债权属于根据债权性质或者按照当事人约定或者依照法律规定不得转让的,则当事人不得将其转让给其他人。

债务转让有效成立后,第三人取代原债务人,成为新债务人。原债务人脱离债的关系,由第三人直接向债权人承担债务。第三人不履行债的义务,债权人不得再请求原债务人承担债务,只能请求第三人承担债务不履行之损害赔偿责任或者诉请人民法院强制执行,原债务人对第三人的偿还能力并不负担保责任。同理,债权转让有效成立后,第三人取代原债权人,成为新债权人。债务人应向新债权人履行合同义务。

三、合同的终止

合同的终止是指合同当事人之间的权利和义务的消灭。

合同终止的原因很多。根据合同编规定,合同终止主要有以下原因。

(一) 合同的履行

当事人按照合同履行合同义务后,合同终止。

(二) 合同的解除

1. 合同解除的概念

合同解除是指在合同有效成立后,当事人双方通过约定或按照法律规定解除合同,终止当事人之间的权利义务关系的行为。根据《民法典》的规定,行为人非法律规定或者未经对方同意,不得擅自解除合同。

2. 合同解除的种类和条件

1) 约定解除

合同的约定解除包括两种情况:第一种是当事人经过协商一致解除合同,即合意解除。第二种是双方当事人在合同中约定在某种条件下某方有权解除合同,当条件成就时,某方当事人可行使约定解除权解除合同。

2) 法定解除

合同的法定解除又称单方解除,是指根据法律规定的条件解除,不需要当事人双方约定。

合同编规定下列情形之一的,当事人可以解除合同:因不可抗力致使不能实现合同目的的;在履行期限届满前,当事人一方明确表示或者以自己的行为表明将不履行主要债务；当事人一方迟延履行主要债务，经催告后在合理的期限内仍未履行；当事人一方迟延履行或者有其他违约行为致使不能实现合同目的；法律规定的其他情形。

以持续履行债务为内容的不定期合同，可以随时解除，但应在合理期限前通知对方。

3. 合同解除的法律后果

合同解除的法律后果包括：终止当事人的合同权利和义务，尚未履行的，不再履行；已经履行的，根据合同履行的情况和合同性质，当事人可以要求恢复原状或者采取其他补救措施；合同因违约解除不影响解除权人追究违约责任，当事人另有约定的除外。

（三）抵销

1. 抵销的概念

抵销是指合同当事人互负债务时，双方的债务在相同数额内消灭的行为。抵销具有简化交易程序、降低交易成本、提高交易安全性的作用。

抵销根据条件可分为法定抵销和约定抵销。

2. 法定抵销

法定抵销是指当事人互负到期债务，该债务的标的物种类、品质相同的，任何一方可以将自己的债务与对方的债务抵销。由此可见，符合法定抵销条件时，任何一方当事人享有法定抵销权。

根据合同编规定，法定抵销主要有以下要求。

（1）双方当事人互负债务。双方互负债务是法定抵销的前提条件，且债权债务关系均合法有效。

（2）双方债务均已届清偿期。

（3）债务标的物的种类、品质相同。用以抵销的通常是同种类的货币或者实物。如果双方互负债务的标的物种类或品质不同，如允许抵销，则将使一方或双方当事人的目的难以实现。

（4）法定抵销权的行使。当事人主张抵销的，应当通知对方。通知自到达对方时生效。抵销不得附条件或者附期限。

（5）不得抵销的情形。依照法律规定、当事人约定或者按照合同性质不得抵销的除外。例如《企业破产法》中规定了对抵销的限制。

3. 约定抵销

约定抵销是指双方当事人协商一致将互负的债务抵销。根据合同编的规定：“当事人互负债务，标的物种类、品质不相同的，经协商一致，也可以抵销。”

（四）提存

1. 提存的概念

提存是指债务人于债务已届履行期时，将无法给付的标的物交提存机关，以消灭债务的行为。交付合同标的物的债务人为提存人；债权人为提存领受人；交付的标的物为提存物；依法设立的保管提存物的机关为提存机关。我国目前的

扩展资料 7-5　提存公证

提存机关是公证机关。

提存制度设立的主要目的是保护积极履行合同的债务人,同时也兼顾了债权人的利益。法律设提存制度使债务人得将其无法给付给债权人的标的物交给提存机关保存,以代替向债权人给付,从而免除自己的清偿责任。

2. 提存的原因

提存的前提是债务人无法向债权人清偿,债务人只能用提存的方法消灭债务。因此,凡因债权人一方的原因致使债务人无法清偿的事实,均为提存的合法原因。依合同编的规定,有下列情形之一,难以履行债务的,债务人可以将标的物提存。

(1) 债权人无正当理由拒绝受领。

(2) 债权人下落不明。

(3) 债权人死亡未确定继承人或者丧失民事行为能力未确定监护人。

(4) 法律规定的其他情形。

3. 提存的程序

提存应经以下程序。

提存机关受理提存申请后应予以审查,以决定是否同意提存。提存机关同意提存的,指定提存人将提存物交有关的保管人保管。

提存物原则上是债务人应给付的标的物。提存物应为适于提存的物。标的物不适于提存或者提存费用过高的,债务人依法可以拍卖或者变卖标的物,提存所得的价款。

标的物提存后,除债权人下落不明的以外,债务人应当及时通知债权人前来受领提存物。

4. 提存的效力

提存涉及债权人、债务人和提存机关三方。因此,提存的效力如下。

1) 在债权人和债务人间的效力

提存后债权人与债务人之间的合同关系消灭。债务人不再负清偿责任。提存物的所有权移转于债权人,标的物毁损、灭失的风险也一并移转于债权人,标的物的孳息归债权人所有,提存费用由债权人负担。

2) 在提存机关与债权人间的效力

债权人可以随时领取提存物,但债权人对债务人负有到期债务的,在债权人未履行债务或者提供担保之前,提存部门根据债务人的要求应当拒绝其领取提存物。

债权人领取提存物的权利应于法律规定的期限内行使。债权人领取提存物的权利,自提存之日起5年内不行使而消灭,提存物扣除提存费用后归国家所有。

(五) 混同

1. 混同的概念

混同是指合同的债权人和债务人合二为一,即债权和债务归于一人,合同权利义务终止。因为合同应有两个主体,当债权、债务归于一人时,则此人既为债权人又为债务人,有悖于债的概念。

2. 混同的例外

债权和债务同归于一人的，合同的权利义务终止，但损害第三人利益的除外。例如，债权人为第三人所享有的质权的标的，为保护质权人的利益，不得使债权因混同而消灭。

（六）免除

1. 免除的概念

合同的免除是指合同债权人放弃自己的债权，免除债务人部分或者全部债务，从而消灭合同债权债务关系。但是，债务人在合理期限内拒绝的除外。

2. 对免除的限制

免除债务是债权人的权利，但债务的免除不得损害第三人的权利。例如合同保全中有关撤销权的情形。

习题

一、名词解释题

合同变更　合同转让　抵销　提存　免除　混同

二、问答题

1. 简述合同变更的条件。
2. 简述合同转让的种类和条件。
3. 合同终止的原因有哪些？

三、案例分析题

1. 2019 年 6 月，上海 A 公司与某服装厂签订合同一份，约定由服装厂在 12 月底供上海 A 公司棉衣 5 000 件，每件价格 200 元。合同签订后，上海 A 公司即把货款全部支付给服装厂。9 月底，上海 A 公司为了赶在圣诞节旺季销售，遂与服装厂协商提前交货事宜，服装厂无提前交货能力，上海 A 公司只好另从其他渠道购得棉衣 5 000 件。原订的棉衣恰好满足另一外贸公司的要求，上海 A 公司遂将合同全部转让给该外贸公司。合同转让时市场棉衣价格上涨，因此，该外贸公司按每件 250 元支付上海 A 公司 125 万元。12 月底，该外贸公司前往服装厂提货遭拒绝，服装厂提出原合同是和上海 A 公司签订的，没有得到任何合同转让通知，如果要交货，上海 A 公司就要补偿其差价 25 万元。该外贸公司不同意服装厂的要求，遂以上海 A 公司和服装厂为被告诉至法院。

问题：上海 A 公司将其债权转让给外贸公司的行为是否具有法律效力？

2. 甲公司于 2019 年 8 月与乙公司签订大米购销合同，约定：由乙公司供给甲公司某种等级大米 1.5 万千克，交货时间为当年 10 月底。合同签订后，甲公司支付给乙公司预付款 1 万元。当年 10 月初，乙公司采用电话和信函等方式，均未能与甲公司取得联系。为了切实履行合同，乙公司于 10 月底租车将货运往甲公司所在地送货。货到该地后，方得知甲公司已经被某公司兼并，但仍无法和该公司取得联系。乙公司在向该市公证机关申请后，将大米就地低价出售。

问题：本题中双方权利义务是否终止？如果终止，理由是什么？

3. 2019 年 12 月，李某与银行达成买卖约定：“李某以 200 万元向银行购买已折抵归银行所有的某房产,李某先支付20万元预付款给银行。”协议签订后,李某支付了20万元给银行。同日,李某与银行签订了借款合同,约定由银行借款20万元给李某,并约定了归还期限。后由于其他原因,银行与李某双方同意终止资产转让协议的继续履行,并约定将20万元预付款返还李某。此时李某尚欠银行贷款20万元到期未还。

问题:李某与银行之间存在哪些法律关系?应如何消灭相关法律关系?

第六节 合同责任

一、合同义务

根据合同义务来源于当事人约定还是法律规定,可以将合同义务分为以下四类。

(一) 先合同义务

先合同义务又称“前合同义务”或“先契约义务”,是指在缔结合同的过程中,缔约双方为订立合同进行接触磋商,基于诚信原则双方应负有的告知、协力、保护、保密等义务。如果违反该义务而给对方造成损失,即使合同未成立或已经订立的合同被撤销或宣布无效,则行为人也需要承担相应的法律责任。先合同义务是法律强制缔约双方承担的义务,不是由当事人合意产生的义务,也不允许双方排除。合同编规定,当事人在订立合同过程中知悉的商业秘密或者其他应当保密的信息,无论合同是否成立,不得泄露或者不正当地使用;泄露、不正当地使用该商业秘密或者信息,造成对方损失的,应当承担赔偿责任。

(二) 合同约定义务

合同约定义务是指当事人双方在合同中约定的义务。

(三) 合同履行中的附随义务

附随义务有广义和狭义之分,广义的附随义务包括先合同义务、合同履行中的附随义务、后合同义务。狭义的附随义务是指合同履行过程中,当事人之间亦无明确约定的情况下,为了确保合同目的的实现并维护对方当事人的利益——主要是人身和财产利益,为协助实现主给付义务,遵循诚实信用原则,依据合同的性质、目的和交易习惯所承担的作为或不作为的义务。

附随义务以当事人之间的合同关系为前提,以诚实信用原则为依据。合同编规定:“当事人应当遵循诚信原则,根据合同的性质、目的和交易习惯履行通知、协助、保密等义务。”

确立附随义务有利于平衡各方利益关系、强化对债权人的保护、维护社会秩序稳定及完善合同法立法与理论。

(四) 后合同义务

合同编规定:“债权债务终止后,当事人应当遵循诚信等原则,根据交易习惯履行通知、协助、保密、旧物回收等义务。”因此,合同终止后,当事人仍应依照诚实信用原则负有义务。该义务被称为后合同义务。后合同义务是法律对当事人之间的信任关系保护的继续和延伸。

二、缔约责任

（一）缔约责任的概念

缔约责任是指当事人在订立合同的过程中，违反诚实信用原则给对方造成损失时应承担的赔偿责任。

案例分析 7-3 缔约责任

（二）缔约责任的构成要件

缔约责任构成要件有以下四个。

(1) 缔约的一方有违反先合同义务的行为。

(2) 该行为给对方造成了信赖利益的损失。所谓信赖利益损失，是指相对人因信赖合同会有效成立却由于合同最终不成立或无效而受到的利益损失。

(3) 违反先合同义务的一方在主观上存在过错。可见，缔约责任的归责原则是过错责任原则。

(4) 行为与对方所受到的损失之间存在因果关系。

（三）缔约责任的种类

根据合同编规定，缔约责任主要有以下类型。

(1) 假借订立合同，恶意进行磋商。这是指一方当事人无意与对方订立合同，与对方进行谈判的目的是损害对方或者第三人的利益，即恶意地与对方进行合同谈判。

(2) 故意隐瞒与订立合同有关的重要事实或者提供虚假情况。隐瞒重要事实或者提供虚假情况属于欺诈行为。

(3) 其他违背诚实信用原则的行为。

三、违约责任

（一）违约责任的概念

违约责任是指合同当事人因不履行合同义务或者履行合同义务不符合约定，而向对方承担的民事责任。可见，违约责任的归责原则为无过错责任原则。

扩展资料 7-6 违约责任

（二）违约责任的构成要件

违约责任的构成要件包括以下两个。

1. 合同有效成立

违约责任的前提是，当事人之间已经存在有效的合同关系。否则不会产生违约和违约责任。

2. 违约行为

一方当事人必须有不履行合同义务或者履行合同义务不符合约定的违约行为，这是构成违约责任的客观条件。违约行为的主要类型如下。

1）一般违约与根本违约

违约行为按照轻重，可分为根本违约与一般违约。

根本违约是指违约的后果已经妨害了合同目的实现，包括迟延履行主要债务经催告仍不履行和一般违约但导致合同目的不能实现两种情形。除此之外的则为一般违约。

2）预期违约与届期违约

预期违约又称先期违约，是指在合同生效后至履行期届满前，当事人一方明确表示或者以自己的行为表明不履行合同义务的。其中，明确表示为明示先期违约；以自己的行为表明为默示先期违约。履行期届满后的违约为届期违约。

合同编规定："当事人一方明确表示或者以自己的行为表明不履行合同义务的，对方可以在履行期限届满之前要求其承担违约责任。"

（三）违约责任的免除

违约责任的免除是指当事人的行为虽然构成了违反合同，但是根据法律的规定或当事人的约定，无须承担因不履行合同或不完全履行合同给对方造成的损失。

根据合同编规定，违约责任的免除包括法定免责和约定免责两种情形。

1. 法定免责

合同编规定："因不可抗力不能履行合同的，根据不可抗力的影响，部分或者全部免除责任，但法律另有规定的除外。"因不可抗力不能履行合同的，应当及时通知对方，以减轻可能给对方造成的损失，并应当在合理期限内提供证明。

不可抗力是指当事人不可预见、不可避免并且不可克服的客观情况。例如严重的地震、水灾、风灾、雨灾、雪灾、高温、低温等人力所不能或很难抗拒的自然突发情况。

在合同生效后至终止前发生了不可抗力事件，对当事人履行合同造成影响，属于法律规定免责情况。当事人迟延履行后发生不可抗力的，不能免除责任。

案例分析 7-4
合同履行与责任

2. 约定免责

约定免责也称合同的免责条款，是指当事人在合同中约定免除违约责任的条件。若当事人违约行为符合免责条款规定，则按照免责条款相应免除部分或全部违约责任。

无效的免责条款见"合同的效力"。

（四）违约责任的承担方式

违约责任的承担也称违约的制裁，违约责任的承担方式主要包括如下方面。

1. 继续履行

1）继续履行的概念

继续履行，是指违约方根据对方当事人的请求继续履行合同规定的义务的违约责任承担形式，指合同义务没有履行或者履行不符合约定的，守约方可以要求违约方按照合同约定继续履行合同规定的义务，以实现合同目的。

继续履行虽然是原合同履行的继续，但与当事人依约自觉履行不同。它是法律规定的对违约方的一种强制形式，介入了法律的强制力。

2）继续履行的适用

当事人一方未支付价款、报酬、租金、利息，或者不履行其他金钱债务的，对方可以请求其支付。当事人一方不履行非金钱债务或者履行非金钱债务不符合约定的，对方可以请求履行。

下列情形的非金钱债务，不能适用继续履行：法律上或者事实上不能履行（履行不能），如特定的标的物已经毁损、灭失的；债务的标的不适用强制履行或者强制履行费用过高，如基于人身信赖关系产生的合同和提供服务的合同；债权人在合理期限内未请求履行的。

在上述情形下，守约方可要求违约方以其他方式承担违约责任。

2. 违约金

1）违约金的概念

违约金是指在合同中约定的一方违约时，根据违约情况支付给守约方一定数额的货币或约定损失赔偿额的计算方法，以弥补守约方损失同时兼有惩罚违约行为作用的违约责任方式。

2）违约金的适用

当出现一方当事人违约时，守约方诉请违约方承担违约责任的，如果违约金数额与违约行为造成的损失差别过大，当事人还可以请求人民法院进行调整。当违约金过分高于当事人的损失时，违约方可以要求人民法院给予降低。而违约金不足以赔偿造成的损失的，守约方可以请求人民法院增加违约金，增加的数额以实际损失为限。增加违约金后，当事人不得再请求对方当事人赔偿损失。

3. 损害赔偿

1）损害赔偿的概念

违约的损害赔偿是指违约方因违约而给对方造成损失，依法或根据合同规定应承担赔偿责任。合同编规定："当事人一方不履行合同义务或履行合同义务不符合约定的，在履行义务或者采取补救措施后，对方还有其他损失的，应当赔偿损失。"

2）损害赔偿的适用

损害赔偿与违约金不同，违约金不以损失发生为要件，但受害人必须有损失，违约人才承担损害赔偿责任。违约行为与损失之间有因果关系。违约人仅对由于自己的违约行为所造成的损失承担赔偿责任。

3）损害赔偿的范围

合同编规定："当事人一方不履行合同义务或者履行合同义务不符合约定，造成对方损失的，损失赔偿额应当相当于因违约所造成的损失，包括合同履行后可以获得的利益，但是，不得超过违约一方订立合同时预见到或者应当预见到的因违约可能造成的损失。"由此可见，法律规定了损害赔偿的具体范围，又对损害赔偿进行了限制。

4. 采取补救措施

1）补救措施的概念

违约责任承担中的采取补救措施是指发生瑕疵履约的情形下合同标的物的质量不符合合同约定的条件，采取适当补救措施以实现合同目的或守约方认为满意的目的。

2）补救措施的具体方式

合同编规定的补救措施为：修理、更换、重作、退货、减少价款或者报酬等。受损害方根据标的的性质以及损失的大小，可以合理选择与之相适应的补救措施。

5. 其他方式

1）违约的价格制裁

如前所述，合同如果约定执行政府定价或者政府指导价，实际上只是确定了价格的计算方法，而没有明确合同总价金的数量。

如果逾期交付标的物的，遇价格上涨时，按照原价格执行；价格下降时，按照新价格执行。如果逾期提取标的物或者逾期付款的，遇价格上涨时，按照新价格执行；价格下降时，按照原价格执行。需要注意的是，该规定属于价格制裁条款，目的在于保护守约方，制裁违约方，而不是违约责任。另外，价格制裁与前述违约责任承担方式可以并用。

2）定金罚则

定金作为一种担保方式，对违约方有制裁作用。合同编规定："当事人既约定违约金，又约定定金的，一方违约时，对方可以选择适用违约金或者定金条款。"有关定金的内容，详见担保法部分章节。

根据《民法典》的规定，因当事人一方的违约行为，损害对方人身、财产权益的，受损害方有权选择请求其承担违约责任或者承担侵权责任，即违约责任与侵权责任的竞合。

习题

一、名词解释题

缔约责任　违约责任　责任竞合

二、问答题

1. 简述缔约责任的构成要件。

2. 简述违约责任的构成要件。

3. 违约责任的承担方式有哪些？

三、案例分析题

1. 甲向乙保证，如果乙努力取得经验并投资15万美元，则向乙授予专营许可。此后的两年间，乙为订立该合同做了大量工作，且一直深信将会得到甲的专营许可。当订立协议的一切准备工作就绪时，甲通知乙必须投资更多的金额。

问题：若因乙拒绝投资更多而造成专营合同未能签订，乙是否有权要求甲补偿其为准备订立合同所发生的费用？并简述依据。

2. 甲知道乙有转让餐馆的意图，甲并不想购买该餐馆，但为了阻止乙将餐馆卖给竞争对手丙，却假意与乙进行了长时间的谈判。当丙买了另一家餐馆后，甲中断了谈判。后来乙以比丙出价更低的价格将餐馆转让了。乙的损失是两种价格的差价。

问题：乙能否要求甲赔偿其损失？并简述理由。

3. 甲与乙签订了某种货物购销合同，约定：“甲向乙出售货物 1 000 吨，1 200 元/吨，当年 7 月 1 日乙到甲所在地提货。”

甲于 6 月 25 日请求乙将交货日期推迟到 8 月 2 日，乙同意。

但乙于 7 月 15 日起被迫停工 10 天，损失利润 10 万元。后乙以 1 100 元/吨另购买该货物 100 吨，保证了正常生产。

8 月 1 日，乙正准备赴甲所在地提货，甲传真：该批货物尚未生产完毕，故无法交付。

乙称：①乙与丙签订了一转售合同，乙出售甲所提供之货物 500 吨，1 200 元/吨。②与甲订约时，甲已经知道该转售合同的存在以及内容。

另外，乙若赴甲所在地提货需支付运费 1 万元；根据乙与丙之间的合同，由乙送货到丙所在地，该笔运费为 5 万元，由乙支付。

问题：乙可以要求甲如何承担未交货的责任？

4. 丙公司的工程进行钢材招标。甲物资公司与乙钢铁公司达成合作意向，商定由甲代理乙的钢材参加此项的钢材投标。在此基础上，甲、乙依据《招标文件》签订《钢材供应合同》，约定了钢材的名称、数量、价格等，且约定价格在供货期间保持不变。合同约定：“本合同自甲公司与招标单位正式签订中标合同之日生效。”

后甲中标并收到了丙下发的《中标通知书》，而此时钢材价格上涨，乙表示不愿再供应钢材，甲为避免损失扩大，放弃了与丙签订正式的中标合同，致使投标时缴纳的 200 万元投标保证金被没收。

问题：甲是否可要求乙承担法律责任及如何承担？

5. 2006 年王某乘坐甲客运公司的客车，途中发生甲车与乙车相撞的交通事故。王某在事故中摔倒受伤骨折，支付医疗费用 1 万元。交警认定了事故双方的责任：甲车司机负全责。

问题：王某应如何维护自身合法权益？

第七节　合同的解释

一、合同解释的概念

合同解释是指合同双方对合同条款理解有争议时对合同条款所做的分析和说明，确定当事人在合同中的权利、义务的活动。

合同解释有广义和狭义之分。

广义的合同解释是指任何人都有权进行的对合同条款含义的分析和说明。例如当事人、诉讼代理人、公证人、鉴证人员、证人、鉴定人、法官、仲裁员、学者都可以从不同的角度对合同进行解释。

狭义的合同解释专指有权解释，即受理合同纠纷的法院或仲裁机构对合同条款所做的具有法律拘束力的分析和说明。有权解释具有强制执行的法律拘束力，是制作调解书、判决书和仲裁裁决书的重要依据之一。

二、合同解释的规则

《民法典》规定:“有相对人的意思表示的解释,应当按照所使用的词句,结合相关条款、行为的性质和目的、习惯以及诚信原则,确定意思表示的含义。”据此,合同解释的规则和方法包括文义解释、体系解释、目的解释、习惯解释、诚信解释。另外,合同编对格式合同还规定了专门的解释规则。

(一)文义解释

文义解释是指按照合同所使用的词句的文义及通常使用的方式,来阐述合同条款的意思内容。合同解释首先应当从所使用的文字入手来探究真实的合同意思,当合同词语有生活和法律上两种不同的意思时,按照法律意义上的文义来解释。例如合同中约定“订金”,一方当事人要求适用定金罚则而与对方发生争议时,依据所使用的词汇,应认定该“订金”约定不属“定金”,不适用定金罚则。

(二)体系解释

体系解释也称整体解释,是指把全部合同条款看作一个统一的整体,从各个合同条款的相互关联、所处的地位和总体联系上阐明当事人有争议的合同用语的含义。例如合同条款前后多处出现“定金”和“订金”字样,而其中有适用定金罚则的明确约定,依据体系解释方法,应认定适用定金罚则。

(三)目的解释

目的解释是指依照当事人所欲达到的经济的或社会的效果而对合同进行解释。当事人订立合同都是为了达到一定目的,合同的各项条款及其用语均是达到该目的的手段。因此,确定合同用语的含义乃至整个合同内容须符合合同的订立目的。例如,如果合同条款相互矛盾,使得合同有有效与无效两种解释时,应采纳使合同有效的解释。

(四)习惯解释

习惯和惯例是在人们长期反复实践的基础上形成的,在某一地域、某一行业或某一类经济流转关系中普遍采用的做法、方法或规则,被相关合同当事人普遍认知、接受。

习惯解释是指在合同条款的含义发生歧义时,按照习惯或惯例的含义予以明确;在合同存在漏洞、致使当事人的权利义务不明确时,还可以参照习惯或惯例加以补充。而具体的合同往往与当事人的语言环境和推定环境有联系,因而在解释合同时有时也必须根据习惯来确定其内容。

(五)诚信解释

诚信解释是指在解释合同有关争议条款时,应从合同当事人订立合同时的本意出发,以诚实信用的标准来解释合同条款。

（六）格式条款解释

格式合同具有节约交易的时间、事先分配风险、降低经营成本等优点，但格式合同限制了合同自由原则，合同的拟订方可能利用其优越的经济地位，制定有利于自己而不利于对方当事人的合同条款。为了防止格式条款损害相对方的利益，合同编规定在解释格式条款时的特殊规则，即“对格式条款的理解发生争议的，应当按照通常理解予以解释。对格式条款有两种以上解释的，应当作出不利于提供格式条款提供方的解释。格式条款和非格式条款不一致的，应当采用非格式条款。”可见，格式合同主要包括以下解释规则。

扩展资料 7-7　格式合同

1. 通常理解规则

通常理解规则也称客观解释规则，是指为了保护订约能力较弱的一方当事人，可以不按提供格式条款的一方的理解予以解释，而是按可能订立合同的一般人的理解予以解释。

因此，对格式条款的解释应以一般人的、惯常的理解为准，而不应仅以格式条款提供方的理解为依据。对某些特殊术语，也应作出通常的、通俗的、一般意义的解释，亦即依据订约者平均的、通常具有的理解能力予以解释，格式条款提供方在此种情况下不能主张该条款具有特殊含义。

2. 不利解释规则

不利解释规则是指对格式合同的理解发生争议时，若既可作出有利于提供方的解释，又可作出不利于提供方的解释，应作出不利于格式条款提供方的解释，而不能作出不利于相对方的解释。

例如，由于实践中大多数的保险合同条款都属于保险人提供的格式条款，因此《中华人民共和国保险法》第三十条规定：“采用保险人提供的格式条款订立的保险合同，保险人与投保人、被保险人或者受益人对合同条款有争议的，应当按照通常理解予以解释。对合同条款有两种以上解释的，人民法院或者仲裁机构应当作出有利于被保险人和受益人的解释。”

3. 非格式条款效力优先规则

非格式条款是双方当事人协商订立，体现双方当事人的意思自治与合意，因此，非格式条款和格式条款内容冲突时，非格式条款优先。这充分尊重了合同双方的意思，同时保护了广大合同相对人的利益。

对于以上解释规则，应当结合使用，以确定争议条款的真实含义。

另外，合同编规定，合同文本采用两种以上文字订立并约定具有同等效力的，对各文本使用的词句推定具有相同含义。各文本使用的词句不一致的，根据合同的相关条款、性质、目的以及诚信原则等予以解释。

习题

一、名词解释题

格式条款解释　合同解释　不利解释规则

二、问答题

1. 合同解释的目的是什么?

2. 合同解释的规则有哪些?

3. 格式条款有哪些特殊解释规则?

三、案例分析题

某车主向保险公司投保了机动车盗抢险等险种,合同中约定:“机动车被盗抢后,经公安机关立案侦查未获者,保险公司承担保险责任。”后该车被盗,公安机关经侦查查明了车辆的下落,但因故致使车主不能取回被盗车辆。

车主为此向保险公司索赔遭到拒绝,车主便起诉到法院。在法院审理时,双方对保险条款中的“经公安机关立案侦查未获者”的理解存在争议,保险公司认为只要公安机关已查找到被盗车辆的下落,保险公司的责任应予免除;车主认为本人并未获得被盗的车辆,保险公司应承担赔偿责任。(保险合同条款的性质为格式条款)

问题:保险公司是否应承担赔偿责任?并说明理由。

第八节 有名合同的法律规定

合同编规定了19种有名合同,分别是:买卖合同,供用电、水、气、热力合同,赠与合同,借款合同,保证合同,租赁合同,融资租赁合同,保理合同,承揽合同、建设工程合同,运输合同,技术合同,保管合同,仓储合同,委托合同,物业服务合同,行纪合同,中介合同,合伙合同。

上述有名合同大多是双务合同,一方当事人的主要义务也即对方当事人的主要权利,因此本节主要介绍各种有名合同的概念和当事人的主要义务。

一、买卖合同

(一)买卖合同的概念

买卖合同是指出卖人(卖方)转移标的物的所有权于买受人(买方),买受人支付价款的合同。买卖合同的当事人是出卖人和买受人。转移所有权的一方为出卖人,支付价款而取得所有权的一方为买受人。

买卖合同的实质是以等价有偿方式转让标的物的所有权,即出卖人移转标的物的所有权于买方,买方向出卖人支付价款。出卖的标的物,应当属于出卖人所有或者出卖人有权处分。如果因为出卖人未取得处分权,标的物所有权不能转移的,买受人可以解除合同并要求对方承担违约责任。法律、行政法规禁止或者限制转让的标的物,依照其规定。

买卖是商品交换最普遍的形式,买卖合同是生活中最常见的合同,也是典型的有偿合同。根据合同编的规定,法律对其他有偿合同没有规定以及易货贸易等移转标的物所有权的合同,参照适用买卖合同的规定。

(二)买卖合同的内容

买卖合同的内容除依照合同编中一般条款规定以外,还可以包括以下条款。

1. 包装方式

包装方式既可以指包装物的材料,又可以指包装的操作方式。包装又分为运输包装和销售包装两类。

2. 检验标准和方法

标的物的检验是指买受人收到出卖人交付的标的物时，对其等级、质量、重量、包装、规格等情况的查验、测试或者鉴定。

3. 结算方式

合同的结算是当事人之间因履行合同发生款项往来而进行的清算和了结。合同当事人可以本着自愿的原则，根据实际情况依法选择结算方式。

4. 合同使用的文字及其效力

合同使用的文字及其效力条款主要涉及涉外合同。

根据上述规定，在实践中买卖合同主要按照以下条款制定。

第一条 产品的名称、品种、规格和质量。

第二条 产品的数量和计量单位、计量方法。

第三条 产品的包装标准和包装物的供应与回收。

第四条 产品的交货单位、交货方法、运输方式、到发地点。

第五条 产品的交(提)货期限。

第六条 产品的价格与货款的结算。

第七条 验收方法。

第八条 对产品提出异议的时间和办法。

第九条 乙方的违约责任。

第十条 甲方的违约责任。

第十一条 合同争议的解决方式。

第十二条 合同生效时间。

扩展资料 7-8 所有权保留

(三) 出卖人的义务

出卖人应当履行向买受人交付标的物或者交付提取标的物的单证，并转移标的物所有权的义务。

出卖人应当按照约定或者交易习惯向买受人交付提取标的物单证以外的有关单证和资料。

1. 按照约定时间交付标的物

出卖人应当按照约定的时间交付标的物。约定交付期限的，出卖人可以在该交付期限内的任何时间交付。

当事人没有约定标的物的交付期限或者约定不明确的，适用合同编关于合同内容补充的规定。

2. 按照约定的地点交付标的物

出卖人应当按照合同约定的地点交付标的物。如果约定不明或者没有约定按照有关规定不能确定交付标的物地点的，应按照以下规定确定：如果标的物需要运输的，出卖人将标的物交第一承运人。标的物不需要运输的，如果订立合同时双方当事人知道该标的物所在地点，该地点为交付地点；如果双方当事人不知道该地点，出卖人订立合同时的营业地为交付地点。

3. 保证第三人对该标的物不享有任何权利

出卖人就交付的标的物,负有保证第三人对该标的物不享有任何权利的义务,但法律另有规定的除外。

买受人订立合同时知道或者应当知道第三人对买卖的标的物享有权利的,出卖人不承担此义务。

买受人有确切证据证明第三人可能就标的物主张权利的,可以中止支付相应的价款,但出卖人提供适当担保的除外。

4. 交付的标的物质量符合要求

出卖人应当按照约定的质量要求交付标的物。出卖人提供有关标的物质量说明的,交付的标的物应当符合该说明的质量要求。

标的物质量不符合质量要求,致使不能实现合同目的的,买受人可以拒绝接受标的物或者解除合同。

出卖人应当按照约定的包装方式交付标的物。

5. 回收义务

依照法律、行政法规或者当事人的约定,标的物在有效使用年限届满后应予回收的,出卖人负有自行或者委托第三人回收标的物的义务。这体现了合同履行的绿色原则。

(四) 买受人的义务

买受人的主要义务包括按照合同约定支付价款和检验接受标的物。

1. 支付价款

买受人的主要义务是按照约定的数额、时间和地点支付价款。

1) 按照约定数额支付价款

买卖合同对价款没有约定或者约定不明确的,适用合同补充的规则的规定进行补正。

2) 按照约定的地点支付价款

买受人应当按照约定的地点支付价款。对支付地点没有约定或者约定不明确的,依照合同内容补充规则的规定仍不能确定的,买受人应当在出卖人的营业地支付;约定支付价款以交付标的物或者交付提取标的物单证为条件的,在交付标的物或者交付提取标的物单证的所在地支付。

3) 按照约定的时间支付价款

买受人应当按照约定的时间支付价款。对支付时间没有约定或者约定不明确,依照合同内容补充规则的规定仍不能确定的,买受人应当在收到标的物或者提取标的物单证的同时支付。

2. 检验标的物及通知义务

买受人收到标的物时应当在约定的检验期间内检验并在期限内将不符合约定的情形通知出卖人,买受人怠于通知的,视为质量或数量符合约定。没有约定检验期间的,应当及时检验。

(五) 所有权的转移和风险承担

1. 所有权转移

根据《民法典》的规定，不动产物权的设立、变更、转让和消灭，经依法登记，发生效力；未经登记，不发生效力，但法律另有规定的除外。当事人之间订立有关设立、变更、转让和消灭不动产物权的合同，除法律另有规定或者合同另有约定外，自合同成立时生效；未办理物权登记的，不影响合同效力。动产物权的设立和转让，自交付时发生效力，但法律另有规定的除外。

2. 所有权保留

所有权保留是指在移转财产所有权的商品交易中根据法律规定或当事人的约定，财产所有人移转财产占有于对方当事人，而仍保留其对该财产的所有权，待对方当事人交付价金或完成特定条件时，该财产的所有权才发生移转的一种法律制度。

合同编规定："当事人可以在买卖合同中约定买受人未履行支付价款或其他义务的，标的物的所有权属于出卖人。"

3. 风险承担

风险承担是指买卖合同履行过程中发生的标的物意外毁损灭失的风险由哪一方当事人负担。

根据合同编规定，风险负担主要按交付原则确定；例如：

标的物毁损灭失的风险，在标的物交付之前由出卖人承担，交付之后由买受人承担，但法律另有规定或当事人另有约定的除外。

出卖人未按照约定交付有关标的物的单证和资料的，不影响标的物毁损、灭失风险的转移。因标的物质量不符合要求致使不能实现合同目的，买受人拒绝接受标的物或者解除合同的，标的物毁损、灭失的风险由出卖人承担。

二、供用电、水、气、热力合同

按照合同编的规定，供用水、气、热力的合同，参照适用供用电合同的有关规定。因此，这里主要介绍供用电合同。

(一) 供用电合同的概念和内容

供用电合同是供电人向用电人供电，用电人支付电费的合同。向社会公众供电的供电人，不得拒绝用电人合理的订立合同要求。合同的内容包括：供电的方式、质量、时间，用电容量、地址、性质，计量方式，电价、电费的结算方式，供用电设施的维护责任等条款。

(二) 供电人的主要义务

1. 安全供电义务

供电人应当按照国家规定的供电质量标准和约定安全供电。供电人未按照国家规定的供电质量标准和约定安全供电，造成用电人损失的，应当承担损害赔偿责任。

2. 中断供电的通知义务

供电人因供电设施计划检修、临时检修、依法限电或者用电人违法用电等原因,需要中断供电时,应当按照国家有关规定事先通知用电人。未事先通知用电人中断供电,造成用电人损失的,应当承担损害赔偿责任。

3. 抢修义务

因自然灾害等原因断电,供电人应当按照国家有关规定及时抢修。未及时抢修,造成用电人损失的,应当承担损害赔偿责任。

(三)用电人的主要义务

1. 交付电费义务

用电人应当按照国家有关规定和当事人的约定及时交付电费。用电人逾期不交付电费的,应当按照约定支付违约金。经催告用电人在合理期限内仍不交付电费和违约金的,供电人可以按照国家规定的程序中止供电。

2. 安全用电义务

用电人应当按照国家有关规定和当事人的约定安全用电。用电人未按照国家有关规定和当事人的约定安全用电,造成供电人损失的,应当承担损害赔偿责任。

三、赠与合同

(一)赠与合同的概念

赠与合同是指赠与人将自己的财产无偿给予受赠人,受赠人表示接受赠与的合同。

(二)赠与合同的履行

1. 不再履行赠与义务

赠与合同成立后,赠与人的经济状况显著恶化,严重影响其生产经营和家庭生活的,可以不再履行赠与义务。

2. 受赠人依法要求交付的情形

具有救灾、扶贫等社会公益、道德义务性质的依法不得撤销的赠与合同或者经过公证的赠与合同,赠与人不交付赠与财产的,受赠人可以要求交付。

案例分析 7-5
赠与合同纠纷

3. 附义务的赠与

赠与附义务的,受赠人应当按照约定履行义务。

(三)赠与合同的撤销

赠与合同的撤销主要包括以下情形。

1. 任意撤销

任意撤销是指赠与人在赠与财产的权利转移之前可以撤销赠与。

具有救灾、扶贫等社会公益、道德义务性质的赠与合同或者经过公证的赠与合同,不能任意撤销。

2. 法定撤销

法定撤销是指出现法律规定情形时，撤销权人有权撤销赠与。法定撤销包括赠与人的撤销和赠与人的继承人或者法定代理人的撤销两种情况。

1）赠与人撤销赠与

受赠人有下列情形之一的，赠与人可以撤销赠与：

第一，严重侵害赠与人或者赠与人的近亲属；

第二，对赠与人有扶养义务而不履行；

第三，不履行赠与合同约定的义务。

赠与人的撤销权，自知道或者应当知道撤销原因之日起一年内行使。

2）赠与人的继承人或者法定代理人撤销赠与

因受赠人的违法行为致使赠与人死亡或者丧失民事行为能力的，赠与人的继承人或者法定代理人可以撤销赠与。

赠与人的继承人或者法定代理人的撤销权，自知道或者应当知道撤销原因之日起 6 个月内行使。

撤销权人撤销赠与的，可以向受赠人要求返还赠与的财产。

四、借款合同

（一）借款合同的概念和内容

1. 借款合同的概念

借款合同是指借款人向贷款人借款，到期返还借款并支付利息的合同。其中，提供货币的一方称贷款人，受领货币的一方称借款人。

2. 借款合同的内容

借款合同采用书面形式，自然人之间的借款合同除外。

借款合同一般包括以下内容：借款种类、借款币种、借款用途、借款数额、借款利率、借款期限、还款方式、违约责任。

案例分析 7-6　借款合同纠纷

（二）贷款人的权利和义务

1. 贷款人的权利

贷款人主要有以下权利。

（1）有权请求返还本金和利息。

（2）对借款使用情况的监督检查权。

（3）停止发放借款、提前收回借款和解除合同权。

借款人未按照约定的借款用途使用借款的，贷款人可以停止发放借款、提前收回借款或者解除合同。

2. 贷款人的义务

贷款人的义务主要是按照借款合同约定发放贷款。

(三)借款人的权利和义务

1. 借款人的权利

借款人有权要求贷款人按照借款合同约定发放贷款。

2. 借款人的义务

(1) 提供真实情况。订立借款合同,借款人应当按照贷款人的要求提供与借款有关的业务活动和财务状况的真实情况。

(2) 按照约定用途使用借款。借款人未按照约定的借款用途使用借款的,贷款人可以停止发放借款、提前收回借款或者解除合同。

(3) 按期归还借款本金和利息。

(四)自然人间的借款合同

根据合同编的规定,自然人间的借款合同的特殊规则如下。

(1) 自然人间的借款合同是不要式合同,借款合同的形式可由当事人约定。

(2) 自然人间的借款未约定利息的,视为无偿借款。

(3) 禁止高利放贷,利率不得违反国家有关规定。

(4) 合同自贷款人提供借款时成立 。

五、保证合同

保证是一种典型担保。有关保证合同,详见本教材第八章第二节。

六、租赁合同

(一)租赁合同的概念和种类

1. 租赁合同的概念和内容

租赁合同是指出租人将租赁物交付给承租人使用、收益,承租人支付租金的合同。提供物的使用或收益权的一方为出租人;对租赁物有使用或收益权的一方为承租人。租赁物须为法律允许流通的动产和不动产。

租赁合同的内容一般包括租赁物的名称、数量、用途、租赁期限、租金及其支付期限和方式、租赁物维修等条款。租赁期限6个月以上的,应当采用书面形式。

2. 租赁合同的种类

(1) 根据租赁物的种类,租赁合同可分为动产租赁和不动产租赁。

(2) 根据租赁合同的期限,租赁合同可分为定期租赁和不定期租赁。

根据合同编规定,无论双方当事人是否约定租赁期间,租赁期间不得超过20年。超过20年的,超过部分无效。租赁期间届满,当事人可以续订合同,但约定的租赁期限自续订之日起不得超过20年。

无法确定租赁期限的,视为不定期租赁,当事人可以随时解除合同,但是应当在合理期限之前通知对方。

（二）出租人的义务

出租人的义务主要有以下几个。

1. 交付出租物

出租人应依照合同约定交付租赁物。

2. 保持租赁物符合约定用途

租赁合同是继续性合同，在其存续期间，出租人有义务使租赁物处于约定的使用收益状态。

3. 维修义务

出租人应当履行租赁物维修义务，另有约定除外。

4. 权利的瑕疵担保义务

出租人应担保不因第三人对承租人主张租赁物上的权利而使承租人无法依约对租赁物进行使用、收益，否则承租人可以请求减少租金或者不支付租金。

（三）承租人的义务

承租人的主要义务有以下几个。

(1) 支付租金。

(2) 按照约定的方法或根据租赁物的性质使用租赁物。因此租赁物损耗的，承租人不承担责任。

(3) 妥善保管租赁物。承租人应以善良管理人的注意妥善保管租赁物，未尽妥善保管义务，造成租赁物毁损灭失的，应当承担赔偿责任。

(4) 不得擅自转租或对租赁物进行改善或增设他物。

(5) 返还租赁物。租赁合同终止时，承租人应将租赁物返还出租人。

租赁期限届满，承租人继续使用租赁物，出租人没有提出异议的，原租赁合同继续有效，但是租赁期限为不定期。租赁期限届满，房屋承租人享有以同等条件优先承租的权利。

另外，在租赁期限内因占有、使用租赁物获得的收益，归承租人所有，但是当事人另约定的除外。租赁物在承租人按照租赁合同占有期限内发生所有权变动的，不影响租赁合同的效力。

扩展资料 7-9 租赁合同纠纷

七、融资租赁合同

（一）融资租赁合同的概念和内容

融资租赁合同是指出租人（买受人）根据承租人对出卖人、租赁物的选择，向出卖人购买租赁物，提供给承租人使用，承租人支付租金的合同。

融资租赁合同包括出租人、承租人和出卖人三方当事人，将融资与融物结合，集借贷、租赁、买卖于一体，实质上包括了出卖人与出租人之间的买卖合同和出租人与承租人之间的租赁合同,但却不是简单的两个合同的效力叠加。

融资租赁合同应当采用书面形式,内容一般包括:租赁物的名称、数量、规格、技术性能、检验方法,租赁期限,租金构成及其支付期限和方式、币种,租赁期限届满租赁物的归属等条款。当事人以虚构租赁物方式订立的融资租赁合同无效。

(二) 出卖人的主要义务

出卖人的主要义务包括以下两个。

(1) 向承租人交付租赁物。

(2) 对标的物瑕疵担保义务和损害赔偿义务。

(三) 出租人的主要义务

出租人的主要义务包括以下几个。

(1) 向出卖人支付标的物价款。

(2) 协助承租人向出卖人行使索赔权。这是因为承租人享有与受领标的物有关的买受人的权利。

(3) 不擅自变更买卖合同中与承租人有关条款。

(4) 租赁物质量担保责任。租赁物不符合约定或者不符合使用目的的,出租人不承担责任,但承租人依赖出租人的技能确定租赁物或者出租人干预选择租赁物的除外。

(5) 权利瑕疵担保责任。出租人应当保证承租人对租赁物的占有和使用,即出租人担保标的物不被第三人主张任何权利。

(四) 承租人的主要义务

承租人的主要义务包括以下几个。

(1) 按照约定向出租人支付租金。

(2) 妥善保管和使用租赁物并担负租赁物的维修义务。

(3) 未经出租人同意,不得处分租赁物,如转让、抵押、质押等。

(4) 返还租赁物。出租人和承租人可以约定租赁期限届满租赁物的归属;对租赁物的归属没有约定或者约定不明确,依法仍不能确定的,租赁物的所有权归出租人。

八、保理合同

(一) 保理合同的概念和内容

保理合同是应收账款债权人(以下简称“债权人”)将现有的或者将有的应收账款转让给保理人,保理人提供资金融通、应收账款管理或者催收、应收账款债务人(以下简称“债务人”)付款担保等服务的合同。保理合同应当采用书面形式。

保理合同的内容一般包括业务类型、服务范围、服务期限、基础交易合同情况、应收账款信息、保理融资款或者服务报酬及其支付方式等条款。

（二）主要规定

合同编对保理合同主要有以下规定，没有规定的，适用前述合同债权转让的有关规定。

1. 虚构应收账款的法律后果

债权人与债务人虚构应收账款作为转让标的，与保理人订立保理合同的，债务人不得以应收账款不存在为由对抗保理人，但是保理人明知虚构的除外。

2. 保理人表明身份的义务

保理人向债务人发出应收账款转让通知的，应当表明保理人身份并附有必要凭证。

3. 无正当理由变更或者终止基础交易合同行为的效力

债务人接到应收账款转让通知后，与债权人无正当理由协商变更或者终止基础交易合同，对保理人产生不利影响的，对保理人不发生效力。

4. 追索权

保理可分为有追索权和无追索权。

当事人约定有追索权保理的，保理人可以向债权人主张返还保理融资款本息或者回购应收账款债权，也可以向债务人主张应收账款债权。保理人向债务人主张应收账款债权，在扣除保理融资款本息和相关费用后有剩余的，剩余部分应当返还给债权人。

当事人约定无追索权保理的，保理人应当向债务人主张应收账款债权，保理人取得超过保理融资款本息和相关费用的部分，无须向债权人返还。

九、承揽合同

（一）承揽合同的概念和内容

承揽合同是指承揽人按照定作人的要求完成工作，交付工作成果，定作人给付报酬的合同。

承揽合同的当事人包括承揽人和定作人。在承揽合同中，完成工作、交付工作成果的一方为承揽人，接受工作成果并支付报酬的一方称为定作人。

承揽包括加工、定作、修理、复制、测试、检验等工作。承揽合同的内容一般包括：承揽的标的、数量、质量、报酬，承揽方式，材料的提供，履行期限，验收标准和方法等条款。

（二）承揽人的主要义务

1. 按约定完成工作

承揽人应按合同约定的时间、方式、数量、质量并以自己的技术、设备、劳力完成主要工作。另有约定除外。

2. 提供或接受原材料

双方可以约定由承揽人或定作人提供完成定作所需的原材料并妥善保管原材料和工作成果。

3. 及时通知和保密的义务

定作人提供的原材料不符合约定的，或定作人提供的图纸、技术要求不合理的，承揽人应及时通知定作人。

承揽人应按定作人要求保守秘密,未经许可不得留存复制品或技术资料。

4. 接受监督检查

承揽人在完成工作时,应接受定作人必要的监督和检验,以保证工作符合定作人的要求。

5. 交付工作成果

承揽人完成的工作成果,应及时交付给定作人,并提交与工作成果相关的技术资料、质量证明等文件。承揽人交付的工作成果应符合约定的质量,承揽人对已交付工作成果的隐蔽瑕疵及该瑕疵所造成的损害承担责任。

(三) 定作人的主要义务

1. 按照约定提供材料

承揽合同约定由定作人提供材料的,定作人应按照约定提供材料。

2. 支付报酬

定作人应按照合同约定的数额、期限支付承揽人报酬。

3. 协助承揽人完成工作

定作人应依约定及按诚实信用原则,积极协助承揽人工作。

4. 验收并受领工作成果

定作人应及时检验承揽人完成并交付的工作成果;工作成果符合约定要求的,定作人应接受该工作成果。

十、建设工程合同

(一) 建设工程合同的概念

建设工程合同是指承包人进行工程建设,发包人支付价款的合同。建设工程合同在性质上属于承揽合同。因此,法律没有规定的,适用承揽合同的有关规定。

建设工程合同包括三种,即工程勘察合同、设计合同和施工合同。

(二) 发包人的义务

发包人的主要义务包括以下几个。

(1) 提供准确的基础资料和相关物资。

(2) 提供约定的工作条件。

(3) 变更计划应增付费用。

(4) 按约定支付价款和酬金。

(三) 承包人的主要义务

承包人的主要义务包括以下几个。

(1) 通知并接受承包人检查工程。

（2）对勘察、设计质量和期限以及工程质量负担保义务。

（3）非经发包人同意，不得将工程分包。

十一、运输合同

（一）运输合同的概念

运输合同是承运人将旅客或者货物从起运地点运输到约定地点，旅客、托运人或者收货人支付票款或者运输费用的合同。从事公共运输的承运人不得拒绝旅客、托运人通常、合理的运输要求。

运输合同包括客运合同、货运合同和多式联运合同。

扩展资料 7-10 运输合同纠纷

（二）客运合同

客运合同又称为旅客运输合同，是指承运人与旅客签订的由承运人将旅客及其行李运输到目的地而由旅客支付票款的合同；自承运人向旅客出具客票时成立，另有约定或另有交易习惯时除外。

1. 旅客的主要义务

旅客的主要义务包括：支付票款；持有效客票并遵守客票记载的时间、班次、座位号乘坐；按约定携带或托运行李；遵守相关安全规则、协助承运人安全运输的合理安排。

2. 承运人的主要义务

承运人应当严格履行安全运输义务，及时告知旅客安全运输应当注意的事项；按照有效客票记载的时间、班次和座位号运输旅客；在运输过程中，应当尽力救助患有急病、分娩、遇险的旅客；对运输过程中旅客的伤亡和旅客随身携带物品的毁损、灭失，依法承担赔偿责任。旅客托运的行李毁损、灭失的，适用货物运输的有关规定。

（三）货运合同

1. 托运人的主要权利和义务

托运人的主要权利包括：要求承运人按合同约定的时间安全运输到约定的地点；在承运人将货物交付收货人前，托运人可以请求承运人中止运输、返还货物、变更到货地点或将货物交给其他收货人，但由此给承运人造成的损失应予赔偿。

托运人的主要义务包括：如实申报货运基本情况的义务；办理有关手续的义务；包装货物的义务；支付运费和其他有关费用的义务。

2. 承运人的主要权利和义务

承运人的主要权利包括：收取运费及符合规定的其他费用；对逾期提货的，承运人有权收取逾期提货的保管费，对收货人不明或收货人拒绝受领货物的，承运人可以提存货物，不适合提存货物的，可以拍卖货物提存价款；对不支付运费、保管费及其他有关费用的，承运人可以对相应的运输货物享有留置权。

承运人的主要义务包括：按合同约定运输货物，从接收货物时起至交付收货人之前，负有安全运输和妥善保管的义务；货物运到指定地点后，应及时通知收货人收货。

另外，货运合同中的收货人的主要权利包括：在承运人将货物运到指定地点后，持凭证到指定地点领取货物的权利。

收货人的主要义务包括：检验货物的义务；及时提货的义务；支付托运人逾期提货保管费等费用的义务。

(四) 多式联运合同

多式联运合同是指多式联运经营人将分区段的不同方式的运输联合起来为承运人履行承运义务的运输合同。

多式联运合同与普通货运合同的区别如下。

(1) 多式联运经营人享有承运人权利，承担承运人义务。

经营人可以与参加多式联运的各区段承运人就各区段运输约定相互之间的责任；但是，该约定不影响多式联运经营人对全程运输承担的义务。

(2) 多式联运经营人收到托运人交付的货物时，应当签发多式联运单据。

货物的毁损、灭失发生于多式联运的某一运输区段的，多式联运经营人的赔偿责任和责任限额，适用调整该区段运输方式的有关法律规定；货物毁损、灭失发生的运输区段不能确定的，依照合同编规定承担赔偿责任。

十二、技术合同

(一) 技术合同的概念和内容

技术合同是当事人就技术开发、转让、许可、咨询或者服务订立的确立相互之间权利和义务的合同。

扩展资料 7-11
技术合同纠纷

技术合同包括技术开发合同、技术转让合同、技术许可合同、技术咨询合同和技术服务合同五种。其内容一般包括：项目的名称，标的的内容、范围和要求，履行的计划、地点和方式，技术信息和资料的保密，技术成果的归属和收益的分配办法，验收标准和方法，名词和术语的解释等条款。

(二) 技术开发合同

技术开发合同是指当事人之间就新技术、新工艺、新品种或者新材料及其系统的研究开发所订立的合同。技术开发合同包括委托开发合同和合作开发合同。

1. 委托开发合同

委托开发合同的当事人是委托方和研发方。

1) 委托方的主要义务

委托方的主要义务包括：按照合同约定支付研究开发经费和报酬；按照合同约定提供技术资料、提出开发要求并完成协作事项；接受研究开发成果等。

2）研发方的主要义务

研发方的主要义务包括：依约制订和实施研究开发计划；合理地使用研究开发经费；按期完成研究开发工作，交付研究开发成果；提供技术资料和必要的技术指导，帮助委托方掌握研究开发成果等。

3）发明创造的权属

委托开发完成的发明创造，除法律另有规定或当事人另有约定的，申请专利的权利属于研究开发人。委托人可以免费实施该专利。开发人转让专利申请权的，委托人同等条件下享有优先受让权。

2. 合作开发合同

1）当事人的主要义务

合作开发合同中当事人的主要义务包括：按照合同约定进行投资；分工参与研究开发工作；在研究开发工作中协作配合。

2）发明创造的权属

合作开发完成的发明创造，除当事人另有约定的，申请专利的权利属于合作开发的当事人共有，当事人一方转让其共有的专利申请权时，其他各方同等条件下享有优先受让权。一方放弃的，由其余各方或另一方申请。放弃方可免费实施该专利。

（三）技术转让合同和技术许可合同

技术转让合同是合法拥有技术的权利人（让与人），将现有特定的专利、专利申请、技术秘密的相关权利让与他人（受让人）所订立的合同，包括专利权转让、专利申请权转让、技术秘密转让等合同。

技术许可合同是合法拥有技术的权利人（许可人），将现有特定的专利、技术秘密的相关权利许可他人（被许可人）实施、使用所订立的合同，包括专利实施许可、技术秘密使用许可等合同。

技术转让合同和技术许可合同均应当采用书面形式。

让与人和许可人应当保证自己是所提供的技术的合法拥有者，并保证所提供的技术完整、无误、有效，能够达到约定的目标。

受让人和被许可人应当按照约定的范围和期限，对让与人、许可人提供的技术中尚未公开的秘密部分，承担保密义务。

专利实施许可合同中许可人主要义务是：按照约定许可被许可人实施专利，交付实施专利有关的技术资料，提供必要的技术指导。被许可人主要义务是：按照约定实施专利，不得许可约定以外的第三人实施该专利，并按照约定支付使用费。

技术秘密的转让合同和许可合同中让与人和许可人的主要义务是：按照约定提供技术资料，进行技术指导，保证技术的实用性、可靠性，承担保密义务。保密义务不限制许可人申请专利，当事人另有约定的除外。受让人和被许可人的主要义务是：按照约定使用技术，支付转让费、使用费，承担保密义务。

(四) 技术咨询合同

技术咨询合同是受托方以技术知识就特定技术项目向委托方提供可行性论证、技术预测、专题技术调查、分析评价报告等所订立的合同。

1. 委托方的主要义务

委托方的主要义务包括：按照约定阐明咨询的问题，提供技术背景材料及有关技术资料、数据；接受受托方的工作成果，支付报酬。

2. 受托方的主要义务

受托方的主要义务包括：按照约定的期限完成咨询报告或者解答问题；提出的咨询报告应当达到约定的要求。

委托方按照受托方符合约定要求的咨询报告和意见作出决策所造成的损失，由委托方承担，但当事人另有约定的除外。

3. 技术成果的权属

除当事人另有约定外，在技术咨询合同履行过程中，受托方利用委托方提供的技术资料和工作条件完成的新的技术成果，属于受托方；委托方利用受托方的工作成果完成的新的技术成果，属于委托方。

(五) 技术服务合同

技术服务合同是指受托方以技术知识为委托方解决特定技术问题所订立的合同。技术服务合同不包括建设工程合同和承揽合同。

1. 委托方的主要义务

委托方的主要义务包括：按照约定提供工作条件，完成配合事项；接受工作成果并支付报酬。

2. 受托方的主要义务

受托方的主要义务包括：按照约定完成服务项目，解决技术问题，保证工作质量，并传授解决技术问题的知识。

3. 技术成果的权属

技术成果的权属同技术咨询合同的规定。

十三、保管合同

(一) 保管合同的概念

保管合同是保管人保管寄存人交付的保管物，并返还该物的合同。保管合同的当事人是保管人和寄存人。合同自保管物交付时成立，当事人另有约定的除外。

(二) 保管人的主要义务

保管人的主要义务包括以下几个。

(1) 给付保管凭证。另有交易习惯的除外。

（2）妥善保管。当事人可以约定保管场所或者方法。

（3）不得转交他人保管。当事人另有约定的除外。

（4）不得使用或者许可他人使用保管物，另有约定的除外。

扩展资料 7-12 保管合同纠纷

（5）返还保管物及其孳息。

（三）寄存人的主要义务

寄存人的主要义务包括以下几个。

（1）告知保管物的瑕疵或所需的特殊保管措施。

（2）支付保管费。当事人没有约定或者约定不明确，依法不能确定的，视为无偿保管。

（3）声明贵重物品。

（4）随时提取保管物。当事人对保管期限没有约定或约定不明确的，保管人可以随时请求寄存人领取保管物。约定期限的，无特别事由不得请求寄存人领取保管物。

十四、仓储合同

（一）仓储合同的概念

仓储合同是指保管人储存存货人交付的仓储物，存货人支付仓储费的合同。

仓储合同的当事人是保管人和存货人。提供储存保管服务的一方称为保管人，接受储存保管服务并支付报酬的一方称为存货人。交付保管的货物为仓储物。

仓储合同属于保管合同的一种特殊类型，与一般保管合同相比，仓储合同为诺成合同，双方意思表示一致时，合同成立。法律没有规定的，适用保管合同有关规定。

（二）保管人的主要义务

保管人的主要义务包括以下几个。

（1）做好入库的验收和接受工作。

（2）保证货物完好无损。发现仓储物有变质或其他损坏，应及时通知存货人或仓单持有人。当危及仓储物时，应催告对方处理或作出必要处置。

（3）依法承担损害赔偿责任。

（4）出具仓单、入库单等凭证。

（三）存货人的主要义务

存货人的主要义务包括以下几个。

（1）按合同规定的时间提取委托保管的货物。

（2）按合同规定的条件支付仓储保管费。

（3）对危险品或易变质物品，必须提供资料，说明物品性质。

十五、委托合同

(一) 委托合同的概念

委托合同又称委任合同,是指受托人和委托人约定由受托人处理委托人事务的合同。委托合同的当事人是受托人和委托人,委托合同具有人身性质,以当事人之间相互信任为前提。

扩展资料 7-13
委托合同纠纷

(二) 委托人的主要义务

委托人的主要义务包括以下几个。

(1) 预付和支付处理委托事务的费用。

(2) 支付约定的报酬。在有偿委托合同中,委托人应向受托人支付约定的报酬。

委托人经受托人同意,可以在受托人之外委托第三人处理委托事务,委托人应赔偿因此给受托人造成的损失等。

(三) 受托人的主要义务

受托人的主要义务包括以下几个。

(1) 按照委托人的指示处理委托事务。

(2) 原则上应亲自办理委托事务。

(3) 向委托人报告委托事务处理情况和结果。

(4) 将处理委托事务取得的财产转交给委托人。

十六、物业服务合同

(一) 物业服务合同的概念和内容

物业服务合同是物业服务人在物业服务区域内,为业主提供建筑物及其附属设施的维修养护、环境卫生和相关秩序的管理维护等物业服务,业主支付物业费的合同。合同应当采用书面形式。合同的内容一般包括服务事项、服务质量、服务费用的标准和收取办法、维修资金的使用、服务用房的管理和使用、服务期限、服务交接等条款。

物业服务人公开作出的有利于业主的服务承诺,是合同的组成部分。建设单位依法与物业服务人订立的前期物业服务合同,以及业主委员会与业主大会依法选聘的物业服务人订立的物业服务合同,对业主具有法律约束力。

(二) 物业服务人的主要义务

物业服务人包括物业服务企业和其他管理人。

1. 一般义务

物业服务人应当按照约定和物业的使用性质,承担妥善维修、养护、维护秩序、制止报告治安、消防等违法行为的义务。

2. 转委托相关义务

物业服务人将物业服务区域内的部分专项服务事项委托给专业性服务组织或者其他第三人的，应当就该部分专项服务事项向业主负责。不得将其应当提供的全部物业服务转委托给第三人，或者将全部物业服务肢解后分别转委托给第三人。

3. 物业服务人信息公开义务

物业服务人应当定期将服务的事项、负责人员、质量要求、收费项目等情况以合理方式向业主公开并向业主大会、业主委员会报告。

4. 物业服务合同终止时，物业服务人承担移交、告知等义务

5. 后合同义务

合同终止后，在业主或新物业服务人接管之前，原物业服务人应当继续处理物业服务事项，并可以请求业主支付该期间的物业费。

扩展资料 7-14 物业合同纠纷

(三) 业主的主要义务

1. 支付物业费

业主应当按照约定向物业服务人支付物业费。物业服务人不得采取停止供电、供水、供热、供燃气等方式催交物业费。

2. 告知、协助义务

业主装饰装修房屋、转让、出租物业专有部分、设立居住权或者依法改变共有部分用途的，依法承担本义务。

十七、行纪合同

(一) 行纪合同的概念

行纪合同是指行纪人以自己的名义为委托人从事贸易活动，委托人支付报酬的合同。行纪合同的当事人为行纪人和委托人。合同编没有规定的，适用委托合同的有关规定。

行纪关系涉及两个合同关系：一是委托人与行纪人之间的委托合同关系，如委托人行纪购买货物或出售货物；二是行纪人与第三人之间的买卖合同关系，如行纪人接受委托以后，以自己的名义向第三人购买货物或向第三人出售货物。

(二) 行纪人的主要义务

(1) 为委托人从事贸易活动。这是依委托人指定的价格买卖的义务。

(2) 妥善保管并依法处置委托物。行纪人占有委托物的，应当妥善保管委托物。

(3) 负担行纪费用。行纪人处理委托事务支出的费用由行纪人负担，但当事人另有约定的除外。

(4) 行纪人与第三人订立合同的，行纪人对该合同直接承担义务、享受权利。

(三) 委托人的主要义务

1. 及时受领委托物

委托人应及时受领、取回和处分委托物。如果因委托人迟延接受而造成损失,该损失由委托人承担。

2. 支付报酬

委托人应当按约定向行纪人支付报酬及其他约定的费用。行纪人高于委托人指定的价格卖出或低于委托人指定的价格买入的,可按照约定增加报酬。

委托人逾期不支付报酬的,行纪人对委托物享有留置权,当事人另有约定的除外。

十八、中介合同

(一) 中介合同的概念

中介合同又称中介服务合同,是指中介人向委托人报告订立合同的机会或者提供订立合同的媒介服务,委托人支付报酬给中介人的合同。

例如某货运信息公司与货主签订合同,为货主提供承运人资料和信息,促成承运人和货主签订货运合同。该合同即为中介合同。

中介合同的当事人是中介人和委托人。报告订立合同的机会或者提供订立合同的媒介服务的一方为中介人,接受中介人所提供的订约机会并支付报酬的一方为委托人。中介人是为委托人与第三人进行民事法律行为报告信息机会或提供媒介联系的中间人,委托人是否与第三人订立合同以及该合同的履行,与中介人无关。

扩展资料 7-15
中介(居间)合同纠纷

(二) 中介人的主要义务

1. 报告义务

中介人应当就有关订立合同的事项向委托人如实报告。

中介人故意隐瞒与订立合同有关的重要事实或者提供虚假情况,损害委托人利益的,不得要求支付报酬并应当承担损害赔偿责任。

2. 负担中介费用

中介人促成合同成立的,中介活动的费用由中介人负担。

(三) 委托人的主要义务

1. 支付中介报酬

中介人促成合同成立的,委托人应当按照约定支付报酬。未订立合同的,委托人可以拒绝支付报酬。因中介人提供订立合同的媒介服务而促成合同成立的,由该合同的当事人平均负担中介人的报酬。

2. 偿付费用的义务

中介人未促成合同成立的,不得要求支付报酬,但可以要求委托人支付从事中介活动支出的费用。

有关中介合同，合同编没有规定的，参照适用委托合同的有关规定。

十九、合伙合同

合伙合同是两个以上合伙人为了共同的事业目的，订立的共享利益、共担风险的协议。例如前述《合伙企业法》中的书面合伙协议。关于合伙合同的主要法律规定包括：

（一）合伙人的出资义务

合伙人应当按照约定的出资方式、数额和缴付期限，履行出资义务。

合伙人的出资、因合伙事务依法取得的收益和其他财产，属于合伙财产。在合伙合同终止前，合伙人不得请求分割合伙财产。

（二）财产份额的转让

除合伙合同另有约定外，合伙人向合伙人以外的人转让其全部或者部分财产份额的，须经其他合伙人一致同意。

（三）合伙事务的执行

合伙人就合伙事务作出决定的，除合伙合同另有约定外，应当经全体合伙人一致同意。

合伙事务可以由全体合伙人共同执行或依照合同约定或共同决定委托一个或者数个合伙人执行合伙事务。

（四）合伙的利润分配与亏损分担

合伙的利润分配与亏损分担按照合伙合同的约定办理；合伙合同没有约定或者约定不明确的，由合伙人协商决定；协商不成的，由合伙人按照实缴出资比例分配、分担；无法确定出资比例的，由合伙人平均分配、分担。

（五）合伙人的连带责任及追偿权

合伙人对合伙债务承担连带责任。清偿合伙债务超过自己应当承担份额的合伙人，有权向其他合伙人追偿。

（六）合伙人债权人的权利代位

合伙人的债权人不得代位行使合伙人依照本章规定和合伙合同享有的权利，但是合伙人享有的利益分配请求权除外。

（七）合伙合同的终止

合伙人死亡、丧失民事行为能力或者终止的，合伙合同终止；但是，合伙合同另有约定或者根据合伙事务的性质不宜终止的除外。

合伙合同终止后，合伙财产在支付因终止而产生的费用以及清偿合伙债务后有剩余的，按照利润分配和亏损分担的比例分配。

二十、准合同

合同编中除了上述19种有名合同,还规定了准合同。准合同是指由于某些债的产生一定程度上建立在当事人“自愿”的意思表示基础上,和合同之债更近似、和侵权之债区别较大,因此将这些债称为“准合同”,也叫“类合同”。准合同包括无因管理和不当得利两种情形,详见本书第二章第三节“物权和债”中“债的产生”。

习题

一、名词解释题

有名合同

二、问答题

1. 买卖合同各方主要权利和义务是什么?
2. 借款合同各方主要权利和义务是什么?

本章主要参考法律法规

《中华人民共和国民法典》

即测即练

第八章

担　保　法

学习目标

1. 了解担保的作用和种类；
2. 理解五种典型担保的概念、特征；
3. 掌握典型担保的设立以及相关担保合同要点。

思政结合

1. “言不信者，行不果。”“人而无信，不知其可也。”对经营者而言，诚信经营是最好的担保，诚信经营也较易获取他人的担保，形成良性循环，有利市场交易和经济发展。充分认识信用的重要性，从自己做起，诚信履约，打造良好的个人信用，推进和谐社会建设。

2. 约定担保的设立体现了《民法典》平等、自愿的原则和社会主义核心价值观。认识到，一方面，为他人提供担保体现了中华传统文化中的互助精神；另一方面，担保中也必然存在风险，因此，要增强风险和防骗防诈意识，不贸然为他人提供担保，降低社会成本。

引导案例

担保与反担保

甲公司是一家生产型企业，引进了上千万元的先进机器设备，产品市场占有率高。甲公司打算通过银行贷款进行技术改造扩大产能、增加品种。乙银行表示愿意提供资金支持，但甲公司无法提供符合乙银行要求的不动产担保。此时，丙公司了解情况后，同意甲公司以其机器设备做反担保抵押，先后两次为甲公司向银行提供贷款担保，使甲公司从银行顺利贷款500万元。

第一节　担保概述

一、担保的概念

担保是确保债权人实现债权的法律措施，当债务人不履行债务时，以债务人或第三人的信用或者特定财产来督促债务人履行债务，又称债权担保、债的担保或债务担保。

扩展资料 8-1
“诚信银行”

由此可见,担保是从属于主债权而存在的,对债权人实现权利具有补充作用,通常在所担保的债务未得到履行时,债权人才行使相关担保权利。

合同担保属于债的担保,当事人为了确保合同义务的履行,按照法律规定或者当事人约定设立的措施,在合同约定的履行期限届满、债务人不履行合同义务时,债权人可通过该措施实现或保障自己的债权。本章主要从合同担保角度介绍担保。

二、担保的种类

担保主要包括以下分类。

(一)典型担保和非典型担保

按照担保方式是否由法律明文规定,可将担保分为典型担保和非典型担保。

1. 典型担保

《民法典》等法律明文规定的担保方式,主要包括保证、抵押、质押、留置、定金。这就是所谓的典型担保。

2. 非典型担保

法律上没有明文规定的担保方式称为非典型担保。

(二)法定担保和约定担保

按照产生原因,可将担保分为法定担保和约定担保。

1. 法定担保

法定担保是指依照法律的规定直接产生的担保,主要包括留置。

2. 约定担保

约定担保是指当事人通过约定签订担保合同而产生的担保。担保合同相对于其担保的合同(主合同)是从合同,具有从属性特征。担保合同的目的和作用在于担保主合同的实现,若没有主合同的存在,就没有必要设立担保合同。

约定担保主要有保证、抵押、质押和定金。

(三)人的担保、物的担保和金钱担保

按照担保的性质,可将担保分为人的担保、物的担保和金钱担保。

1. 人的担保

人的担保是指以第三人的信用担保债的履行的担保方式。保证担保即人的担保。

2. 物的担保

物的担保是指直接以一定的财物作为债权担保的担保方式。它以债务人或第三人的特定财产作为担保债权实现的标的,在债务人不履行其债务时,债权人可以将财产变价,从中优先受偿,主要有抵押、质押和留置。

该财产称为担保物。债权人依法享有的在债务人不履行到期债务或者发生当事人约

定的实现担保物权的情形时，就担保物优先受偿的权利是担保物权。物权编规定了三种担保物权：抵押权、质权和留置权。

3. 金钱担保

金钱担保是指债务人在其承担的债务之外支付债权人一定数额的金钱，该金钱的得失与债务履行与否联系在一起，从而促使当事人积极履行债务，保障债权实现。合同编中规定的定金属于金钱担保方式。

(四) 本担保和反担保

按照担保之间的关系，可将担保分为本担保和反担保。

反担保又称求偿担保，是指为保障债务人之外的担保人(第三人)承担担保责任后对债务人的追偿权的实现而设定的担保。反担保是担保人转移担保风险的一种措施。第三人承担担保责任后即成为债务人的债权人，有向债务人追偿的权利。当第三人行使追偿权时，有可能因债务人无力偿还而使追偿权落空，为了保证追偿权的实现，第三人在为债务人做担保时，可以要求债务人为其提供担保，即为反担保。

物权编规定："第三人为债务人向债权人提供担保时，可以要求债务人提供反担保。反担保适用本法和其他法律的规定。"合同编也规定，保证人可要求债务人提供反担保。

习题

一、名词解释题

担保　人的担保　物的担保　金钱担保　反担保

二、问答题

1. 担保的主要分类有哪些?

2. 法定担保和约定担保的区别是什么?

三、案例分析题

甲、乙双方签订买卖合同，约定："甲方在当年 8 月 1 日前发货。如甲方不能按时发货，甲方保证对乙方承担违约责任。"

问题：本题中是否存在担保?

第二节 保　　证

一、保证概述

(一) 保证的概念

保证是指保证人和债权人约定，当债务人不履行到期债务或发生当事人约定情形时，保证人履行债务或承担责任的担保方式。

扩展资料 8-2　保证

提供保证的第三人是保证人。第三人与债权人签订保证合同。依照保证合同承担保证责任的保证人,有权向债务人追偿。

(二) 保证的种类

保证按照不同的标准有以下种类。

1. 单独保证和共同保证

按照保证人的数量,可将保证分为单独保证和共同保证。

单独保证是指一个保证人担保一个债权的保证。

共同保证是指数个保证人担保同一债权的保证。

2. 一般保证和连带责任保证

按照保证责任的性质,可将保证分为一般保证和连带责任保证。

一般保证是指保证人和债权人在保证合同中约定,债务人不能履行债务时,由保证人承担保证责任。一般保证又称补充责任保证。

连带责任保证是指保证人和债权人在保证合同中约定,保证人和债务人对债务承担连带责任。

二、保证合同

(一) 保证合同的概念

保证合同是为保障债权的实现,保证人和债权人约定,当债务人不履行到期债务或者发生当事人约定情形时,保证人履行债务或承担责任的合同。

(二) 保证合同的形式

根据合同编的规定,保证合同应采用书面形式。保证人和债权人经协商就保证合同的主要条款达成一致,依法签订书面合同,保证合同即告成立。

书面保证合同包括:单独签订的保证合同;保证人以书面形式向债权人作出保证债权人接受的;主合同中的保证条款。

(三) 保证人

根据合同编规定,不得为保证人的主体包括以下几种。

(1) 机关法人。机关法人不得为保证人,但经国务院批准为使用外国政府或者国际经济组织贷款进行转贷的除外。

(2) 以公益目的的非营利法人、非法人组织。

(四) 保证合同的主要内容

保证合同一般包括以下条款:被保证的主债权种类、数额,债务人履行债务的期限,保证的方式,保证担保的范围,保证的期间。

保证合同不完全具备上述内容的，可以根据法律的相关规定进行补正。

案例分析 8-1 保证方式

1. 保证方式

保证方式可分为一般保证和连带责任保证两种。

1）一般保证

一般保证的保证人享有先诉抗辩权。债务人到期未清偿债务，主合同纠纷未经审判或者仲裁，并就债务人财产依法强制执行或执行后仍不能清偿债务前，保证人有权拒绝向债权人承担保证责任。

有下列情形之一的，保证人不得行使先诉抗辩权。

（1）债务人下落不明，且无财产可供执行的。

（2）人民法院受理债务人破产案件，中止执行程序的。

（3）债权人有证据证明债务人的财产不足以履行全部债务或者丧失履行债务能力的。

（4）保证人以书面形式放弃前款规定的权利的。

2）连带责任保证

连带责任保证人不享有先诉抗辩权。债务人在债务履行期届满没有履行债务的，债权人可以要求债务人履行债务，也可以要求保证人在其保证范围内承担保证责任。

当事人对保证方式没有约定或者约定不明确的，按照一般保证承担保证责任。

2. 保证期间

保证期间是指当事人约定或者法律规定的保证人承担保证责任的期限。保证期间不发生中止、中断和延长。

1）保证期间的确定

债权人与保证人可以约定保证期间，但是约定的保证期间早于主债务履行期限或者与主债务履行期限同时届满的，视为没有约定；没有约定或者约定不明确的，保证期间为主债务履行期限届满之日起 6 个月。

债权人与债务人对主债务履行期限没有约定或者约定不明确的，保证期间自债权人请求债务人履行债务的宽限期届满之日起计算。

2）保证期间的意义

一般保证的情况下，债权人未在保证期间内对债务人提起诉讼或者申请仲裁的，保证人免除保证责任。

连带保证的情况下，债权人未在保证期间内要求保证人承担保证责任的，保证人免除保证责任。

3. 保证责任的范围

保证责任的范围是指保证人承担的保证责任的内容。

根据合同编规定，保证责任主要包括以下方面，当事人另有约定的，按照其约定。

1）主债权和利息

主债权是于保证合同成立时债权人对主债务人享有的债权。保证合同成立后，主债权数额减少的,保证担保范围也相应减少;主债权数额增加的,保证担保的范围不随之变化。

2)违约金

违约金是债权人与债务人约定的或者法律规定的于债务人违约时应给付债权人的款项。

3)损害赔偿金

损害赔偿金是因主债权未受偿而发生的债权,本是保障债权人利益不受损害的,因此也在保证担保范围之内。

4)实现债权的费用

实现债权的费用是债权人实现其利益所必需的。

另外,合同编还规定了最高额保证,当事人可以协议在最高债权额限度内就一定期间连续发生的债权订立一个保证合同。保证人所担保债务的具体数额并非指确定期间发生的全部债权总额,而是指决算期时的债权余额。

合同编对最高额保证没有规定的,参照适用物权编中最高额抵押权的有关规定。

习题

一、名词解释题

保证 连带责任保证 一般保证 保证期间 先诉抗辩权 共同保证 单独保证 最高额保证

二、问答题

1. 法律对保证人的资格有何要求?
2. 保证合同的形式有哪些?
3. 简述保证期间的种类和意义。
4. 如何确定保证人是否应承担保证责任?

三、案例分析题

1. 某商业银行与A公司、B公司签订借款合同一份,约定银行贷款500万元给A公司,B公司提供连带责任保证,B公司的注册资本200万元,签约时会计报表总资产为156万元。借款到期后,A公司未还本付息,B公司未承担担保责任。后商业银行起诉至法院,要求两被告承担责任。B公司认为其总资产为156万元,根本无力为500万元的借款提供担保,银行对其代偿能力没有审查。B公司主张保证合同无效。

问题:B公司的主张是否成立?B公司是否需承担法律责任?

2. (1)甲欠乙100万元,约定当年3月1日前还款,丙为一般保证人。3月1日过后,甲未还款。乙于10月1日诉甲,胜诉。但甲无财产,执行未果。后乙要求丙承担责任。

(2)甲欠乙100万元,约定当年3月1日前还款,丙为连带保证人。3月1日过后,甲未还款。乙于9月1日诉甲,胜诉。但甲无财产,执行未果。10月1日,乙要求丙承担责任。

问题:若保证合同中未约定保证期间,丙是否应承担责任?

第三节　抵　　押

一、抵押的概念和种类

抵押是指债务人或第三人不转移财产的占有，将该财产作为债权的担保，债务人不能履行债务或者发生当事人约定情形时，债权人有权依照法律规定就财产折价、拍卖或变卖的价款优先受偿。

用于抵押的财产为抵押物，提供抵押物的债务人或第三人为抵押人，因抵押而产生的债权人对抵押物的权利为抵押权，债权人为抵押权人。

根据抵押物的种类，可将抵押分为动产抵押和不动产抵押。

根据担保的债权，可将抵押分为一般抵押和最高额抵押。

二、抵押合同

债务人或抵押人与债权人应当签订书面抵押合同设立抵押权。

(一) 抵押合同的主要内容

抵押合同是由抵押人和抵押权人协商订立的书面协议，约定抵押的产生依据。根据抵押的目的，抵押合同一般包括以下内容。

(1) 被担保的主债权种类、数额。

(2) 债务人履行债务的期限。

(3) 抵押物的名称、数量等情况。

(4) 抵押担保的范围。

抵押担保的范围是指可受抵押担保的主债权的范围。例如，某银行和某公司签订借款合同：借款人贷款 100 万元人民币，抵押合同可以约定只担保 100 万元的本金的清偿，也可以约定担保本金和利息的清偿等。

(二) 抵押物

1. 抵押物的种类

根据物权编的规定，可以作为抵押物的财产包括债务人或者第三人有权处分的下列财产：

(1) 建筑物和其他土地附着物；

(2) 建设用地使用权；

(3) 海域使用权；

(4) 生产设备、原材料、半成品、产品；

(5) 正在建造的建筑物、船舶、航空器；

(6) 交通运输工具；

(7) 法律、行政法规未禁止抵押的其他财产。

案例分析 8-2　无效抵押

抵押人可以将上述财产一并抵押。以上述(1)、(2)、(3)中的财产以及(5)中正在建造的建筑物抵押的,应当办理抵押登记。抵押权自登记时设立。

以动产抵押的,抵押权自抵押合同生效时设立;未经登记,不得对抗善意第三人;不得对抗正常经营活动中已经支付合理价款并取得抵押财产的买受人。

2. 禁止抵押的财产范围

下列财产不得抵押:

(1) 土地所有权。

(2) 宅基地、自留地、自留山等集体所有的土地使用权,但法律规定可以抵押的除外。

(3) 学校、幼儿园、医院等以公益为目的的非营利法人的教育设施、医疗卫生设施和其他公益设施。

(4) 所有权、使用权不明或者有争议的财产。

(5) 依法被查封、扣押、监管的财产。

(6) 法律、行政法规规定不得抵押的其他财产。

扩展资料 8-3
抵押

三、抵押权的实现

1. 实现方式

根据物权编的规定,债务人不履行到期债务或者发生当事人约定的实现抵押权的情形,抵押权人可以与抵押人协议以抵押财产折价或者以拍卖、变卖该抵押财产所得的价款优先受偿。协议损害其他债权人利益的,其他债权人可以请求人民法院撤销该协议。

抵押权人与抵押人未就抵押权实现方式达成协议的,抵押权人可以请求人民法院拍卖、变卖抵押财产。

抵押财产折价或者变卖的,应当参照市场价格。

2. 抵押权的保护

抵押人的行为足以使抵押财产价值减少的,抵押权人有权要求抵押人停止其行为。抵押财产价值减少的,抵押权人有权要求恢复抵押财产的价值,或者提供与减少的价值相应的担保。抵押人不恢复抵押财产的价值也不提供担保的,抵押权人有权要求债务人提前清偿债务。

此时抵押权人享有的权利包括:停止侵害和排除妨害请求权;恢复原状或提供相当担保请求权。

四、几种特殊的抵押

(一) 重复抵押

重复抵押是指以同一财产分别向两个以上债权人进行抵押的行为。

在重复抵押的情况下,拍卖、变卖抵押财产所得的价款依照下列规定清偿:

(1) 抵押权已登记的,按照登记时间的先后确定清偿顺序。

(2) 抵押权已登记的先于未登记的受偿。

(3) 抵押权未登记的,按照债权比例清偿。

（二）浮动抵押

1. 浮动抵押的概念

浮动抵押是指以企业、个体工商户、农业生产经营者可以将现有的以及将有的生产设备、原材料，半成品、产品抵押，债务人不履行到期债务或者发生当事人约定的实现抵押权的情形，债权人有权就实现抵押权时的动产优先受偿。

2. 浮动抵押权的实现

浮动抵押权人依法行使抵押权，将浮动抵押转化为固定抵押，这个过程称为浮动抵押的固定化，也称为“结晶”。

抵押财产自下列情形之一发生时确定。

(1) 债务履行期届满，债权未实现。

(2) 抵押人被宣告破产或者解散。

(3) 当事人约定的实现抵押权的情形。

(4) 严重影响债权实现的其他情形。

（三）最高额抵押

1. 最高额抵押的概念

最高额抵押是指为担保债务的履行，债务人或者第三人对一定期间内将要连续发生的债权提供担保财产的，债务人不履行到期债务或者发生当事人约定的实现抵押权的情形，抵押权人有权在最高债权额限度内就该担保财产优先受偿。

最高额抵押权的被担保债权具有不确定性。最高额抵押权设立之前已存在的债权，经当事人同意，可以转入担保的债权范围。

2. 最高额抵押权的实现

有下列情形之一的，抵押权人的债权确定。

(1) 约定的债权确定期间届满。

(2) 没有约定债权确定期间或者约定不明确，抵押权人或者抵押人自最高额抵押权设立之日起满两年后请求确定债权。

(3) 新的债权不可能发生。

(4) 抵押权人知道或者应当知道抵押财产被查封、扣押。

(5) 债务人、抵押人被宣告破产或者解散。

(6) 法律规定债权确定的其他情形。

习题

一、名词解释题

抵押和抵押权　浮动抵押　重复抵押　最高额抵押

二、问答题

1. 抵押权应如何实现？

2. 抵押财产的范围。

第四节　质　　押

质押是一种财产担保。根据物权编的规定，担保财产称为质押财产，包括动产和权利。因此，质押分为动产质押和权利质押。

一、动产质押

（一）动产质押的概念

动产质押是指为担保债务的履行，债务人或者第三人将其动产出质给债权人占有，债务人不履行到期债务或者发生当事人约定的情形，债权人有权就该动产优先受偿。

案例分析 8-3
质押还是抵押

债务人或者第三人是出质人，债权人是质权人，质权属于担保物权。

（二）动产质权的设定

当事人应订立书面形式的质押合同，质权自出质人交付质押财产时设立。质押合同一般包括下列条款：

（1）被担保债权的种类和数额；出质人与质权人可以协议设立最高额质权。

（2）债务人履行债务的期限。

（3）质押财产的名称、数量等情况；法律、行政法规禁止转让的动产不得出质。

（4）担保的范围。

（5）质押财产交付的时间、方式。

（三）质权人的权利和义务

质权人的主要权利还包括：

质押财产孳息的收取权，合同另有约定的除外；放弃质权。

因不可归责于质权人的事由可能使质押财产毁损或者价值明显减少，足以危害质权人权利的，质权人有权请求出质人提供相应的担保；出质人不提供的，质权人可以拍卖、变卖质押财产，并与出质人协议将拍卖、变卖所得的价款提前清偿债务或者提存。

质权人的主要义务包括：不得擅自使用、处分质押财产；妥善保管质押财产；未经出质人同意，不得转质，因擅自转质造成质押财产毁损、灭失的，应当承担赔偿责任；债务人履行债务或者出质人提前清偿所担保的债权的，应当返还质押财产。

（四）动产质权的行使

出质人可以请求质权人在债务履行期限届满后及时行使质权；质权人不行使的，出质人可以请求人民法院拍卖、变卖质押财产。

出质人请求质权人及时行使质权，因质权人怠于行使权利造成出质人损害的，由质权人承担赔偿责任。

质押财产折价或者拍卖、变卖后，其价款超过债权数额的部分归出质人所有，不足部分由债务人清偿。

二、权利质押

（一）权利质押的概念

权利质押是指债务人或者第三人在其拥有的财产权利上设定质押担保，债务人不履行到期债务或者发生当事人约定的情形，债权人有权就该权利优先受偿。

（二）可以质押的权利种类

债务人或者第三人有权处分的下列权利可以出质：

(1) 汇票、本票、支票。

(2) 债券、存款单。

(3) 仓单、提单。

(4) 可以转让的基金份额、股权。

(5) 可以转让的注册商标专用权、专利权、著作权等知识产权中的财产权。

(6) 现有的以及将有的应收账款。

(7) 法律、行政法规规定可以出质的其他财产权利。

（三）权利质权的设定和行使

当事人通过订立书面形式的质押合同设定权利质权，合同主要条款在物权编没有规定时，适用动产质押的相关规定。

权利质权的设立分为两种情况。

1. 质权自办理出质登记时设立

以基金份额、股权出质的。

以注册商标专用权、专利权、著作权等知识产权中的财产权出质的。

扩展资料 8-4　质押的风险

以应收账款出质的。

2. 自交付权利凭证时设立

以汇票、本票、支票、债券、存款单、仓单、提单出质的，质权自权利凭证交付质权人时设立；没有权利凭证的，质权自办理出质登记时设立。法律另有规定的，依照其规定。

权利质权在物权编没有规定时，适用动产质权的相关规定。

习题

一、名词解释题

质押　动产质押　权利质押

二、问答题

1. 抵押和质押的主要区别有哪些?

2. 可用于质押的权利有哪些?

3. 简述质权的设立条件。

三、案例分析题

1. 甲与乙信用社2019年3月1日签订书面质押借款合同约定:贷款金额10万元,贷款期限半年,以甲所有的一台设备提供质押。

(1) 当年3月5日,甲将设备交付给乙信用社。

(2) 甲3月1日将设备存放于某仓库,3月6日书面通知该仓库并将仓单交付给乙信用社。

(3) 双方于3月1日签订质押合同时,约定甲无须将设备交付乙信用社。

(4) 3月5日,甲将设备交付给乙信用社后,乙信用社嫌保管麻烦,于4月5日将设备交还甲保管,后甲于5月5日将该设备又出质并交付给丙银行,担保债权仍为10万元。

问题:上述情形中债权人对设备的质权何时设立?

2. 2019年6月4日,甲银行与乙公司签订《股权质押借款协议书》,约定:"乙公司将其享有的对丙公司的全部股权质押给甲银行,质押金额为人民币500万元;甲银行提供借款200万元,借款月利率0.5%,月综合费率2.4%,借款期限为2019年6月8日至12月8日。若逾期还款,除应向甲银行归还本金外,还应交付逾期利息、综合费用、违约金(每天按借款金额的0.073%计算)。"合同签订后,双方未到市场监督管理部门办理股权的质押登记手续。截至2020年1月25日,乙公司共有200万元借款本息尚未归还。

问题:甲银行是否享有质权?

第五节 留 置

一、留置的概念和种类

(一) 留置的概念

留置是债务人不履行到期债务,债权人留置已经合法占有的债务人的动产,并有权就该动产优先受偿,即以该财产折价或者以拍卖、变卖该财产的价款优先受偿。债权人为留置权人,占有的动产为留置财产,留置权为物权编中规定的担保物权。

留置属于法定担保,即留置的产生不需要当事人订立担保合同,而是根据法律的规定和具体的法律事实而产生。

法律规定和当事人在合同中约定不得留置的动产,不得留置,即当事人可以通过约定来排除法定留置。

案例分析 8-4
留置

(二) 留置的种类

根据物权编的规定,债权人留置的动产,应当与债权属于同一法律关系,但企业之间留置的除外。根据此规定,可将留置分为以下两种情况。

1. 非企业之间的留置

非企业之间的留置，债权人占有的债务人的动产必须是根据合同约定而占有，即债权人的留置与对债务人的债权是基于同一法律关系。

在保管合同、运输合同、加工承揽合同中，债权人按照合同约定依法占有债务人的动产，债务人不按照合同约定的期限履行债务的，债权人有权依照法律规定留置该财产，以留置财产折价或者以拍卖、变卖该留置物的所得价款中优先得到清偿。

根据自2021年施行的《最高人民法院关于适用〈中华人民共和国民法典〉有关担保制度的解释》的有关规定，债务人不履行到期债务，债权人有权留置因同一法律关系合法占有的第三人的动产，并主张就该留置财产优先受偿。

2. 企业之间的留置

企业之间的留置不受上述基于同一法律关系的限制，即债权人和债务人均为企业时，债权人占有债务人的动产，与债权人的债权可以不是基于同一法律关系而产生。

在企业之间留置的动产与债权并非同一法律关系的情况下，根据上述解释的有关规定，以下两种情况下，债权人不得留置相关动产。①如果该债权不属于企业持续经营中发生的债权的，债权人不得留置该动产。债务人有权请求债权人返还留置财产。②债权人不得留置第三人的财产。第三人有权请求债权人返还留置的第三人财产。

扩展资料 8-5 留置

二、留置权的产生和实现

（一）留置权的产生

（1）债权人占有债务人的动产。

法律规定或者当事人约定不得留置的动产，不得留置。留置财产为可分物的，留置财产的价值应当相当于债务的金额。

（2）债务人未履行到期债务。

（二）留置权人的权利和义务

1. 留置权人的权利

留置权人有权收取留置财产的孳息。该孳息应当先充抵收取孳息的费用。

2. 留置权人的义务

留置权人负有妥善保管留置财产的义务；因保管不善致使留置财产毁损、灭失的，应当承担赔偿责任。

（三）留置权的实现

留置权人与债务人应当约定留置财产后的债务履行期间；没有约定或者约定不明确的，留置权人应当给债务人60日以上履行债务的期间，但鲜活易腐等不易保管的动产除外。债务人逾期未履行的,留置权人可以与债务人协议以留置财产折价,也可以就拍卖、变卖留置财产所得的价款优先受偿。留置财产折价或者变卖的,应当参照市场价格。

债务人可以请求留置权人在债务履行期届满后行使留置权;留置权人不行使的,债务人可以请求人民法院拍卖、变卖留置财产。

留置财产折价或者拍卖、变卖后,其价款超过债权数额的部分归债务人所有,不足部分由债务人清偿。

留置权人对留置财产丧失占有或者留置权人接受债务人另行提供担保的,留置权消灭。

抵押、质押和留置都是物的担保,分别设定担保物权中的抵押权、质权和留置权。如果同一财产上既设定了抵押权,又设定了质权,拍卖、变卖该财产的价款按照登记、交付的时间确定清偿顺序。如果同一动产上已设定了抵押权、债权,该动产又被留置的,由于留置属于法定担保,因此,留置权人优先受偿。

习题

一、名词解释题

留置　留置权

二、问答题

1. 简述留置权的产生条件。
2. 留置权应如何行使?
3. 留置权和抗辩权之间有何关系?

三、案例分析题

甲公司租赁某商场——乙公司的场地经销某品牌家具,在租赁合同中,约定按季度交付租金,如不能按期交付,乙公司可对甲公司的等值财产予以留置。后甲公司因经营资金周转困难,向丙借款60万元,到期未偿还,遂出具书面意见,同意将商场内所有财产顶账给丙,用于偿还部分欠款。乙公司因甲公司欠其两个月的租金,将甲公司在其商场内的全部在售家具扣留,使财产未能移交给丙,而甲公司因负债累累潜逃。丙遂向法院提起财产保全申请,对该商场内家具进行了查封。后乙公司以对该查封财产享有留置权提出异议,请求法院解除对其留置物的查封。

问题:乙公司是否对该财产享有留置权?

第六节　定　　金

一、定金的概念和担保作用

(一) 定金的概念

定金是指当事人约定由一方付给另一方一定数量货币作为债的担保。

(二) 定金的担保作用

定金属于金钱担保,其担保作用体现为定金罚则:给付定金的一方不履行债务的,无权要求返还定金；接受定金的一方不履行债务或者履行债务不符合约定致使不能实现合同目的的，应当双倍返还定金。债务人履行债务的，定金应当收回或抵作价款。

扩展资料 8-6　定金

二、定金合同

（一）定金合同的成立

定金合同自实际交付定金时成立。因此，定金合同是实践性的。

（二）定金的数额

定金的数额由当事人约定；但是，不得超过主合同标的额的 20%，超过部分不产生定金的效力。实际交付的定金数额多于或者少于约定数额的，视为变更约定的定金数额。

（三）定金与违约金的竞合

合同编规定当事人既约定违约金，又约定定金的，一方违约时，对方可以选择适用违约金或者定金条款。定金不足以弥补一方违约造成的损失的，对方可以请求赔偿超过定金数额的损失。

习题

一、名词解释题

定金

二、问答题

1. 简述定金合同的生效条件。
2. 简述定金和违约金的关系。

三、案例分析题

陈某在某车行订购二手车辆一台，双方签订购车合同约定当月 18 日提车，陈某支付了定金 1 万元。提车当日，陈某提车时，该车行不履行合同约定，要求追加车价，陈某不同意涨价，要求退还 1 万元预交的定金被车行拒绝。双方产生争议。

问题：陈某的要求是否合法？

本章主要参考法律法规

1.《中华人民共和国民法典》
2.《最高人民法院关于适用〈中华人民共和国民法典〉有关担保制度的解释》

即测即练

第四篇

市场管理法律制度

第九章

竞 争 法

学习目标

1. 理解不正当竞争行为的概念；
2. 掌握不正当竞争行为的表现形式；
3. 了解反不正当竞争的监督检查；
4. 了解垄断的概念和分类；
5. 了解反垄断相关机构。

思政结合

1.“君子爱财，取之有道”。经营者应当遵循自愿、平等、公平、诚信的原则，遵守法律和商业道德，公平竞争。应认识到社会主义核心价值观和传统文化对商业道德建设的重要作用，培育和践行社会主义核心价值观，弘扬优秀传统文化。

2. 反不正当竞争和反垄断，能营造良好的公平竞争氛围，促进社会整体效率的提高。应认识到不能局限于个体的狭隘利益，罔顾国计民生整体利益和长远利益，在经济活动中弘扬爱国主义的重要性。

引导案例

网络不正当竞争

2021 年 1 月，国家市场监督管理总局依法对唯品会（中国）有限公司涉嫌不正当竞争行为立案调查。

经查，2020 年 8 月至 12 月，唯品会（中国）有限公司为获取竞争优势及交易机会，开发并使用巡检系统，获取同时在本公司和其他公司上架销售的品牌经营者信息，利用供应商平台系统、智能化组网引擎、运营中台等提供的技术手段，通过影响用户选择及限流、屏蔽、商品下架等方式，减少品牌经营者的消费注意、流量和交易机会，限制品牌经营者的销售渠道，妨碍、破坏了品牌经营者及其他经营者合法提供的网络产品和服务正常运行，违背了自愿、平等、公平、诚信原则，扰乱了公平竞争市场秩序，违反了《反不正当竞争法》第十二条规定。

2021 年 2 月 8 日，市场监管总局依法对唯品会（中国）有限公司作出行政处罚决定，处罚金额 300 万元。（资料来源：国家市场监管总局。）

第一节 反不正当竞争法

一、反不正当竞争法概述

反不正当竞争法作为竞争法的重要组成部分，是国家为促进和保护竞争，通过规制不正当竞争行为来调整竞争关系及与竞争有密切联系的其他社会关系的法律规范的总称。《反不正当竞争法》于1993年12月1日起施行，先后于2017年修订、2019年修正，规范的主要是典型的不正当竞争行为。

二、不正当竞争行为的概念及表现形式

（一）不正当竞争行为的概念

根据《反不正当竞争法》的规定，不正当竞争行为是指经营者在生产经营活动中，违反本法规定，扰乱市场竞争秩序，损害其他经营者或者消费者的合法权益的行为。

（二）不正当竞争行为的表现形式

根据《反不正当竞争法》第二章的规定，不正当竞争行为包括如下七类：混淆行为，商业贿赂行为，引人误解的虚假宣传行为，侵犯商业秘密行为，不正当有奖销售行为，商业诋毁行为和网络不正当竞争行为。

1. 混淆行为

混淆行为，是指经营者擅自使用与他人相同或相似的名称、商业标识等，致使自己的商品与他人或他人商品产生混淆、引人误认的行为。

经营者不得实施下列混淆行为，引人误认为是他人商品或者与他人存在特定联系：①擅自使用与他人有一定影响的商品名称、包装、装潢等相同或者近似的标识；②擅自使用他人有一定影响的企业名称（包括简称、字号等）、社会组织名称（包括简称等）、姓名（包括笔名、艺名、译名等）；③擅自使用他人有一定影响的域名主体部分、网站名称、网页等；④其他足以引人误认为是他人商品或者与他人存在特定联系的混淆行为。

2. 商业贿赂行为

商业贿赂行为是指经营者在经营活动中，为了谋取交易机会或者竞争优势的贿赂行为。《反不正当竞争法》规定："经营者不得采用财物或者其他手段贿赂下列单位或者个人，以谋取交易机会或者竞争优势：（一）交易相对方的工作人员；（二）受交易相对方委托办理相关事务的单位或者个人；（三）利用职权或者影响力影响交易的单位或者个人。"

经营者在交易活动中，可以以明示方式向交易相对方支付折扣，或者向中间人支付佣金。经营者向交易相对方支付折扣、向中间人支付佣金的，应当如实入账。接受折扣、佣金的经营者也应当如实入账。

案例分析 9-1 格力、美的虚假宣传纠纷

3. 引人误解的虚假宣传行为

经营者不得对其商品的性能、功能、质量、销售状况、用户评价、曾获荣誉等做虚假或者引人误解的商业宣传，欺骗、

误导消费者。经营者不得通过组织虚假交易等方式,帮助其他经营者进行虚假或者引人误解的商业宣传。

4. 侵犯商业秘密行为

1) 商业秘密的概念

商业秘密是指不为公众所知悉、具有商业价值并经权利人采取相应保密措施的技术信息、经营信息等商业信息。商业秘密不仅包括那些凭技能或经验产生的技术信息,如技术秘诀、设计图纸、工艺流程、化学配方等,还包括经营管理方法以及与经营管理方法密切相关的经营信息,如管理方法、产销策略、客户名单、货源情报等。

2) 侵犯商业秘密的行为

经营者不得采用下列手段侵犯商业秘密。

(1) 以盗窃、贿赂、欺诈、胁迫、电子侵入或者其他不正当手段获取权利人的商业秘密。

(2) 披露、使用或者允许他人使用以前项手段获取的权利人的商业秘密。

(3) 违反保密义务或者违反权利人有关保守商业秘密的要求,披露、使用或者允许他人使用其所掌握的商业秘密。

(4) 教唆、引诱、帮助他人违反保密义务或者违反权利人有关保守商业秘密的要求,获取、披露、使用或者允许他人使用权利人的商业秘密。

经营者以外的其他自然人、法人和非法人组织实施上述违法行为的,视为侵犯商业秘密。第三人明知或者应知商业秘密权利人的员工、前员工或者其他单位、个人实施上述违法行为,仍获取、披露、使用或者允许他人使用该商业秘密的,视为侵犯商业秘密。

5. 不正当有奖销售行为

有奖销售是指经营者销售商品或者提供服务,附带性地向购买者提供物品、金钱或者其他经济上的利益的行为,包括奖励所有购买者的附赠式有奖销售和奖励部分购买者的抽奖式有奖销售。凡以抽签、摇号等带有偶然性的方法决定购买者是否中奖的,均属于抽奖方式。不正当的有奖销售行为是指经营者进行有奖销售中存在下列情形:

(1) 所设奖的种类、兑奖条件、奖金金额或者奖品等有奖销售信息不明确,影响兑奖;

(2) 采用谎称有奖或者故意让内定人员中奖的欺骗方式进行有奖销售;

(3) 抽奖式的有奖销售,最高奖的金额超过5万元。

6. 商业诋毁行为

商业诋毁行为是指经营者自己或利用他人,通过捏造、散布虚伪事实等不正当手段,对竞争对手的商业信誉进行恶意的诋毁、贬低,以削弱其市场竞争能力并为自己谋取不正当利益的行为。经营者不得编造、传播虚假信息或者误导性信息,损害竞争对手的商业信誉、商品声誉。

7. 网络不正当竞争行为

互联网领域的不正当竞争行为,一部分属于传统不正当竞争行为在互联网领域的延伸,一部分则属于互联网领域中特有的、利用技术手段进行的不正当竞争行为。

经营者利用网络从事生产经营活动,应当遵守本法的各项规定。经营者不得利用技术手段,通过影响用户选择或者其他方式,实施下列妨碍、破坏其他经营者合法提供的网络产品或者服务正常运行的行为：

（1）未经其他经营者同意，在其合法提供的网络产品或者服务中，插入链接、强制进行目标跳转；

（2）误导、欺骗、强迫用户修改、关闭、卸载其他经营者合法提供的网络产品或者服务；

（3）恶意对其他经营者合法提供的网络产品或者服务实施不兼容；

（4）其他妨碍、破坏其他经营者合法提供的网络产品或者服务正常运行的行为。

扩展资料 9-1 瑞幸咖啡虚假宣传

三、反不正当竞争的监督检查

（一）监督检查的部门

各级人民政府应当采取措施，制止不正当竞争行为，为公平竞争创造良好的环境和条件。

县级以上人民政府市场监督管理部门对不正当竞争行为进行监督检查；法律、行政法规规定由其他部门监督检查的，依照其规定。

同时，国家鼓励、支持和保护一切组织和个人对不正当竞争行为进行社会监督。国家机关工作人员不得支持、包庇不正当竞争行为。

（二）监督检查的措施

监督检查部门调查涉嫌不正当竞争行为，可以采取下列措施：

（1）进入涉嫌不正当竞争行为的经营场所进行检查。

（2）询问被调查的经营者、利害关系人及其他有关单位、个人，要求其说明有关情况或者提供与被调查行为有关的其他资料。

（3）查询、复制与涉嫌不正当竞争行为有关的协议、账簿、单据、文件、记录、业务函电和其他资料。

（4）查封、扣押与涉嫌不正当竞争行为有关的财物。

（5）查询涉嫌不正当竞争行为的经营者的银行账户。

监督检查部门调查涉嫌不正当竞争行为，被调查的经营者、利害关系人及其他有关单位、个人应当如实提供有关资料或者情况。

监督检查部门及其工作人员对调查过程中知悉的商业秘密负有保密义务。

另外，任何单位和个人有权向监督检查部门举报不正当竞争行为，监督检查部门应当依法及时处理、为举报人保密、告知处理结果等。

习题

一、名词解释题

不正当竞争行为

二、问答题

1. 什么是不正当竞争行为？

2. 简述不正当竞争行为的种类。

3. 什么是商业秘密？侵犯商业秘密的情形有哪些？

4. 什么是商业诋毁行为？具体的表现有哪些？

5. 简述不正当竞争行为的法律责任。

6. 简述反不正当竞争的监督检查。

三、案例分析题

1. 某省于1998年元旦开通有线电视公共频道，该省还拥有多家电视台，电视台之间的竞争非常激烈，故该有线电视台为了提高收视率，以吸引更多的广告客户，推出了集娱乐、休闲、广告抽奖为一体的“缤纷时刻”栏目，开展“日日送奖，月月送礼”活动，每天向观众出一道简单的问题，猜对的观众通过抽奖即可获得每日送出的一台VCD或者一部摩托罗拉手机，每月还送出一个超过10万元的大奖即一套公寓。此举引起了强烈的社会反响。

问题：该电视台的行为是否违反了《反不正当竞争法》？

2. 原告：朱土元

被告：陈亚玲

原告诉称，被告陈亚玲原系原告经营的义乌市香飞香精香料商行营业员，负责管理香精香料配方。其间，被告利用职务之便，私自摘抄香精香料配方。后被告离开原告经营的商行，委托厂家依据摘抄的配方生产加工香精香料，用于自行销售。原告发现后向市场监督管理部门举报，义乌市市场监督管理局认定被告侵犯了原告的商业秘密，对被告作出了行政处罚。为此，原告要求被告停止使用原告的香精香料配方，在《义乌商报》刊登道歉声明，向原告公开赔礼道歉，赔偿原告损失10万元。

被告辩称，原告不是涉案香精香料配方的权利人，被告从未使用原告所称的香精香料配方，没有侵犯原告的商业秘密，也没有侵害原告的名誉，市场监督管理部门作出的处罚是错误的，而且在被行政处罚后被告已不再从事与香精香料相关的经营活动，因此请求驳回原告的起诉或诉讼请求。

问题：

(1) 被告是否侵害了原告的商业秘密？

(2) 原告请求被告停止经营行为、赔偿损失、赔礼道歉的请求能否成立？

第二节 反垄断法

引导案例

滥用市场支配地位

2020年12月，市场监管总局依据《反垄断法》对阿里巴巴集团控股有限公司(以下简称“阿里巴巴集团”)在中国境内网络零售平台服务市场滥用市场支配地位行为立案调查。

经查，阿里巴巴集团在中国境内网络零售平台服务市场具有支配地位。自2015年以来，阿里巴巴集团滥用该市场支配地位，对平台内商家提出“二选一”要求，禁止平台内商家在其他竞争性平台开店或参加促销活动，并借助市场力量、平台规则和数据、算法等技术手段，采取多种奖惩措施保障“二选一”要求执行，维持、增强自身市场力量，获取不正当竞争优势。

调查表明，阿里巴巴集团实施“二选一”行为排除、限制了中国境内网络零售平台服务市场的竞争，妨碍了商品服务和资源要素自由流通，影响了平台经济创新发展，侵害了平台内商家的合法权益，损害了消费者利益，构成《反垄断法》第十七条第一款第（四）项禁止“没有正当理由，限定交易相对人只能与其进行交易”的滥用市场支配地位行为。

2021 年 4 月 10 日，市场监管总局依法作出行政处罚决定，责令阿里巴巴集团停止违法行为，并处以其 2019 年中国境内销售额 4 557.12 亿元 4%的罚款，计 182.28 亿元。（资料来源：国家市场监管总局。）

一、垄断的概念和分类

（一）垄断的概念

垄断一般指唯一的卖者在一个或多个市场，通过一个或多个阶段，面对竞争性的消费者。垄断者在市场上，能够随意调节价格与产量（不能同时调节）。结合《反垄断法》的规定，垄断行为是指排除、限制竞争以及可能排除、限制竞争的行为。

（二）垄断的分类

垄断的表现形式多种多样，可以从不同角度对垄断做不同分类。

1. 依具体组织形式划分

依据经济垄断的具体组织形式，可以将垄断分为短期价格协定、卡特尔（Cartel）、辛迪加（Syndicat）、托拉斯（Trust）、康采恩（Konzem）和其他组织形式的垄断。

1）短期价格协定

短期价格协定是垄断组织的最简单形式，指大企业之间通过口头或书面形式，规定在一定时间内共同控制某类商品价格，从而获取高额利润的垄断形式。

2）卡特尔

卡特尔是指生产同类商品的企业，为了获取高额利润，在划分市场、规定商品产量、确定商品价格等一个或几个方面达成协议而形成的垄断性联合。

3）辛迪加

辛迪加是指同一生产部门的企业为了获取高额垄断利润，通过签订协议，共同采购原料和销售商品，而形成的垄断性联合。

4）托拉斯

托拉斯是垄断组织的一种高级形式，通常指生产同类商品或在生产上有密切联系的企业，为了获取高额利润，从生产到销售全面合并，而形成的垄断联合。

5）康采恩

康采恩是分属于不同部门的企业，以实力最为雄厚的企业为核心而结成的垄断联合，是一种高级而复杂的垄断组织。

6）其他组织形式的垄断

其他组织形式的垄断是指混合联合公司(conglomerate)、联合制(comln. nare)以及包括国际卡特尔、国际辛迪加、国际托拉斯在内的国际垄断组织等。

2. 依发生的地域划分

依据垄断发生的地域范围,可以将垄断分为国内垄断和国际垄断。

1）国内垄断

国内垄断是指仅在一国境内发生作用的垄断。传统的反垄断法主要对国内垄断进行规制。

2）国际垄断

国际垄断是指在国际范围内的商品、资本、劳务、技术交易过程中,所形成的超越一国国界的垄断。

3. 依立法的取向划分

依据立法的取向,可以将垄断分为合法垄断和非法垄断。

1）合法垄断

合法垄断是国家为了特定目的,如维护社会稳定和促进宏观经济协调发展,在《反垄断法》中明确规定,经有关反垄断主管机构许可而豁免的垄断。

2）非法垄断

非法垄断是指除合法垄断之外,具有社会危害性、应受反垄断法禁止的垄断。

4. 依产生的原因划分

依据垄断产生的原因,可以将垄断分为经济垄断、自然垄断、国家垄断、权利垄断和行政垄断。

1）经济垄断

经济垄断是指市场主体凭借经济优势,排斥或限制竞争的行为,包括滥用经济优势和联合限制竞争两种形式。

2）自然垄断

自然垄断产生于某一产品或服务由一个厂商提供比多个厂商共同提供产品或服务成本低的情形。

3）国家垄断

国家垄断是指国家为了保障国家安全、增加国家财政收入或促进社会整体利益,依法对特定领域的商品或服务进行排他性控制。

4）权利垄断

权利垄断是知识产权法所赋予的垄断,包括商标权、专利权、著作权等。其权利人在一定时间内、在一定区域内享有一定排除他人参与竞争的合法权利。

5）行政垄断

行政垄断是指地方政府、政府的经济行业主管部门或其他政府职能部门凭借行政权力排斥、限制或妨碍市场竞争的行为,包括地区垄断、行业垄断、强制联合、行政强制交易行为等形式。

5. 依市场结构划分

依据市场结构的情况，可以将经济性垄断分为独占垄断、寡头垄断和联合垄断。

1）独占垄断

独占垄断是指一家企业对整个行业的生产、销售进行完全排他性控制。

2）寡头垄断

寡头垄断是指在特定市场上只有为数不多的几家企业生产、销售某种特定的产品或者提供某项服务，每个企业都在市场上占有一定的份额，都能对产品或服务的价格实施一定排他性控制，不过，这些企业之间又存在一定的竞争。

3）联合垄断

联合垄断是指两个或两个以上企业或企业联合组织，通过明示、默示限制竞争协议或共同一致的行为，联合控制某一产业的生产或销售。它是垄断竞争的重要表现形式。

二、反垄断法对垄断行为的规制

《反垄断法》于 2007 年 8 月 30 日第十届全国人民代表大会常务委员会第二十九次会议通过，自 2008 年 8 月 1 日起实施。反垄断法的立法目的是预防和制止垄断行为，保护市场公平竞争，提高经济运行效率，维护消费者利益和社会公共利益，促进社会主义市场经济健康发展。《反垄断法》的适用范围包括：中华人民共和国境内经济活动中的垄断行为；中华人民共和国境外的垄断行为，对境内市场竞争产生排除、限制影响的，也适用。反垄断法规制的行为包括：经营者达成垄断协议；经营者滥用市场支配地位；具有或者可能具有排除、限制竞争效果的经营者集中；行政垄断行为。

（一）对垄断协议的规制

1. 垄断协议的概念

垄断协议是指两个或者两个以上的经营者（包括行业协会等经营者团体），通过协议或者其他协同一致的行为，实施固定价格、划分市场、限制产量、排挤其他竞争对手等排除、限制竞争的行为。我国法律所称垄断协议，是指排除、限制竞争的协议、决定或者其他协同行为。

2. 垄断协议的种类

垄断协议可分为横向垄断协议与纵向垄断协议。

1）横向垄断协议

横向垄断协议是指具有竞争关系经营者之间达成的垄断协议。例如，在生产或者销售过程中处于同一阶段的生产商之间、零售商之间或者批发商之间达成协议。

法律禁止具有竞争关系的经营者达成下列横向垄断协议。

（1）固定或者变更商品价格。

（2）限制商品的生产数量或者销售数量。

（3）分割销售市场或者原材料采购市场。

（4）限制购买新技术、新设备或者限制开发新技术、新产品。

（5）联合抵制交易。

(6) 国务院反垄断执法机构认定的其他横向垄断协议。

2) 纵向垄断协议

纵向垄断协议是指在同一产业中两个或两个以上处于不同经济层次、没有直接竞争关系但是有买卖关系的经营者,通过明示或者默示的方式达成的排除、限制竞争的协议。一般来说,处于前一阶段的经营者,常被称为"上游经营者";而处于后一阶段的经营者,则常被称为"下游经营者"。

纵向垄断协议有以下几种。

(1) 固定向第三人转售商品的价格的协议。

(2) 限定向第三人转售商品的最低价格的协议。

(3) 国务院反垄断执法机构认定的其他垄断协议。

3. 垄断协议的适用除外

垄断协议的适用除外也称为垄断协议的豁免,是指经营者之间的协议、决定或者其他协同行为,虽然排除、限制了竞争,但是如果该类协议所带来的好处大于其对竞争秩序的损害,则可以排除适用反垄断法有关垄断协议的规定。《反垄断法》规定了以下除外情形:

(1) 为提高产品质量、降低成本、增进效率,统一产品规格、标准或者实行专业分工的。

(2) 为提高中小经营者经营效率,增强中小经营者竞争力的。

(3) 为实现节约能源、保护环境、救灾救助等社会公共利益的。

(4) 因经济不景气,为缓解销售量严重下降或者生产明显过剩的。

(5) 为保障对外贸易和对外经济合作中的正当利益的。

(6) 法律和国务院规定的其他情形。

属于前款第(1)项至第(5)项情形,适用除外的,经营者还应当证明所达成的协议不会严重限制相关市场的竞争,并且能够使消费者分享由此产生的利益。

(二) 对滥用市场支配地位的规制

1. 滥用市场支配地位行为的概念

滥用市场支配地位又被称为滥用市场优势地位,是企业获得一定的市场支配地位以后滥用这种地位,对市场的其他主体进行不公平的交易或排斥竞争对手的行为。

2. 滥用市场支配地位行为的表现形式

具有市场支配地位的经营者禁止从事下列行为,也即滥用市场支配地位的行为:

(1) 不正当的价格行为:以不公平的高价销售商品或者以不公平的低价购买商品。

案例分析 9-2 先声药业滥用市场支配地位

(2) 掠夺性定价或倾销:没有正当理由,以低于成本的价格销售商品。

(3) 拒绝交易:没有正当理由,拒绝与交易相对人进行交易。

(4) 限定交易:没有正当理由,限定交易相对人只能与其进行交易或者只能与其指定的经营者进行交易。

(5) 搭售和附加不合理条件交易:没有正当理由搭售商品,或者在交易时附加其他不合理的交易条件。

(6) 差别对待：没有正当理由，对条件相同的交易相对人在交易价格等交易条件上实行差别待遇。

(7) 国务院反垄断执法机构认定的其他滥用市场支配地位的行为。

3. 市场支配地位的认定

市场支配地位是指经营者在相关市场内具有能够控制商品价格、数量或者其他交易条件，或者能够阻碍、影响其他经营者进入相关市场能力的市场地位。

认定经营者是否具有市场支配地位，应当依据下列因素。

(1) 该经营者在相关市场的市场份额及竞争状况。

(2) 该经营者控制销售市场或者原材料采购市场的能力。

(3) 该经营者的财力和技术条件。

(4) 其他经营者对该经营者在交易上的依赖程度。

(5) 其他经营者进入相关市场的难易程度。

(6) 与认定该经营者市场支配地位有关的其他因素。

有下列情形之一的，可以推定经营者具有市场支配地位。

(1) 一个经营者在相关市场的市场份额达到 1/2 的。

(2) 两个经营者在相关市场的市场份额合计达到 2/3 的。

(3) 三个经营者在相关市场的市场份额合计达到 3/4 的。

有前款第(2)项、第(3)项规定的情形，其中有的经营者市场份额不足 1/10 的，不应当推定该经营者具有市场支配地位。

被推定具有市场支配地位的经营者，有证据证明不具有市场支配地位的，不应当认定其具有市场支配地位。

(三) 对经营者集中的规制

1. 经营者集中的概念

经营者集中是指经营者之间合并，或者取得其他经营者的控制权、影响力。如果经营者结合后对竞争的秩序产生效果，如经济力量的过度集中，损害竞争的垄断结构出现，就应受到反垄断法的调整。经营者集中的后果是双重的：一方面，有利于发挥规模经济的作用，提高经营者的竞争能力；另一方面，过度集中又会产生或加强市场支配地位，限制竞争，损害效率。

2. 经营者集中的表现

根据《反垄断法》的规定，经营者集中是指下列情形：①经营者合并；②经营者通过取得股权或者资产的方式取得对其他经营者的控制权；③经营者通过合同等方式取得对其他经营者的控制权或者能够对其他经营者施加决定性影响。

1) 经营者合并

经营者合并是指两个或两个以上的经营者自愿组成一个新的经营者的行为，如公司的合并。

2）经营者通过取得股权或者资产的方式取得对其他经营者的控制权

或通过购买、置换等方法取得对其他经营者的股权或实际资产从而拥有了对他人的控制权。

3）经营者通过合同等方式取得对其他经营者的控制权或者能够对其他经营者施加决定性影响

如签订合作协议通过两个或两个以上的经营者的意见表示一致，使其中一个经营者拥有了对其他经营者的控制权。

3. 经营者集中的申报制度

《反垄断法》规定，经营者集中达到国务院规定的申报标准的，经营者应当事先向国务院反垄断执法机构申报，未申报的不得实施集中。本条确定了经营者在集中行为符合法定标准后事先向国务院反垄断执法机构申报的义务。

1）申报标准

根据《反垄断法》制定的《国务院关于经营者集中申报标准的规定》中规定：经营者集中达到下列标准之一的，经营者应当事先向国务院反垄断执法机构申报，未申报的不得实施集中。

（1）参与集中的所有经营者上一会计年度在全球范围内的营业额合计超过100亿元人民币，并且其中至少两个经营者上一会计年度在中国境内的营业额均超过4亿元人民币。

（2）参与集中的所有经营者上一会计年度在中国境内的营业额合计超过20亿元人民币，并且其中至少两个经营者上一会计年度在中国境内的营业额均超过4亿元人民币。

营业额的计算，应当考虑银行、保险、证券、期货等特殊行业、领域的实际情况，具体办法由国务院反垄断执法机构会同国务院有关部门制定。

经营者集中未达到规定的申报标准，但按照规定程序收集的事实和证据表明该经营者集中具有或者可能具有排除、限制竞争效果的，国务院反垄断执法机构应当依法进行调查。

2）申报内容

《反垄断法》规定了经营者申报集中应当提交的文件、资料，具体包括：①申报书；②集中对相关市场竞争状况影响的说明；③集中协议；④参与集中的经营者经会计师事务所审计的上一会计年度财务会计报告；⑤国务院反垄断执法机构规定的其他文件、资料。申报书应当载明参与集中的经营者的名称、住所、经营范围、预定实施集中的日期和国务院反垄断执法机构规定的其他事项。经营者提供的文件和资料要以满足反垄断执法机构评价集中所产生的竞争效果为准则。

3）关于申报标准的除外规定

经营者集中有下列情形之一的，可以不向国务院反垄断执法机构申报：

（1）参与集中的一个经营者拥有其他每个经营者50%以上有表决权的股份或者资产的。

（2）参与集中的每个经营者50%以上有表决权的股份或者资产被同一个未参与集中的经营者拥有的。

经营者集中具有或者可能具有排除、限制竞争效果的，国务院反垄断执法机构应当作出禁止经营者集中的决定。但是，经营者能够证明该集中对竞争产生的有利影响明显大于不利影响，或者符合社会公共利益的，国务院反垄断执法机构可以作出对经营者集中不予禁止的决定。对不予禁止的经营者集中，国务院反垄断执法机构可以决定附加减少集中对竞争产生不利影响的限制性条件。国务院反垄断执法机构应当将禁止经营者集中的决定或者对经营者集中附加限制性条件的决定，及时向社会公布。对外资并购境内企业或者以其他方式参与经营者集中，涉及国家安全的，除依照《反垄断法》规定进行经营者集中审查外，还应当按照国家有关规定进行国家安全审查。

(四) 对行政性垄断的规制

1. 行政性垄断的含义

行政性垄断是行政机关或法律法规授权的具有管理公共事务职能的组织滥用行政权力，限制竞争的行为。《反垄断法》规定，上述行政机关或组织不得滥用行政权力，限定或变相限定单位或者个人经营、购买、使用其指定的经营者提供的商品。

2. 行政性垄断的表现形式和法律规则

行政机关和法律、法规授权的具有管理公共事务职能的组织不得滥用行政权力，限定或者变相限定单位或者个人经营、购买、使用其指定的经营者提供的商品。

行政机关和法律、法规授权的具有管理公共事务职能的组织不得滥用行政权力，实施下列行为，妨碍商品在地区之间的自由流通。

(1) 对外地商品设定歧视性收费项目、实行歧视性收费标准，或者规定歧视性价格。

(2) 对外地商品规定与本地同类商品不同的技术要求、检验标准，或者对外地商品采取重复检验、重复认证等歧视性技术措施，限制外地商品进入本地市场。

(3) 采取专门针对外地商品的行政许可，限制外地商品进入本地市场。

(4) 设置关卡或者采取其他手段，阻碍外地商品进入或者本地商品运出。

(5) 妨碍商品在地区之间自由流通的其他行为。

行政机关和法律、法规授权的具有管理公共事务职能的组织不得滥用行政权力，以设定歧视性资质要求、评审标准或者不依法发布信息等方式，排斥或者限制外地经营者参加本地的招标投标活动。

行政机关和法律、法规授权的具有管理公共事务职能的组织不得滥用行政权力，采取与本地经营者不平等待遇等方式，排斥或者限制外地经营者在本地投资或者设立分支机构。

行政机关和法律、法规授权的具有管理公共事务职能的组织不得滥用行政权力，强制经营者从事《反垄断法》规定的垄断行为。

行政机关不得滥用行政权力，制定含有排除、限制竞争内容的规定。

(五) 反垄断主管机关

1. 反垄断委员会

国务院设立了反垄断委员会，负责组织、协调、指导反垄断工作，履行下列职责。

(1) 研究拟定有关竞争政策。

(2) 组织调查、评估市场总体竞争状况，发布评估报告。

扩展资料 9-2
反垄断再出手

(3) 制定、发布反垄断指南。

(4) 协调反垄断行政执法工作。

(5) 国务院规定的其他职责。

国务院反垄断委员会的组成和工作规则由国务院规定。

2. 反垄断执法机构

目前,国家市场监督管理总局作为国务院规定的承担反垄断职责的机构,即国务院反垄断执法机构,负责反垄断执法工作,具体包括:统筹推进竞争政策实施;指导实施公平竞争审查制度;依法对经营者集中行为进行反垄断审查;负责垄断协议、滥用市场支配地位和滥用行政权力排除、限制竞争等反垄断执法工作;指导企业在国外的反垄断应诉工作;承担国务院反垄断委员会日常工作等。国家市场监督管理总局的反垄断职能主要由其下设的反垄断局承担。

国务院反垄断执法机构根据工作需要,可以授权省、自治区、直辖市人民政府相应的机构,依照《反垄断法》规定负责有关反垄断执法工作。

习题

一、名词解释题

垄断　垄断协议　经营者集中　行政性垄断

二、问答题

1. 简述滥用市场支配地位的认定。

2. 简述我国反垄断主管机关及其职责。

3. 简述经营者集中的表现形式。

三、案例分析题

1. 某省7家从事混凝土生产的公司签订了《混凝土公司合伙协议》(以下简称《合伙协议》),《合伙协议》约定各公司以资产入股合伙经营,组建综合办公室进行统一管理,实行统一营销、统一调度、统一生产,按各公司所占股份进行利润分配。7家混凝土公司按照《合伙协议》拟对各公司混凝土生产方量进行调控,但因各公司对投入资产的数额确认有分歧,对市场份额划分争执不下,《合伙协议》签订后未有效实施即被终止。

问题:该合伙协议是否违反《反垄断法》?并简述其理由。

2. 上海市规定,对桑塔纳以外的新车收取1万元的城控费,牌照费7万元起价。而湖北省规定对于销售桑塔纳,收取每辆4万元"贫困企业扶持基金",政府采购汽车一律是富康。

问题:

(1) 上述两地政府的行为是什么行为?为什么这么说?试说出理由。

(2) 如果这种行为违法,依我国现行法律体制能否纠正?通过什么途径和方法纠正?

本章主要参考法律法规

1.《中华人民共和国反不正当竞争法》
2.《中华人民共和国反垄断法》
3.《中华人民共和国消费者权益保护法》
4.《中华人民共和国产品质量法》

即测即练

第十章

产品质量法

学习目标

1. 了解产品的概念，理解《产品质量法》适用范围；

2. 了解生产者和销售者产品质量责任和义务；

3. 理解产品瑕疵违约责任和产品责任的概念和归责原则；

4. 掌握产品瑕疵违约责任和产品责任的承担。

思政结合

1. 产品质量责任和义务的规定是社会主义核心价值理念的反映和要求，体现国家对产品质量违法行为的零容忍以及对人民人身和财产权益的高度重视，进一步坚定新时代下爱国爱党的信念。

2. 企业坚持以质量为本，有助于自身发展，有助于社会民生、生态文明与经济建设协同发展，有助于我国从制造大国向制造强国的转变。在脚踏实地、诚信做人的同时，关注我国社会主义建设。

3. 通过产品瑕疵违约和产品责任的规定，增强法治意识，利用法律保护自身合法权益。

引导案例

缺陷产品的召回

2021年5月，上海市市场监管局发布宜家(中国)投资有限公司召回部分HEROISK希罗斯和TALRIKA塔利卡系列碗、盘和杯子的通告。通告显示，宜家本次召回上述产品共173 564件(生产起止日期：2019年1月1日—2021年5月4日；生产批号/批次：1901—2118)。据悉，HEROISK希罗斯和TALRIKA塔利卡系列产品由聚乳酸(PLA)材料制成，聚乳酸是一种由可再生资源制成的新型材料。宜家产品中使用的PLA来源于工业玉米。这是宜家新采用的材料。宜家发现微波炉和洗碗机会影响该系列产品的耐用性。经过一段时间的使用，这些产品可能会破裂，并可能由于其中所盛的高温内容物渗漏造成烫伤。

据了解，宜家敦促所有顾客立即停止使用HEROISK希罗斯和TALRIKA塔利卡系列的碗、盘和杯子，将它们退回宜家并获得全额退款。本次召回2021年5月18日发起，2021年8月17日结束。

第一节 产品质量法概述

一、产品的概念

“产品”一词，从广义上说，是指经过人类劳动获得的具有一定使用价值的物品，既包括直接从自然界获取的各种农产品、矿产品，也包括手工业、加工工业的各种产品。《产品质量法》规定的产品，是指经过加工、制作 ，用于销售的产品。

（一）《产品质量法》适用的产品，是经过加工、制作的产品

产品，应当是生产者、销售者能够对其质量加以控制的产品，即经过“加工、制作”的产品，而不包括内在质量主要取决于自然因素的产品。因此，各种直接取之于自然界，未经加工、制作的产品，如未经加工的种植业、养殖业的初级产品，狩猎品，采矿业直接开采出来未经炼制、洗选加工的原矿产品等，均不适用《产品质量法》的规定。这些未经加工、制作的初级产品，如果发生质量问题，只能依据《民法典》承担违约责任或者侵权责任。

（二）《产品质量法》适用的产品，必须是用于销售的产品

非用于销售的产品，即不作为商品的产品，如自己制作、自己使用或馈赠他人的产品，不适用《产品质量法》。

另外，上述定义下的产品除了受《产品质量法》调整之外，也可能受其他专门法律的调整。比如，食品卫生和食品安全问题由《中华人民共和国食品安全法》进行调整等。

二、不适用《产品质量法》规定的情形

建设工程，包括房屋、公路、桥梁、隧道等工程，不适用《产品质量法》。由于建设工程的质量问题与一般加工、制作的产品有较大的不同，对建设工程的质量问题，应当适用建筑法等法律的规定。但是，用于建设工程的各种建筑材料和建筑构配件、设备等，属于《产品质量法》定义的“产品”范围内的，适用该法规定。

除此之外，军工产品质量监督管理办法，由国务院、中央军事委员会另行制定。因核设施、核产品造成损害的赔偿责任，法律、行政法规另有规定的，依照其规定。

习题

一、名词解释题

产品

二、问答题

1. 简述产品的认定。
2. 简述《产品质量法》的适用范围。

第二节　产品质量责任和义务

一、生产者的产品质量责任和义务

《产品质量法》规定生产者对其生产的产品质量负责，即生产者的产品质量义务。生产者必须依照法律的规定，为保证其生产的产品的质量必须做出一定行为或者不得做出一定行为。

(一) 产品质量应当符合下列要求

1. 不存在危及人身、财产安全的不合理的危险，有保障人体健康和人身、财产安全的国家标准、行业标准的，应当符合该标准

这是法律对生产者保证产品质量义务的强制性规定，生产者不得以合同约定或者其他方式免除或减轻自己的此项法定义务。产品不得存在危及人身、财产安全的不合理的危险，是法律对产品质量最基本的要求。

2. 具备产品应当具备的使用性能，但是，对产品存在使用性能的瑕疵作出说明的除外

所谓产品具有应当具有的使用性能，是指某一特定产品应当具有其基本的使用功能，如电冰箱应当具备制冷性能、保温瓶应当具有保温性能等，并在正常使用条件下应有合理的使用寿命。对产品使用性能的瑕疵，生产者予以说明后方可销售，并免除生产者对已经明示的产品使用性能的瑕疵承担责任。

扩展资料 10-1
产品质量责任与义务

3. 符合在产品或者其包装上注明采用的产品标准，符合以产品说明、实物样品等方式表明的质量状况

这是法律对生产者保证产品质量所规定的明示担保义务。所谓产品质量的明示担保，是指产品的生产者对产品质量性能的一种明示的自我声明或者陈述，是生产者向社会明确表示的保证和承诺。实物样品实际上是一种实物标准，它清楚地表明了产品的质量状况。消费者根据实物样品购买的产品应当同样品的质量保证相符。

(二) 产品或者其包装上的标识要求

产品包装和产品标识由生产者提供，其主要作用是表明产品的有关信息，帮助消费者了解产品的质量状况，说明产品的正确使用、保养方法，指导消费。如果产品标识指示不当或者存有欺骗性，则易引起消费者的误解，产生产品质量纠纷。

根据不同产品的特点和使用要求，产品标识可以标注在产品上，也可以标注在产品包装上。产品或者其包装上的标识应当符合以下要求。

1. 有产品质量检验合格证明

所谓产品质量检验合格证明，是指生产者出具的用于证明产品质量符合相应要求的证件。合格证明包括合格证、合格印章等各种形式。

2. 有中文标明的产品名称、生产厂厂名和厂址

产品名称是区别于此产品与他产品的文字语言标记。生产厂厂名和厂址是生产产品的企业名称、称谓和企业的主要生产经营场所所在地的实际地址，是一个企业区别于其他企业的符号。

3. 需要根据产品的特点和使用要求标注产品标识

产品的规格、等级、成分、含量等标识的标注，应当按照不同产品的不同特点以及不同的使用要求进行标注。

4. 限期使用产品的标识要求

限期使用的产品，应当在显著位置清晰地标明生产日期和安全使用期或者失效日期。

5. 涉及使用安全的标识要求

使用不当，容易造成产品本身损坏或者可能危及人身、财产安全的产品，要有警示标志或者中文警示说明。

6. 产品标识的例外规定

裸装的食品和其他根据产品的特点难以附加标识的裸装产品，可以不附加产品标识。

7. 特殊产品包装的特殊要求

易碎、易燃、易爆、有毒、有腐蚀性、有放射性等危险物品以及储运中不能倒置和其他有特殊要求的产品，其包装质量必须符合相应要求，依照国家有关规定作出警示标志或者中文警示说明，标明储运注意事项。

（三）生产者禁止从事的行为

生产者不得违反《产品质量法》的禁止性规定。生产者不得从事的行为包括如下几种。

1. 不得生产国家明令淘汰的产品

国家明令淘汰的产品是指国家行政机关按照一定的程序，采用行政的措施，对涉及耗能高、技术落后、污染环境、危及人体健康等方面的因素，宣布不得继续生产、销售、使用的产品。

2. 不得伪造产地，不得伪造或者冒用他人的厂名、厂址

1）不得伪造产地

产地是指产品生产的所在地。一些产品因产地不同，其性能和质量指标可能会有较大的差异。生产者在甲地生产产品，却在产品标识上标注乙地的地名，以利用消费者对乙地产品的信赖，造成消费者的误解，是一种典型的欺骗行为，也是法律所不允许的。

2）不得伪造产地，不得伪造或者冒用他人的厂名、厂址

伪造产地，伪造或者冒用他人厂名、厂址，使得消费者在产品质量出现问题时，无法找到生产者，是一种对消费者的欺骗行为。

3. 不得伪造或者冒用认证标志等质量标志

质量标志是指有关主管部门或者组织，按照规定的程序颁发给生产者，用以表明该企业的质量管理或生产的产品的质量达到相应水平的证明标志。

4. 生产者生产产品,不得掺杂、掺假,不得以假充真、以次充好,不得以不合格产品冒充合格产品

1) 不得掺杂、掺假

"掺杂、掺假"是指生产者在产品中掺入杂质或者造假,致使产品中有关物质的成分或者含量不符合国家有关法律、法规、标准规定的欺骗行为。

2) 不得以假充真、以次充好

"以假充真"是指生产者以牟取非法利润为目的,用一种产品冒充另一种与其特征、特性不同的产品的欺骗行为;"以次充好"是指生产者以低等级、低档次的产品,冒充高等级、高档次的产品的欺骗行为,也包括用废、旧、弃产品冒充新产品的行为。

3) 不得以不合格产品冒充合格产品

所谓合格产品,对于有国家强制性标准的产品来说,是指符合国家的强制性标准;对于没有国家强制性标准的产品来说,是指符合生产者在产品上明确标注所采用的标准。

扩展资料 10-2
宾利天价索赔案

如果违反上述要求,会造成对消费者的欺骗,严重扰乱正常的社会经济秩序,造成消费者的财产损失,甚至会危及消费者的人身安全。

二、销售者的产品质量责任和义务

销售者对产品质量负责,应承担的主要责任和义务如下。

(一) 应当建立并执行进货检查验收制度,验明产品合格证明和其他标识

进货检查验收制度,是指销售者根据国家有关规定和同生产者或其他供货者之间订立的合同的约定,对购进的产品质量进行检查,符合合同约定的予以验收的制度;同时也是保护销售者自身合法权益的一个措施。销售者对所购进货物经过检查验收,发现存在产品质量问题时,可以提出异议,经进一步证实所进产品不符合质量要求的,可以拒绝验收进货。

(二) 应当采取措施,保持销售产品的质量

销售者应当根据产品的不同特点,采取不同的措施,如采取必要的防雨、通风、防晒、防霉变、分类、控制温度等措施,包括配置必要的设备和设施,保持进货时的产品质量状况。

(三) 销售的产品的标识应当符合规定

《产品质量法》对销售者销售的产品应当具有的标识的规定与前述生产者关于产品标识的规定完全一致。

(四) 不得违反《产品质量法》的禁止性规定

案例分析 10-1
产品质量与赔偿

销售者不得销售国家明令淘汰并停止销售的产品和失效、变质的产品;不得伪造产地,不得伪造或者冒用他人的厂名、厂址;不得伪造或者冒用认证标志等质量标志;销售

产品，不得掺杂、掺假，不得以假充真、以次充好，不得以不合格产品冒充合格产品。

第三节　产品瑕疵违约责任和产品责任

一、产品瑕疵违约责任

产品的销售和购买，在产品的销售者和购买者之间形成了产品买卖合同关系，销售者应就出售产品的质量向合同的对方当事人即购买者承担责任。这种责任在性质上属于违约的民事责任，因此又被称为产品瑕疵违约责任。《产品质量法》对此进行了规定。

案例分析10-2　网购空调质量纠纷

（一）承担瑕疵违约责任的条件

产品有下列情形之一的，销售者承担瑕疵违约责任。

（1）不具备产品应当具备的使用性能而事先未做说明的。

（2）不符合在产品或者其包装上注明采用的产品标准的。

（3）不符合以产品说明、实物样品等方式表明的质量状况的。

（二）承担产品瑕疵违约责任的形式

销售者承担产品瑕疵违约责任主要形式有：修理、更换、退货、赔偿损失。

销售者未按照前述规定给予修理、更换、退货或者赔偿损失的，由相关部门责令改正。

（三）销售者向生产者、供货者的追偿

销售者依照前述规定负责修理、更换、退货、赔偿损失后，属于生产者的责任或者属于向销售者提供产品的其他销售者（以下简称“供货者”）的责任的，销售者有权向生产者、供货者追偿。

（四）当事人意思自治

生产者之间、销售者之间、生产者与销售者之间订立的产品买卖合同、承揽合同有不同约定的，合同当事人按照合同约定执行。

二、产品责任

（一）产品责任的概念

产品责任是指产品存在缺陷给受害人造成人身伤害或产品以外的财产损失所应承担的法律责任。

所谓产品缺陷，是指产品存在危及人身、他人财产安全的不合理的危险；产品有保障人体健康和人身、财产安全的国家标准、行业标准的，是指不符合该标准。

产品缺陷一般有三种类型：设计缺陷、制造缺陷和警示缺陷。

产品责任与产品瑕疵违约责任不同，是一种特殊的民事侵权责任。除《产品质量法》

之外,《民法典》第七编侵权责任中也对产品责任做了规定。

(二)产品责任的主体和归责原则

1. 产品责任的主体

因产品存在缺陷造成人身、缺陷产品以外的其他财产(以下简称“他人财产”)损害的,生产者应当承担赔偿责任。销售者的过错使产品存在缺陷,造成人身、他人财产损害的,销售者应当承担赔偿责任。销售者不能指明缺陷产品的生产者也不能指明缺陷产品的供货者的,销售者应当承担赔偿责任。由此可见,承担产品责任的主体是生产者和销售者。

2. 产品责任的归责原则

产品责任的归责原则是指产品责任主体承担责任的基本准则,它解决的是责任人承担责任是否以主观过错为前提条件的问题。根据责任主体的相关规定可以看出,生产者承担产品责任的归责原则是严格责任,即生产者承担产品责任不以其主观上有过错作为前提条件;而销售者承担产品责任的归责原则是过错责任原则,即销售者承担产品责任以其主观上有过错作为前提条件,但如果销售者不能指明缺陷产品的生产者也不能指明供货者的,则直接承担责任。

(三)产品责任的免除

《产品质量法》规定了生产者产品责任的免除条件。生产者能够证明有下列情形之一的,不承担赔偿责任:

(1)未将产品投入流通的。这是指生产者生产的产品虽然经过了加工制作,但是根本没有投入销售。

扩展资料 10-3
缺陷汽车产品的召回

(2)产品投入流通时,引起损害的缺陷尚不存在的。这是指生产者能够证明其将产品投放市场,转移到销售商或者直接出售给购买者时,产品并不存在缺陷。

(3)将产品投入流通时的科学技术水平尚不能发现缺陷的存在的。这是新产品开发过程中产生的风险,该风险是发展产生的,生产者是难以预见到的,对其免除责任是合理的。

(四)产品责任的承担

1. 受害人索赔的途径

被侵权人可以向产品的生产者请求赔偿,也可以向产品的销售者请求赔偿。

产品缺陷由生产者造成的,销售者赔偿后,有权向生产者追偿。因销售者的过错使产品存在缺陷的,生产者赔偿后,有权向销售者追偿。

运输者、仓储者等第三人的过错使产品存在缺陷,造成他人损害的,产品的生产者、销售者赔偿后,有权向第三人追偿。

2. 损害赔偿的范围

因产品存在缺陷造成受害人人身伤害的,侵害人应当赔偿医疗费、治疗期间的护理费、因误工减少的收入等费用;造成残疾的,还应当支付残疾者生活自助具费、生活补助费、残疾赔偿金以及由其扶养的人所必需的生活费等费用；造成受害人死亡的，应当支付丧葬费、死亡赔偿金以及由死者生前扶养的人所必需的生活费等费用。

因产品存在缺陷造成受害人财产损失的，侵害人应当恢复原状或者折价赔偿。受害人因此遭受其他重大损失的，侵害人应当赔偿损失。

明知产品存在缺陷仍然生产、销售，或者没有依据前条规定采取有效补救措施，造成他人死亡或者健康严重损害的，被侵权人有权请求相应的惩罚性赔偿。

另外，因产品缺陷危及他人人身、财产安全的，被侵权人有权请求生产者、销售者承担停止侵害、排除妨碍、消除危险等侵权责任。

3. 相关补救措施

产品投入流通后发现存在缺陷的，生产者、销售者应当及时采取停止销售、警示、召回等补救措施；未及时采取补救措施或者补救措施不力造成损害扩大的，对扩大的损害也应当承担侵权责任。依法召回的，生产者、销售者应当负担被侵权人因此支出的必要费用。

（五）产品责任的诉讼时效

因产品存在缺陷造成损害要求赔偿的诉讼时效期间为两年，自当事人知道或者应当知道其权益受到损害时起计算。

因产品存在缺陷造成损害要求赔偿的请求权，在造成损害的缺陷产品交付最初消费者满 10 年丧失；但是，尚未超过明示的安全使用期的除外。

习题

一、名词解释题

产品瑕疵违约责任　产品责任

二、问答题

1.《产品质量法》调整的产品包括哪些？

2. 生产者和销售者的产品质量责任和义务包括哪些方面？

3. 产品责任的归责原则和免责条件是什么？

4. 因产品责任造成人身伤害或财产损失的赔偿范围包括哪些？

三、案例分析题

1. 甲公司的真空食品袋产品质量不合格，造成乙公司 100 箱（共计 14 400 小袋）奶油派食品发霉变质，直接损失 7 000 元。该批食品是由丙、丁、戊 3 家商场销售的，已售出 630 小袋，二十几位购买者陆续向 3 家商场提出退货或者索赔要求，估计要求退货或者索赔的人还会增加。

问题：

（1）丙、丁、戊 3 家商场在此案中是否应承担法律责任？为什么？

（2）乙公司是否应就变质食品向购买者承担责任？为什么？

（3）甲公司应承担什么法律责任？为什么？

2. 丁某于 2019 年 6 月从市场买回一个高压锅，一开始高压锅能正常使用，未有异常。

2020年9月6日,丁某做饭时,高压锅发生爆炸,锅盖飞起,煤气灶被损坏,天花板被冲裂,玻璃震碎。发生事故后,丁某找高压锅的生产厂家某日用品厂要求赔偿。日用品厂提出,丁某是于2019年买的锅,已经过去一年多了,早已过了规定的保修期,因此对发生的损害不负责任。丁某与日用品厂进行了多次交涉,未果。

问题:简述该日用品厂的理由是否成立及依据。

本章主要参考法律法规

1.《中华人民共和国产品质量法》
2.《中华人民共和国食品安全法》
3.《中华人民共和国消费者权益保护法》
4.《中华人民共和国民法典》

即测即练

第十一章

消费者权益保护法

学习目标

1. 了解消费者和经营者的概念；
2. 掌握消费者权利；
3. 理解经营者义务。

思政结合

1.《消费者权益保护法》体现了法律对弱者的保护，国家重视提高人民生活水平和生活质量，从立法、司法、行政、教育等各方面担负起保护消费者的责任。认识社会主义制度的优越性。

2.《消费者权益保护法》和学生日常生活息息相关，通过本法的学习，了解消费者权利，增强自我保护和依法维权的意识，从自身出发，关注消费者权益保护和现实经济问题。

引导案例

公平交易权

李某是一名经常使用饿了么的老用户，在外卖点单时，发现自己与较少使用该 App 的用户在同一时间、同一家餐厅、同一种外卖餐时享受到的“百亿补贴”补贴金额不同，两个外卖单合计少了 9 元。李某认为饿了么通过大数据杀熟的技术手段，提供区别定价方式的行为，严重违反了《消费者权益保护法》《中华人民共和国价格法》《反垄断法》《禁止价格欺诈行为的规定》，侵犯了其知情权和公平交易权。李某因此起诉饿了么，要求其停止大数据杀熟行为，补齐“百亿补贴”的差额 9 元，并在 App、官网等渠道向其道歉，同时赔偿维权合理支出 10 000 万。（资料来源：https：//www.163.com/dy/article/FL74SDSG0519ED7V.html.）

第一节　消费者和经营者

一、消费者和经营者的概念

（一）消费者

《消费者权益保护法》(1993 年 10 月 31 日通过，2009 年 8 月 27 日第一次修正，2013

年10月25日第二次修正)规定:“消费者为生活消费需要购买、使用商品或者接受服务,其权益受本法保护;本法未作规定的,受其他有关法律、法规保护。”由此可见,消费者是指为了生活需要购买、使用商品或者接受服务的社会成员。

消费者的生活消费包括两类:一是物质资料的消费,如衣、食、住、行、用等方面的物质消费;二是精神消费,如旅游、文化教育等方面的消费。

但需要注意的是,考虑到农业生产的特殊性,我国规定,农民购买、使用直接用于农业生产的生产资料,参照《消费者权益保护法》执行。

(二)经营者

《消费者权益保护法》规定:“经营者为消费者提供其生产、销售的商品或者提供服务,应当遵守本法;本法未作规定的,应当遵守其他有关法律、法规。”经营者包括以下三种:一是生产者,即商品的制造商。二是销售者,即商品的销售商。销售商是生产者与消费者之间的中间环节,将生产者的商品销售给消费者。三是服务者,即为消费者提供多样化服务的主体。

二、《消费者权益保护法》对消费者的特别保护

(一)国家对消费者的保护

《消费者权益保护法》明确规定了国家保护消费者的合法权益不受侵害。具体措施如下。

1. 立法保护

国家制定有关消费者权益的法律、法规、规章和强制性标准,应当听取消费者和消费者协会等组织的意见。

2. 行政保护

例如,各级人民政府应当加强领导,组织、协调、督促有关行政部门做好保护消费者合法权益的工作,落实保护消费者合法权益的职责。各级人民政府应当加强监督,预防危害消费者人身、财产安全行为的发生,及时制止危害消费者人身、财产安全的行为。各级人民政府、市场监督管理部门和其他有关行政部门应当依照法律、法规的规定,在各自的职责范围内,采取措施,保护消费者的合法权益。

3. 司法保护

有关国家机关应当依照法律、法规的规定,惩处经营者在提供商品和服务中侵害消费者合法权益的违法犯罪行为。人民法院应当采取措施,方便消费者提起诉讼。对符合《民事诉讼法》起诉条件的消费者权益争议,必须受理,及时审理。

(二)全社会对消费者的保护

《消费者权益保护法》规定保护消费者的合法权益是全社会的共同责任。国家鼓励、支持一切组织和个人对损害消费者合法权益的行为进行社会监督。大众传播媒介应当做好维护消费者合法权益的宣传,对损害消费者合法权益的行为进行舆论监督。

消费者协会和其他消费者组织是依法成立的对商品和服务进行社会监督的保护消费者合法权益的社会组织，它们在对消费者进行社会保护时起着不可替代的作用。

三、消费者与经营者之间的争议解决

（一）消费者与经营者争议解决的途径

消费者和经营者发生消费者权益争议的，可以通过下列途径解决。

（1）与经营者协商和解。

（2）请求消费者协会或者依法成立的其他调解组织调解。

（3）向有关行政部门投诉。

（4）根据与经营者达成的仲裁协议提请仲裁机构仲裁。

（5）向人民法院提起诉讼。

（二）消费者与经营者纠纷中民事责任主体的确定

1. 生产者、销售者、服务者

消费者在购买、使用商品时，其合法权益受到损害的，可以向销售者要求赔偿。销售者赔偿后，属于生产者的责任或者属于向销售者提供商品的其他销售者的责任的，销售者有权向生产者或者其他销售者追偿。

消费者或者其他受害人因商品缺陷造成人身、财产损害的，可以向销售者要求赔偿，也可以向生产者要求赔偿。属于生产者责任的，销售者赔偿后，有权向生产者追偿。属于销售者责任的，生产者赔偿后，有权向销售者追偿。

消费者在接受服务时，其合法权益受到损害的，可以向服务者要求赔偿。

2. 变更后的企业

消费者在购买、使用商品或者接受服务时，其合法权益受到损害，因原企业分立、合并的，可以向变更后承受其权利义务的企业要求赔偿。

3. 营业执照的使用人和持有人

使用他人营业执照的违法经营者提供商品或者服务，损害消费者合法权益的，消费者可以向其要求赔偿，也可以向营业执照的持有人要求赔偿。

4. 展销会的举办者和柜台的出租者

消费者在展销会、租赁柜台购买商品或者接受服务，其合法权益受到损害的，可以向销售者或者服务者要求赔偿。展销会结束或者柜台租赁期满后，也可以向展销会的举办者、柜台的出租者要求赔偿。展销会的举办者、柜台的出租者赔偿后，有权向销售者或者服务者追偿。

5. 网络交易平台的提供者

消费者通过网络交易平台购买商品或者接受服务，其合法权益受到损害的，可以向销售者或者服务者要求赔偿。网络交易平台提供者不能提供销售者或者服务者的真实名称、地址和有效联系方式的，消费者也可以向网络交易平台提供者要求赔偿；网络交易平台提供者作出更有利于消费者的承诺的，应当履行承诺。网络交易平台提供者赔偿后，有权向销售者或者服务者追偿。

网络交易平台提供者明知或者应知销售者或者服务者利用其平台侵害消费者合法权益,未采取必要措施的,依法与该销售者或者服务者承担连带责任。

6. 虚假广告中广告的经营者、发布者和其他应承担责任的社会团体、组织、个人

消费者因经营者利用虚假广告或者其他虚假宣传方式提供商品或者服务,其合法权益受到损害的,可以向经营者要求赔偿。广告经营者、发布者发布虚假广告的,消费者可以请求行政主管部门予以惩处。广告经营者、发布者不能提供经营者的真实名称、地址和有效联系方式的,应当承担赔偿责任。

广告经营者、发布者设计、制作、发布关系消费者生命健康商品或者服务的虚假广告,造成消费者损害的,应当与提供该商品或者服务的经营者承担连带责任。

社会团体或者其他组织、个人在关系消费者生命健康商品或者服务的虚假广告或者其他虚假宣传中向消费者推荐商品或者服务,造成消费者损害的,应当与提供该商品或者服务的经营者承担连带责任。

第二节 消费者的权利

消费者权利是指消费者在消费领域中所具有的权利,即在法律的保障下,消费者有权作出一定的行为或者要求他人作出一定的行为,也可有权不作出一定行为或者要求他人不作出一定行为。它是消费者利益在法律上的体现。为了纪念最早提出消费者权利这个历史事件,国际消费者组织联盟将每年的3月15日定为"国际消费者权益日"。

按照《消费者权益保护法》的规定,消费者享有以下权利。

案例分析 11-1
消费者集体诉讼

一、安全权

安全权是指消费者在购买、使用商品和接受服务时享有人身、财产安全不受损害的权利。它包括两方面内容:一是人身安全权,二是财产安全权。

二、知情权

知情权是指消费者在购买使用商品或接受服务时,知悉商品和服务真实情况的权利。

三、自主选择权

扩展资料 11-1
业主告开发商强卖车位

自主选择权是指消费者享有自主选择商品或者服务的权利。

消费者有权根据自己的消费愿望、兴趣、爱好和需要,自主地、充分地选择提供商品或者服务的经营者,自主选择商品品种或者服务方式,自主决定购买或者不购买任何一种商品、接受或者不接受任何一项服务。消费者在自主选择商品或者服务时,有权进行比较、鉴别和挑选。

四、公平交易权

消费者享有公平交易的权利，简称公平交易权。

如果经营者违背自愿、平等、公平、诚实信用等原则进行交易，则侵犯了消费者的公平交易权。

公平交易权首先体现在消费者有权获得公平交易条件。如：①质量保障；②价格合理；③计量准确。

公平交易权还体现在消费者有权拒绝经营者的强制交易行为。

五、求偿权

消费者在购买、使用商品或接受服务时，如果人身权或财产权受到侵害，消费者享有依法获得赔偿的权利，简称求偿权。

享有求偿权的主体，既包括购买商品为己所用的消费者、不直接购买而只是使用商品的消费者、接受服务者，还包括第三人，即在别人购买、使用商品或接受服务的过程中受到人身或财产损害的其他消费者。

六、结社权

消费者享有依法成立维护自身合法权益的社会团体的权利，简称结社权。

消费者的结社权来自我国宪法规定的公民享有的结社自由。虽然我国有很多政府机关从不同的侧面履行保护消费者权益的职责，但消费者社团组织在保护消费者权益方面有不可替代的重要作用。在我国，消费者社会组织主要是我国消费者协会和地方各级消费者协会。

七、获得有关知识权

消费者享有获得有关消费和消费者权益保护方面的知识的权利，简称获得有关知识权。

获得有关知识权是从知情权中引申出来的一项权利。该权利包括两个方面：一是获得有关消费方面知识的权利。二是获得有关消费者权益保护方面的知识的权利。

消费者获得有关知识的权利，有利于提高消费者的自我保护能力，而且也是实现消费者其他权利的重要条件。

八、受尊重和保护权

这是指消费者在购买、使用商品和接受服务时，享有人格尊严、民族风俗习惯得到尊重的权利，享有个人信息依法得到保护的权利。

2013年，《消费者权益保护法》修正时特别增加了保护消费者个人信息的规定。消费者的个人信息权，属于消费者人格权的内容之一，经营者不得违背法律的规定泄露、利用消费者的个人信息。

九、监督权

监督权是指消费者享有对商品和服务以及保护消费者权益工作进行监督的权利。

消费者的监督权分为两个方面：一方面，消费者有权对侵害消费者权益的行为进行检举、控告；另一方面，对于国家机关及其工作人员保护消费者权益工作中的违法失职行为，消费者有权提出批评、建议。

十、反悔权

反悔权，即无理由退货权，是指经营者采取网络、电视、电话、邮购等方式销售商品，消费者有权自收到商品之日起 7 日内退货，且无须说明理由。商品性质不宜退货的商品，则不适用反悔权。这些商品包括：①消费者定作的；②鲜活易腐的；③在线下载或者消费者拆封的音像制品、计算机软件等数字化商品；④交付的报纸、期刊，以及其他根据商品性质并经消费者在购买时确认不宜退货的商品，不适用无理由退货。

消费者退货的商品应当完好，经营者应当自收到退回商品之日起 7 日内返还消费者支付的商品价款。退回商品的运费由消费者承担；经营者和消费另有约定的，按照约定。

第三节　经营者的义务

《消费者权益保护法》作为弱者扶助法，在权利和义务关系上采用一种非对称结构，同时强调消费者的权利和经营者的义务，消费者权利的实现，在相当程度上要依赖于经营者义务的履行。当经营者不履行义务侵犯消费者权利时，需要承担法律责任。

根据《消费者权益保护法》的规定，经营者负有以下义务。

一、依法或依约定履行义务

经营者应当依法履行义务，即按照《消费者权益保护法》《产品质量法》《中华人民共和国食品安全法》和其他相关法律、法规履行义务。

扩展资料 11-2 东航白菜价机票事件

经营者应依照约定履行合同义务。经营者和消费者有约定的，应当按照约定履行义务，但双方的约定不得违背法律、法规的强制性规定，也不得违反社会公德和诚实信用原则。同时，合同不得设定不公平、不合理的交易条件，不得强制交易。

二、接受监督的义务

经营者应当听取消费者对其提供的商品或者服务的意见，接受消费者的监督。

经营者有义务听取消费者的意见和建议，这有利于帮助经营者改进商品质量、改善企业形象，增强竞争力。经营者不仅有义务接受消费者本人的监督，也要接受代表消费者利益的组织或机构的监督。

三、保障人身和财产安全的义务

经营者应当保证其提供的商品或者服务符合保障人身、财产安全的要求。对可能危及人身、财产安全的商品和服务，应当向消费者作出真实的说明和明确的警示，并说明和标明正确使用商品或者接受服务的方法以及防止危害发生的方法。

宾馆、商场、餐馆、银行、机场、车站、港口、影剧院等经营场所的经营者，应当对消费者尽到安全保障义务。

经营者发现其提供的商品或者服务存在缺陷，有危及人身、财产安全危险的，应当立即向有关行政部门报告和告知消费者，并采取停止销售、警示、召回、无害化处理、销毁、停止生产或者服务等措施。采取召回措施的，经营者应当承担消费者因商品被召回支出的必要费用。

经营者对消费者未尽到安全保障义务，造成消费者损害的，应当承担侵权责任。

经营者提供商品或者服务，造成消费者或者其他受害人人身伤害的，应当赔偿医疗费、护理费、交通费等为治疗和康复支出的合理费用，以及因误工减少的收入。造成残疾的，应当赔偿残疾生活辅助具费和残疾赔偿金。造成死亡的，还应当赔偿丧葬费和死亡赔偿金。

经营者提供商品或者服务，造成消费者财产损害的，应当依照法律规定或者当事人约定承担修理、重作、更换、退货、补足商品数量、退还货款和服务费用或者赔偿损失等民事责任。

案例分析 11-2 网购门票纠纷

四、提供真实信息的义务

经营者向消费者提供有关商品或者服务的质量、性能、用途、有效期限等信息，应当真实、全面，不得做虚假或者引人误解的宣传。

经营者对消费者就其提供的商品或者服务的质量和使用方法等问题提出的询问，应当作出真实、明确的答复。

经营者提供商品或者服务应当明码标价。

经营者应当标明其真实名称和标记。租赁他人柜台或者场地的经营者，应当标明其真实名称和标记。

采用网络、电视、电话、邮购等方式提供商品或者服务的经营者，以及提供证券、保险、银行等金融服务的经营者，应当向消费者提供经营地址、联系方式、商品或者服务的数量和质量、价款或者费用、履行期限和方式、安全注意事项和风险警示、售后服务、民事责任等信息。

五、提供消费凭证或单据的义务

经营者提供商品或者服务，应当按照国家有关规定或者商业惯例向消费者出具发票等购货凭证或者服务单据；消费者索要发票等购货凭证或者服务单据的，经营者必须出具。

六、保证商品质量的义务

经营者应当保证在正常使用商品或者接受服务的情况下其提供的商品或者服务具有的质量、性能、用途和有效期限；但消费者在购买该商品或者接受该服务前已经知道其存在瑕疵，且存在该瑕疵不违反法律强制性规定的除外。

经营者以广告、产品说明、实物样品或者其他方式表明商品或者服务的质量状况的，应当保证其提供的商品或者服务的实际质量与表明的质量状况相符。

经营者提供的机动车、计算机、电视机、电冰箱、空调器、洗衣机等耐用商品或者装饰装修等服务，消费者自接受商品或者服务之日起6个月内发现瑕疵，发生争议的，由经营者承担有关瑕疵的举证责任。

七、承担“三包”责任及其他责任的义务

经营者提供的商品或者服务不符合质量要求的，消费者可以依照国家规定、当事人约定退货，或者要求经营者履行更换、修理等义务。没有国家规定和当事人约定的，消费者可以自收到商品之日起7日内退货；7日后符合法定解除合同条件的，消费者可以及时退货，不符合法定解除合同条件的，可以要求经营者履行更换、修理等义务。在这种情况下进行退货、更换、修理的，经营者应当承担运输等必要费用。

经营者以预收款方式提供商品或者服务的，应当按照约定提供。未按照约定提供的，应当按照消费者的要求履行约定或者退回预付款；并应当承担预付款的利息、消费者必须支付的合理费用。

依法经有关行政部门认定为不合格的商品，消费者要求退货的，经营者应当负责退货。

经营者提供商品或者服务有欺诈行为的，应当按照消费者的要求增加赔偿其受到的损失，增加赔偿的金额为消费者购买商品的价款或者接受服务的费用的3倍；增加赔偿的金额不足500元的，为500元。法律另有规定的，依照其规定。

经营者明知商品或者服务存在缺陷，仍然向消费者提供，造成消费者或者其他受害人死亡或者健康严重损害的，受害人除了有权要求经营者按照《消费者权益保护法》相关条款和其他法律的规定赔偿损失外，还有权要求所受损失两倍以下的惩罚性赔偿。

八、不得利用格式条款从事不公平、不合理交易的义务

经营者在经营活动中使用格式条款的，应当以显著方式提请消费者注意商品或者服务的数量和质量、价款或者费用、履行期限和方式、安全注意事项和风险警示、售后服务、民事责任等与消费者有重大利害关系的内容，并按照消费者的要求予以说明。

经营者不得以格式条款、通知、声明、店堂告示等方式，作出排除或者限制消费者权利、减轻或者免除经营者责任、加重消费者责任等对消费者不公平、不合理的规定，不得利用格式条款并借助技术手段强制交易。

格式条款、通知、声明、店堂告示等含有前款所列内容的，其内容无效。

九、不得侵犯人格尊严和人身自由的义务

经营者不得对消费者进行侮辱、诽谤，不得搜查消费者的身体及其携带的物品，不得侵犯消费者的人身自由。

经营者有侮辱诽谤、搜查身体、侵犯人身自由等侵害消费者或者其他受害人人身权益的行为，造成严重精神损害的，受害人可以要求精神损害赔偿。

十、保护消费者个人信息的义务

经营者收集、使用消费者个人信息，应当遵循合法、正当、必要的原则，明示收集、使用信息的目的、方式和范围，并经消费者同意。经营者收集、使用消费者个人信息，应当公开其收集、使用规则，不得违反法律、法规的规定和双方的约定。

经营者及其工作人员对收集的消费者个人信息必须严格保密，不得泄露、出售或者非法向他人提供。经营者应当采取技术措施和其他必要措施，确保信息安全，防止消费者个人信息泄露、丢失。在发生或者可能发生信息泄露、丢失的情况时，应当立即采取补救措施。

经营者未经消费者同意或者请求，或者消费者明确表示拒绝的，不得向其发送商业性信息。

习题

一、名词解释题

经营者的义务　消费者的权利

二、问答题

1.《消费者权益保护法》从哪些方面对消费者进行特别保护？

2. 在消费者与经营者的纠纷中，哪些经营者可能成为民事责任的主体？

3. 消费者有哪些权利？其各自内容是什么？

4. 经营者有哪些义务？其各自内容是什么？

三、案例分析题

1. 赵某准备为读大学的儿子买一双真皮旅游鞋，于是，来到一家百货商店的售鞋柜台仔细观看了很久，选中了一双标价525元的，然后询问服务员这是不是真皮的，此时服务员正忙着与另一服务员交谈，无暇顾及，要赵某自己看商品标签，赵某不识字，便再向服务员询问，服务员没好气地说："什么真皮不真皮，要买就付钱。"赵某见问不出名堂，私下猜测这鞋这么贵，应该是真皮的，便付钱买下。回家后，儿子一见便说这鞋不是真皮的，再找几个人看了鞋子，也都说不是真皮的。第二天，赵某提着鞋子到百货商店去退货。商店服务员也承认这鞋不是真皮的，但认为该鞋明码标价，赵某自己挑选，而且货款两清，不同意退货。值班经理闻讯赶来，问明情况，也认为错在赵某，不同意退货。赵某起诉至法院，要求百货商店退货并赔偿往返损失。

问题：

(1) 百货商店是否违反了《消费者权益保护法》？

(2) 百货商店侵犯了消费者哪项权利?

(3) 百货商店是否应该退货并赔偿赵某的往返损失?

2. 被告甲公司与乙博物馆签约,租借该馆102室经营蚂蚁粉,时间期限为当年2月至7月。2月5日,消费者吴某在未明确售货单位的乙博物馆102室,购得两袋标重为454克装的蚂蚁粉,支付人民币750元。同年10月19日早晨6时左右,吴某感觉身体不适,到7时20分,经抢救无效死亡,时年51岁。吴某之妻郑某立即向当地公安分局报案,经对吴某的尸体进行解剖,其死因鉴定结论为:死者吴某有过敏史哮喘病史,此次服用蚂蚁粉异体蛋白诱发支气管哮喘,终因过敏性休克死亡。

郑某以甲公司和乙博物馆为共同被告,向上海市黄浦区人民法院起诉,要求被告支付丧葬费、抚养费、赡养费、死亡赔偿金等。

法院查明:被告甲公司所售绿洲牌蚂蚁粉未通过相关部门审批,没有获得相关批号,说明书上未注明禁忌证,也没有明确的警示文字;其说明书上标明的"长期服用无毒副作用""能治疗哮喘等多种疾病"的文字,对消费者有误导作用,负有主观上不可推卸的责任。

问题:该案应该如何处理?试分析理由。

本章主要参考法律法规

1.《中华人民共和国消费者权益保护法》

2.《中华人民共和产品质量法》

3.《中华人民共和国食品安全法》

4.《中华人民共和国民法典》

即测即练

第五篇

知识产权法律制度

第十二章

著作权法

学习目标

1. 了解作品的概念和作品的种类；
2. 理解著作权人和作者的概念和关系；
3. 理解著作权的归属，掌握著作权的内容；
4. 了解著作权的限制。
5. 了解与著作权有关权利的种类。

思政结合

1. 结合著作权的保护，尊重知识，自觉维护著作权，加强思想道德修养，提高科学文化素质。

2. 结合作品的独创性，注重学术诚信，自觉抵制捏造、篡改、剽窃等学术不端行为。

3. 通过知识产权保护的历史和现状，认识我国法治的进步以及积极加入相关国际条约、履行国际义务的大国担当，增强民族自豪感。

引导案例

影视作品的著作权

2021 年 2 月，“人人影视字幕组”因侵犯影视作品著作权，被上海警方摧毁。

2020 年 9 月，上海警方发现，有人通过“人人影视字幕组”网站和客户端提供疑似侵权影视作品的在线观看和离线下载。经与相关著作权权利人联系，上述影视作品未取得著作权权利人的授权或许可。历经数月缜密侦查，在山东、湖北、广西等地警方的大力配合下，成功侦破了这起国家版权局、全国“扫黄打非”办公室、公安部、最高检四部委联合督办的“9.8”特大跨省侵犯影视作品著作权案，抓获以梁某为首的犯罪嫌疑人 14 名，查处涉案公司 3 家，查获作案用手机 20 部和电脑主机、服务器 12 台，涉案金额 1 600 余万元。

经查，自 2018 年起，犯罪嫌疑人梁某等人先后成立多家公司，在境内外分散架设、租用服务器，开发、运行、维护“人人影视字幕组”App 及相关网站，在未经著作权人授权的情况下，通过境外盗版论坛网站下载获取片源，以约 400 元/部(集)的报酬雇人翻译、压片后，上传至 App 服务器向公众传播，通过收取网站会员费、广告费和出售刻录侵权影视作品移动硬盘等手段非法牟利。现初步查证，各端口应用软件刊载影视作品 20 000 余部

(集),注册会员数量800余万。(资料来源:澎湃新闻,https://www.163.com/dy/article/G20T1LSA0514R9P4.html.)

第一节　著作权法律关系

一、著作权的客体

(一) 作品的概念

作品是著作权法律关系的客体,是作者思想情感的表现。自1991年6月1日实施的《著作权法》规定,作品是指文学、艺术和科学领域内具有独创性并能以一定形式表现的智力成果。

独创性也称原创性或初创性,是指一部作品经独立创作产生而具有的非模仿性(非抄袭性)和差异性。一部作品只要不是对一部已有作品的完全的或实质的模仿,而是作者独立构思的产物,在表现形式上与已有作品存在差异,就可以视为具有独创性,从而视为一部新产生的作品,而不是已有作品的翻版。

独创性是仅就作品的表现形式而言的,而不涉及作品中包含或反映的思想、信息和创作技法。

独创性也并不限于原始作品。改编、翻译、注释、编辑或整理已有作品而产生的演绎作品,尽管不是绝对的独立构思的产物,但仍然是经过一定的创作活动产生的,而不是对改编、翻译、注释、编辑或整理同一部已有作品而产生的另一部演绎作品的完全的或实质的模仿,因而也具有独创性。

独创性与作品的文学、艺术或科学价值的大小无关,一幅由儿童独立完成的书法作品,即使艺术价值很小,没有经济利用的可能,仍然具有独创性。

(二) 作品的种类

《著作权法》中规定的作品包括以下几种。

1. 文字作品

文字作品是指小说、诗词、散文、论文等以文字形式表现的作品。

2. 口述作品

口述作品是指即兴的演说、授课、法庭辩论等以口头语言形式表现的作品。

3. 音乐、戏剧、曲艺、舞蹈、杂技艺术作品

1) 音乐作品

音乐作品是指以乐谱形式或未以乐谱形式表现的能演唱或演奏的带词或不带词的作品。如歌曲、交响乐等。

2) 戏剧作品

戏剧作品是指将人的连续动作同人的说唱表白有机地编排在一起,在舞台上进行表演,并通过表演来反映某一事物变化过程的作品。如话剧、歌剧、地方戏等。

3）曲艺作品

曲艺是我国特有的民间艺术，主要以说、弹、唱等来表现其艺术性，主要包括相声、快板、评书、弹词、梅花大鼓。

4）舞蹈作品

舞蹈作品是指对舞蹈的动作设计程序的编排，它可以用文字或其他方式来记载。

5）杂技艺术作品

杂技艺术作品是《著作权法》修正后新增的作品类型。它是指杂技、魔术、马戏等通过形体动作和技巧表现的作品。

音乐、戏剧、曲艺、舞蹈、杂技艺术等作品，不包括表演者对作品的表演。表演者的表演受邻接权的保护。

4. 美术、建筑作品

美术作品是指绘画、书法、雕塑等以线条、色彩或者其他方式构成的平面或者立体的造型艺术作品。

建筑作品是指以建筑物或者构筑物形式表现的有审美意义的作品。建筑作品属于以主体形式表现的作品。

5. 摄影作品

摄影作品是指借助器械在感光材料或者其他介质上记录客观物体形象的艺术作品。摄影本身是一种记录客观事物影像的技术手段，作者可以用它来创作作品。

6. 视听作品

《著作权法》2020年修正中用“视听作品”取代了电影作品和以类似摄制电影的方法创作的作品。

7. 图形、模型作品

图形作品包括为施工、生产绘制的工程设计图、产品设计图，以及地图、示意图等作品。

模型作品是指具有展示、试验或者观测等用途，根据物体的形状和结构，按照一定比例制成的立体作品。

8. 计算机软件

计算机软件即计算机程序及其有关文档。

9. 符合作品特征的其他智力成果

此外，我国的《著作权法》还规定对民间文学艺术作品也给予法律保护，但是具体保护办法由国务院另行规定。

（三）不适用《著作权法》保护的对象

《著作权法》规定，本法不适用于以下对象。

(1) 法律、法规，国家机关的决议、决定、命令和其他具有立法、行政、司法性质的文件及其官方正式译文。其目的在于使这些作品尽可能广泛地、不受阻碍地传播，以利于公众使用，规范公民的社会行为，维护正常的社会秩序。

(2) 单纯事实消息。《著作权法》2020年修正中将“时事新闻”修改为“单纯事实消息”。单纯事实消息是指只报道一件事情发生的过程、时间、地点和人物，不表示报道人观点的消息。

(3) 历法、通用数表、通用表格和公式。这类作品通常没有创造性特征或只具有社会一般常识性特点，属于人类改造自然、改造社会的共同精神财富，不能为任何人所专有，故不适用《著作权法》保护。

二、著作权的主体

(一) 著作权主体的概念

著作权主体称为著作权人，是指依照法律规定对特定作品享有著作权并承担相应义务的单位和个人，是著作权利益的承担者。《著作权法》规定，著作权人包括作者以及其他依照本法享有著作权的自然人、法人或者非法人组织。

(二) 著作权主体的分类

按是否直接创作分，著作权主体有：①作者；②其他著作权人。按权利产生方式分，著作权主体有：①原始著作权人，指在作品创作完成后，直接根据法律的规定或合同的约定，在作品完成时即对作品直接享有著作权的人。②继受著作权人，即依照合同约定、继承、接受馈赠或其他法律规定的方式从原始著作权人那里取得著作权的人。按照国籍分，著作权主体有本国人和外国人。

1. 作者

创作作品的自然人是作者。

直接创作作品的自然人是著作权的原始主体。所谓直接创作的作品，指作者通过自己的独立构思，运用自己的技巧和方法，直接(包括书面的、口头的和立体的形式表现)反映自己的思想与感情、个性与特点的作品。帮助作者修改稿件、编辑、校对、审稿等不能成为作者，因为他们是在作者创作基础上进行修改的。

由法人或者非法人组织主持，代表法人或非法人组织意志创作，并由法人或非法人组织承担责任的作品，该法人或非法人组织视为作者。

在作品上署名的自然人、法人和非法人组织，且该作品上存在相应权利，如果没有相反证明的，就是作者。

2. 其他享有著作权的主体

自然人、法人和非法人组织通过继承、遗赠、转让、委托等途径可以成为著作权的主体。例如，著作权属于自然人的，自然人死亡后，《著作权法》规定的某些权利在保护期内，依法转移。

中国公民、法人或者非法人组织的作品，不论是否发表，依法享有著作权。

外国人、无国籍人受《著作权法》保护分为以下几种情况：

外国人、无国籍人的作品根据其作者所属国或者经常居住地国同中国签订的协议或者共同参加的国际条约享有的著作权，受《著作权法》保护。

外国人、无国籍人的作品首先在中国境内出版的，依法享有著作权。

案例分析 12-1
梦幻西游著作权侵权纠纷

未与中国签订协议或者共同参加国际条约的国家的作者以及无国籍人的作品首次在中国参加的国际条约的成员国出版的，或者在成员国和非成员国同时出版的，受《著作权法》保护。

作者等著作权人可以在国家著作权主管部门认定的登记机构办理作品登记。

（三）著作权的归属

1. 一般规定

如前所述，著作权属于作者，《著作权法》另有规定的除外。

2. 著作权归属的特殊规定

（1）改编、翻译、注释、整理已有作品而产生的作品，著作权归改编、翻译、注释、整理人。

（2）两人以上合作创作的作品，著作权归合作创作人共同享有。

（3）合作创作作品可以分割使用的，作者对各自创作的部分单独享有著作权。

（4）汇编作品的著作权由汇编人享有。

（5）视听作品中的电影作品、电视剧作品的著作权由制作者享有，但编剧、导演、摄影、作词、作曲等作者享有署名权，并有权按照与制作者签订的合同获得报酬。

其他的视听作品的著作权归属由当事人约定；没有约定或者约定不明确的，由制作者享有，但作者享有署名权和获得报酬的权利。

视听作品中的剧本、音乐等可以单独使用的作品的作者有权单独行使其著作权。

（6）职务作品。职务作品是指自然人为完成法人或者非法人组织工作任务所创作的作品。

有下列情形之一的职务作品，作者享有署名权，著作权的其他权利由法人或者非法人组织享有，法人或者非法人组织可以给予作者奖励：

主要是利用法人或者非法人组织的物质技术条件创作，并由法人或者非法人组织承担责任的工程设计图、产品设计图、地图、示意图、计算机软件等职务作品；

报社、期刊社、通讯社、广播电台、电视台的工作人员创作的职务作品；

法律、行政法规规定或者合同约定著作权由法人或者非法人组织享有的职务作品。

其他职务作品的著作权由作者享有。

（7）受委托创作的作品，著作权的归属由委托人和受托人通过合同约定。合同未做明确约定或者没有订立合同的，著作权属于受托人。

（8）著作权属于自然人的，自然人死亡后，《著作权法》规定的某些权利在保护期内，依法转移。著作权属于法人或者非法人组织的，法人或者非法人组织变更、终止后，《著作权法》规定的某些权利在保护期内，由承受其权利义务的法人或者非法人组织享有；没有承受其权利义务的法人或者非法人组织的，由国家享有。

三、著作权的取得内容

(一)著作权的取得

《著作权法》采用自动保护原则。作品一经产生,即产生著作权,由于我国已经加入《世界版权公约》,在不少出版物中都标有著作权标记,这对是否受《著作权法》保护没有影响。此外,我国著作权主管机关也从 1995 年开始办理著作权登记事务。这种登记实际上是对事实行为的认定和证明。

(二)著作权的内容

扩展资料 12-1 "乐高"著作权侵权案

1. 著作人身权

著作人身权包括如下内容。

1)发表权

发表权即决定作品是否公之于众的权利。

2)署名权

署名权系表明作者身份,在作品上署名的权利。

3)修改权

修改通常是对已完成的作品形式进行改变的行为,修改权是修改或者授权他人修改作品的权利。

4)保护作品完整权

保护作品完整权,即保护作品不受歪曲、篡改的权利。

2. 著作财产权

著作财产权又称"著作经济权",是著作人身权的对称,指作者及传播者通过某种形式使用作品,从而依法获得经济报酬的权利。

1)使用权

使用权是指以复制、发行、出租、展览、表演、放映、广播、信息、网络传播、摄制、改编、翻译、汇编等方式使用作品的权利。具体包括以下内容。

复制权,即以印刷、复印、拓印、录音、录像、翻录、翻拍、数字化等方式将作品制作一份或者多份的权利。这是著作财产权中最基本、最重要的权利。

发行权,即以出售或者赠与方式向公众提供作品的原件或者复制件的权利。

出租权,即有偿许可他人临时使用视听作品、计算机软件原件或者复制件的权利,计算机软件不是出租的主要标的的除外。

展览权,即公开陈列美术作品、摄影作品的原件或者复制件的权利。

表演权,即公开表演作品,以及用各种手段公开播送作品的表演的权利。前者被称为现场表演或直接表演;后者被称为机械表演或间接表演。

案例分析 12-2《阴阳师》"鬼切"著作权纠纷

放映权,即通过放映机、幻灯机等技术设备公开再现美术、摄影、视听作品等的权利。

广播权,即以无线或有线方式传播或者转播作品,以及通过扩音器或者其他传送符号、声音、图像的类似工具向公众传播广播的作品的权利。

信息网络传播权,即以有线或者无线方式向公众提供作品,使公众可以在其选定的时间和地点获得作品的权利。

摄制权,即以摄制视听作品的方法将作品固定在载体上的权利。

改编权,即改变作品,创作出具有独创性的新作品的权利。

翻译权,即将作品从一种语言文字转换成另一种语言文字的权利。

汇编权,即将作品或作品的片段通过选择或者编排,汇集成新作品的权利。

应当由著作权人享有的使用作品的其他权利。

2) 许可使用权

许可使用权是指著作权人依法享有的许可他人使用作品并获得报酬的权利。使用他人作品,应当同著作权人订立许可使用合同,但属于法定使用许可情形的除外。

3) 转让权

转让权是指著作权人依法享有的转让使用权中一项或多项权利并获得报酬的权利。转让的标的是著作财产权中的使用权中的一项或多项或全部权利。转让作品使用权的,应当订立书面合同。

4) 获得报酬权

获得报酬权是指著作权人依法享有的因作品的使用或转让而获得报酬的权利。获得报酬权通常是从使用权、使用许可权或转让权中派生出来的财产权,是使用权、使用许可权或转让权必然包含的内容。在法定许可使用的情况下,他人使用作品可以不经著作权人同意,但必须按规定支付报酬。此时著作权人享有的获得报酬权就是独立存在的,与使用权、使用许可权或转让权没有直接联系。使用作品的付酬标准可以由当事人约定,也可以由国务院著作权行政管理部门会同有关部门制定。当事人没有约定或者约定不明确的,按照国家规定的付酬标准支付报酬。

习题

一、名词解释题

作品　独创性　著作人身权　著作财产权

二、问答题

1. 简述作品的种类。
2. 简述著作权的归属。
3. 简述著作权的内容。

第二节　著作权的限制

著作权限制是指法律规定著作权人对某部作品享有充分权利的同时,在作品的利用方面对社会必须履行一些义务。其包括合理使用制度、法定许可制度、强制许可制度。

一、合理使用制度

(一) 合理使用制度的概念

合理使用制度是指在特定条件下,法律允许他人自由使用享有著作权的作品而不必征得著作权人的同意,也不必向著作权人支付报酬的制度。

(二) 合理使用制度的内容

在下列情况下使用作品,可以不经著作权人许可,不向其支付报酬,但应当指明作者姓名或者名称、作品名称,并且不得影响该作品的正常使用,也不得不合理地损害著作权人的合法权益:

(1) 为个人学习、研究或欣赏,使用他人已经发表的作品。

(2) 为介绍、评论某一作品或者说明某一问题,在作品中适当引用他人已经发表的作品。

(3) 为报道新闻,在报纸、期刊、广播电台、电视台等媒体中不可避免地再现或引用已经发表的作品。

(4) 报纸、期刊、广播电台、电视台等媒体刊登或播放其他报纸、期刊、广播电台、电视台等媒体已经发表的关于政治、经济、宗教问题的时事性文章,但著作权人声明不许刊登、播放的除外。

(5) 报纸、期刊、广播电台、电视台等媒体刊登或播放在公共集会上发表的讲话,但作者声明不许刊登、播放的除外。

(6) 为学校课堂教学或科学研究,翻译、改编、汇编、播放或少量复制已经发表的作品,供教学或科研人员使用,但不得出版发行。

(7) 国家机关为执行公务在合理范围内使用已经发表的作品。

(8) 图书馆、纪念馆、博物馆、档案馆、美术馆、文化馆为陈列或保存版本的需要,复制本馆收藏的作品。

(9) 免费表演已经发表的作品,该表演未向公众收取费用,也未向表演者支付报酬且不以营利为目的。

(10) 对设置或陈列在室外公共场所的艺术作品进行临摹、绘画、摄影、录像。

(11) 将中国公民、法人、非法人组织已经发表的以国家通用语言文字创作的作品翻译成少数民族语言文字作品在国内出版发行。

(12) 以阅读障碍者能够感知的方式向其提供已发表的作品。

(13) 法律、行政法规规定的其他情形。

前款规定适用于对与著作权有关的权利的限制。

二、法定许可制度

(一) 法定许可制度的概念

法定许可制度是指依著作权法的规定,使用者在使用他人已经发表的作品时,可以不经著作权人的许可,但应向其支付报酬,并尊重著作权人其他权利的制度。

(二) 法定许可制度的内容

为实施义务教育和国家教育规划而编写出版教科书,可以不经著作权人许可,在教科书中汇编已经发表的作品片段或短小的文字作品、音乐作品或单幅的美术作品、摄影作品、图形作品,但应当按照规定支付报酬,指明作者姓名或者名称、作品名称,并且不得侵犯著作权人享有的其他权利。此规定适用于与著作权有关的权利。

另外,强制许可制度是指在一定条件下,作品的使用者基于某种正当理由需要使用他人已发表的作品时,经申请由著作权行政管理部门授权,即可使用该作品,无须征得著作权人同意,但应当向其支付报酬的制度。我国著作权法没有规定强制许可制度,但是我国已经加入《伯尔尼公约》和《世界版权公约》,故公约中有关强制许可的规定也可引用。

习题

一、名词解释题

合理使用制度　法定许可制度

二、问答题

1. 简述著作权合理使用的方式。
2. 简述合理使用、法定许可的区别。

第三节　与著作权有关的权利

与著作权有关的权利也被称为作品传播者权,是指与著作权相邻近的权利,是作品传播者对其传播作品过程中所作出的创造性劳动成果和投资所享有的权利。其主要包括出版者的权利、表演者的权利、录像制品制作者的权利、录音制作者的权利、电视台对其制作的非作品的电视节目的权利、广播电台的权利。

一、出版

1. 图书出版者的专有出版权

专有出版权是指图书出版者对著作权人交付出版的作品,根据出版合同约定享有的独占专有权利。

2. 版式设计权

版式设计权是指出版者有权许可或禁止他人使用其出版的图书、期刊的版式设计。

3. 作品修改权

图书出版者经作者许可,可以对作品修改、删节。

报社、期刊社可以对作品做文字性修改、删节。对内容的修改,应当经作者许可。

4. 出版者的义务

出版者的主要义务如下:

(1) 按合同约定或国家规定向著作权人支付报酬。

(2) 按照合同约定的出版质量、期限出版图书。

(3) 重版、再版作品的，应当通知著作权人，并支付报酬。

(4) 出版改编、翻译、注释、整理已有作品而产生的作品，应当取得演绎作品的著作权人和原作品的著作权人许可，并支付报酬。

(5) 对出版行为的授权、稿件来源的署名、所编辑出版物的内容等尽合理的注意义务，避免出版行为侵犯他人的著作权等民事权利。

二、表演

使用他人作品演出，表演者(演员、演出单位)应当取得著作权人许可，并支付报酬。演出组织者组织演出，由该组织者取得著作权人许可，并支付报酬。

表演者对其表演享有下列权利：

精神权利有：

(1) 表明表演者身份，类似于版权中的署名权，使观众了解表演者的真实身份，不至于张冠李戴。

(2) 保护表演形象不受歪曲权，类似于版权中的保护作品完整权。

经济权利有：

(1) 许可他人从现场直播和公开传送其现场表演，并获得报酬。

(2) 许可他人对其表演节目录音录像，并获得报酬。

(3) 许可他人复制、发行、出租录有其表演的录音录像制品，并获得报酬。

(4) 许可他人通过信息网络向公众传播其表演，并获得报酬。

演员为完成本演出单位的演出任务进行的表演为职务表演，演员享有表明身份和保护表演形象不受歪曲的权利，其他权利归属由当事人约定。当事人没有约定或者约定不明确的，职务表演的权利由演出单位享有。职务表演的权利由演员享有的，演出单位可以在其业务范围内免费使用该表演。

三、录音录像

录音录像制作者使用他人作品制作录音录像制品，应当取得著作权人许可，并支付报酬。

录音制作者使用他人已经合法录制为录音制品的音乐作品制作录音制品，可以不经著作权人许可，但应当按照规定支付报酬；著作权人声明不许使用的不得使用。

录音录像制作者制作录音录像制品，应当同表演者订立合同，并支付报酬。

录音录像制作者对其制作的录音录像制品，享有许可他人复制、发行、出租、通过信息网络向公众传播并获得报酬的权利。

扩展资料 12-2 喜马拉雅侵权纠纷

被许可人复制、发行、通过信息网络向公众传播录音录像制品，应当同时取得著作权人、表演者许可，并支付报酬；被许可人出租录音录像制品，还应当取得表演者许可，并支付报酬。

将录音制品用于有线或者无线公开传播，或者通过传送声音的技术设备向公众公开播送的，应当向录音制作者支付报酬。

四、广播电台、电视台播放

广播电台、电视台有权禁止未经其许可的下列行为：

(1) 将其播放的广播、电视以有线或者无线方式转播;

(2) 将其播放的广播、电视录制以及复制;

(3) 将其播放的广播、电视通过信息网络向公众传播。

广播电台、电视台行使前款规定的权利,不得影响、限制或者侵害他人行使著作权或者与著作权有关的权利。

电视台播放他人的视听作品、录像制品,应当取得视听作品著作权人或者录像制作者许可,并支付报酬;播放他人的录像制品,还应当取得著作权人许可,并支付报酬。

习题

一、名词解释题

表演者的权利

二、问答题

简述与著作权有关的权利的内容。

三、案例分析题

1. 甲在个人邮箱中向全班每个同学的邮箱发送了一份自己制作的新年致辞。同学乙认为该致辞非常有意义,将其转载在 BBS 上。甲认为乙侵害其发表权、复制权及信息网络传播权。乙认为给每个同学邮箱发信已经完成了发表行为,将其转载到 BBS 上属于著作权法中规定的为个人欣赏目的的合理使用。

问题:甲的主张是否成立?乙的行为是否为合理使用,为什么?

2. 作家王某写了一部反映“文革”十年的纪实报告文学交某出版社出版,该出版社为该书配发了若干幅“文化大革命”时期的照片作为插图。在审定该书清样时,王某觉得照片能使作品增色,便未提出异议。图书发行后,摄影家张某发现照片均是自己过去曾发表过的作品,而王某和出版社既未在事前征求过自己的意见,事后又未支付报酬,书中也没有将他署名为照片作者,故起诉王某和出版社侵犯了其著作权。出版社承认侵权事实,愿承担相应的责任。但王某称自己只是该书文字部分的作者,照片为出版社配发,与自己无关,故否认其侵权责任。

问题:王某的理由是否成立?为什么?

本章主要参考法律法规

1.《中华人民共和国著作权法》

2.《中华人民共和国著作权法实施条例》

3.《中华人民共和国民法典》

即测即练

练12

第十三章

专 利 法

学习目标

1. 了解专利权客体及种类；
2. 理解授予专利权的条件；
3. 掌握专利权人的权利和义务；
4. 了解专利权的取得程序，理解专利申请的原则；
5. 了解专利权的限制。

思政结合

1. 专利制度是西方工业现代化的代表作之一。通过我国专利法和专利保护的发展历程，辩证地对待外国制度，批判性地进行比较学习，增强文化自信和制度自信。

2. “苟日新，日日新，又日新。”将专利制度和与中国传统文化有机融合，启发“以保护为基础、以创新为目标”的思维，认识专利制度对进一步增强自主创新能力、加快建设创新型国家的重要性，尊重知识、崇尚创新、诚信守法，更好地为社会创新进步、国家经济发展助力。

引导案例

专利侵权

2016 年 5 月，华为技术有限公司在深圳中级人民法院对三星公司等提起两起知识产权诉讼，状告三星等被告侵犯华为享有的 201010137731.2 号和 201110269715.3 号发明专利权。原告华为诉称，其拥有大量无线通信标准必要专利，享有的 201010137731.2 号发明专利权为 4G 标准必要专利。被告方未经原告许可，以制造、销售、许诺销售、进口的方式侵害其专利权，并在许可谈判中未遵循 FRAND(公平、合理和无歧视)原则，具有明显过错，请求法院判令被告方立即停止涉案专利侵权行为。法院经审理判决三星方面立即停止以制造、销售、许诺销售的方式侵害两案涉案专利权的行为。

第一节　专利法律关系

一、专利权的客体

(一) 专利权客体的概念与种类

专利权客体也称专利法保护的对象，是指能取得专利权，可以受专利法保护的发明创造。根据自 1985 年施行、于 2020 年修正的《中华人民共和国专利法》的规定,发明创造是指发明、实用新型和外观设计。因此在我国专利权的客体包括发明、实用新型和外观设计。

1. 发明

发明是指对产品、方法或者其改进所提出的新的技术方案。

发明是新颖的技术成果,不是单纯仿制已有的器物或重复前人已提出的方案和措施。一项技术成果,如果在已有技术体系中能找到在原理、结构和功能上同一的东西,则不能叫作发明。发明不仅要提供前所未有的东西,而且要提供比以往技术更为先进的东西,即在原理、结构特别是功能效益上优于现有技术。

2. 实用新型

实用新型是指对产品的形状、构造或者其结合所提出的适于实用的新的技术方案。

实用新型专利一般是指对产品,如机器、设备、仪表、装置、用具等有形物的形状、构造或者它们的结合的革新创造,也有人称之为小发明。

3. 外观设计

外观设计是指对产品整体或者局部的形状、图案或者其结合以及色彩与形状、图案的结合所作出的富有美感并适于工业应用的新设计。

扩展资料 13-1
专利法的发展

(二) 不受专利法保护的对象

(1) 对违反法律、社会公德或者妨害公共利益的发明创造,不授予专利权。对违反法律、行政法规的规定获取或者利用遗传资源,并依赖该遗传资源完成的发明创造,不授予专利权。

(2) 科学发现。

(3) 智力活动的规则和方法。例如,交通行车规则,各种语言的语法,速算法或口诀,心理测验方法,各种游戏、娱乐的规则和方法,乐谱,食谱,棋谱,计算机程序本身等。

(4) 疾病的诊断和治疗方法。例如诊脉法、心理疗法、按摩、为预防疾病而实施的各种免疫方法、以治疗为目的的整容或减肥等。但是药品或医疗器械可以申请专利。

(5) 动物和植物品种。

(6) 原子核变换方法以及用原子核变换方法获得的物质。

(7) 对平面印刷品的图案、色彩或者二者的结合作出的主要起标识作用的设计。

对第(4)项所列产品的生产方法,可以依照《专利法》规定授予专利权。

(三) 授予专利权的发明和实用新型的条件

授予专利权的发明和实用新型,应当具备新颖性、创造性和实用性。

1. 新颖性

新颖性是指该发明或者实用新型不属于现有技术,也没有任何单位或者个人就同样的发明或者实用新型在申请日以前向国务院专利行政部门提出过申请,并记载在申请日以后公布的专利申请文件或者公告的专利文件中。

1）判断新颖性的时间标准

新颖性要求申请专利的技术不得和现有技术相同。根据《专利法》的规定，现有技术是指申请日以前在国内外为公众所知的技术。现有技术包括在申请日（有优先权的，指优先权日）以前在国内外出版物上公开发表、在国内外公开使用或者以其他方式为公众所知的技术。

2）判断新颖性的公开方式标准

现有技术公开方式包括出版物公开、使用公开和以其他方式公开三种，均无地域限制。

（1）出版物公开。专利法意义上的出版物是指记载有技术或设计内容的独立存在的传播载体，并且应当表明或者有其他证据证明其公开发表或出版的时间。

（2）使用公开。由于使用而导致技术方案的公开，或者导致技术方案处于公众可以得知的状态，这种公开方式称为使用公开。

（3）以其他方式公开。为公众所知的其他方式，主要是指口头公开等。例如，口头交谈、报告、讨论会发言、广播、电视、电影等能够使公众得知技术内容的方式。

3）抵触申请

根据《专利法》的规定，在发明或者实用新型新颖性的判断中，由任何单位或者个人就同样的发明或者实用新型在申请日以前向国家知识产权局专利局（以下简称“专利局”）提出并且在申请日以后（含申请日）公布的专利申请文件或者公告的专利文件损害该申请日提出的专利申请的新颖性。为描述简便，在判断新颖性时，将这种损害新颖性的专利申请，称为抵触申请。

抵触申请还包括满足以下条件的进入了中国国家阶段的国际专利申请，即申请日以前由任何单位或者个人提出，并在申请日之后（含申请日）由专利局作出公布或公告的且为同样的发明或者实用新型的国际专利申请。另外，抵触申请仅指在申请日以前提出的，不包含在申请日提出的同样的发明或者实用新型专利申请。

4）丧失新颖性的例外

《专利法》规定，申请专利的发明创造在申请日前 6 个月内，有下列情形之一的，不丧失新颖性。

（1）在国家出现紧急状态或者非常情况时，为公共利益目的首次公开的。

（2）在中国政府主办或者承认的国际展览会上首次展出的。

（3）在规定的学术会议或者技术会议上首次发表的。

（4）他人未经申请人同意而泄露其内容的。

2. 创造性

创造性是指与现有技术相比，该发明具有突出的实质性特点和显著的进步，该实用新型具有实质性特点和进步。

突出的实质性特点是指发明与现有技术相比，具有明显的本质区别，对于发明所属技术领域的普通技术人员来说，不是显而易见的。

对于实用新型来说，它的创造性比发明要弱，只要与现有技术相比有所区别和进步，就可以认为该实用新型具备了创造性。

3. 实用性

实用性是指该发明或者实用新型能够制造或者使用,并且能够产生积极效果。

实用性的特点包括以下三点。

1）实践性

发明或者实用新型必须能在工业上制造,或者是发明方法能够在产业上使用。

2）再现性

具有实用性的发明或实用新型专利申请的主题应当是能够重复实施的。

3）有益性

具备实用性的发明、实用新型应当能够产生积极效果。这是从发明创造社会属性来讲,要求它们在以后实际实施时能够提供积极有益的效果。积极有益的效果通常表现为:改善产品质量、提高产品产量,节约原材料、降低成本,提高劳动生产率、改善劳动条件、防治环境污染等。

(四) 授予专利权的外观设计的条件

授予专利权的外观设计应当具备新颖性和实用性两个条件。

外观设计的新颖性是指授予专利权的外观设计不属于现有设计,与现有设计或者现有设计特征的组合相比,应当具有明显区别。所称现有设计,是指申请日以前在国内外为公众所知的设计。

外观设计是适于工业上应用的新设计,不能脱离工业产品而独立存在,因此,外观设计必须能够在工业中应用,具备工业实用性。

实践中有时出现外观设计专利申请人未经他人同意将他人在先的著作权或商标权的客体进行专利申请,如工艺美术作品和商标标识设计等。为此,《专利法》规定"授予专利权的外观设计不得与他人在申请日以前已经取得的合法权利相冲突"。

二、专利权的主体

(一) 发明人、申请人和专利权人

专利权的主体即专利权的关系人,是指依法享有专利权并承担与此相应的义务的人。

1. 发明人

根据《专利法实施细则》,发明人即直接完成发明创造的人,也就是对于发明创造的实质性特点作出创造性贡献的人。发明人只能是自然人,而且没有行为能力的限制。

2. 申请人

申请人是指就一项发明创造向国家专利行政主管机关提出专利申请的人,申请人一般是发明人。申请专利应当遵循诚实信用原则。

3. 专利权人

专利权人即获得专利权证书的人,享有专利权。

（二）职务发明创造、合作发明创造和委托发明创造中的发明人、申请人和专利权人

1. 职务发明创造

案例分析 13-1　职务发明与非职务发明

职务发明创造是指发明人或设计人执行本单位的任务或者主要是利用本单位的物质技术条件所完成的发明创造。职务发明创造申请专利的权利属于该单位；申请被批准后，该单位为专利权人。结合《专利法实施细则》的规定，职务发明创造是指：

1）执行本单位的任务所完成的发明创造

（1）发明人或者设计人在本职工作中作出的发明创造。

（2）履行本单位交付的本职工作之外任务所完成的发明创造。

（3）退职、退休或调动工作后 1 年内作出的与其在原单位承担的本职工作或者单位分配的任务有关的发明创造。

2）主要是利用本单位的物质技术条件所完成的发明创造

所谓物质技术条件，是指单位的资金、设备、零部件、原材料或者不对外公开的技术资料等。

2. 合作发明创造

由两个以上单位或个人共同完成的一项发明创造即为合作发明。

合作发明专利权的归属由合作开发合同约定。合同有约定的按照其约定；合同没有约定的双方应当共同申请专利，获得专利权以后属于合作人共有专利权。合作人可以通过协商一致的方式来行使专利权。

3. 委托发明创造

委托完成的发明创造简称委托发明，是指一方提供经费和报酬，委托另一方进行研究开发所完成的发明创造。

对于委托发明创造，除另有协议外，申请专利的权利属于完成的单位或者个人；申请被批准后，申请的单位或者个人为专利权人。也就是说，委托开发完成的发明创造，可以由各方在委托开发合同中约定其申请专利的权利的归属。如果委托协议中没有就发明创造约定专利申请权的归属或约定不明的，专利申请权归受托方。委托关系的受托方是专利申请权人，申请被批准后受托方是专利权人。

扩展资料 13-2　5G 手机专利

三、专利权的内容

（一）专利权人的权利

1. 独占实施权

独占实施权包括两方面：①专利权人自己实施其专利的权利，即专利权人对其专利产品依法享有的进行制造、使用、销售、允许销售的专有权利，或者专利权人对其专利方法依法享有的专有使用权以及对依照该专利方法直接获得的产品的专有使用权和销售权。②专利权人禁止他人实施其专利的特权。除《专利法》另有规定的以外，发明和实用新型专利权人有权禁止任何单位或者个人未经其许可实施其专利，即为生产经营目的的制造、使

用、许诺销售、销售、进口其专利产品，或者使用其专利方法以及使用、许诺销售、销售、进口依照该专利方法直接获得的产品；外观设计专利权人有权禁止任何单位或者个人未经其许可实施其专利，即为生产经营目的制造、许诺销售、销售、进口其外观设计专利产品。

2. 转让权

转让权是指专利权人将其获得的专利所有权转让给他人的权利。转让专利权的，当事人应当订立书面合同，并向国务院专利行政部门登记，由国务院专利行政部门予以公告。专利权的转让自登记之日起生效。中国单位或者个人向外国人转让专利权的，应当依法办理手续。

3. 许可实施权

许可实施权是指专利权人通过实施许可合同的方式，许可他人实施其专利并收取专利使用费的权利。

4. 标记权

标记权即专利权人有权自行决定是否在其专利产品或者该产品的包装上标明专利标记和专利号。

5. 请求保护权

请求保护权是专利权人认为其专利权受到侵犯时，有权向人民法院起诉或请求专利管理部门处理以保护其专利权的权利。保护专利权是专利制度的核心，他人未经专利权人许可而实施其专利，侵犯专利权并引起纠纷的，专利权人可以直接向人民法院起诉，也可以请求管理专利工作的部门处理。

6. 放弃权

专利权人可以在专利权保护期限届满前的任何时候，以书面形式声明或以不交纳年费的方式自动放弃其专利权。《专利法》规定，专利权人以书面声明放弃其专利权的，专利权在期限届满前终止。专利权人提出放弃专利权声明后，一经国务院专利行政部门登记和公告，其专利权即可终止。放弃专利权时需注意以下几点：①在专利权由两个以上单位或个人共有时，必须经全体专利权人同意才能放弃；②专利权人在已经与他人签订了专利实施许可合同许可他人实施其专利的情况下，放弃专利权时应当事先得到被许可人的同意，并且还要根据合同的约定，赔偿被许可人由此造成的损失，否则专利权人不得随意放弃专利权。

7. 质押权

根据《民法典》的规定，专利权人还享有将其专利权中的财产权进行出质的权利。

(二) 专利权人的义务

依据《专利法》和相关国际条约的规定，专利权人应履行以下义务。

1. 按规定交纳专利年费

专利年费又称专利维持费。《专利法》规定，专利权人应当自被授予专利权的当年开始交纳年费。未按规定交纳年费的，可能导致专利权终止。此外，职务发明创造专利的单位，在授予专利权后，应当按照规定对发明人或设计人进行奖励；专利实施后，根据其推广应用所取得的经济效益，应按规定向发明人或者设计人支付合理的报酬。

2. 不得滥用专利权

专利权人行使专利权应当遵循诚实信用原则。不得滥用专利权损害公共利益或者他人合法权益。滥用专利权，排除或者限制竞争，构成垄断行为的，依照《反垄断法》处理。

习题

一、名词解释题

新颖性　创造性　发明人　专利权人

二、问答题

1. 简述授予专利权的外观设计的条件。

2. 简述专利权的内容。

第二节　专利权的取得

一、申请

(一) 专利申请的原则

1. 申请单一性原则

申请单一性原则是指一件专利申请只能限于一项发明创造，具体如下。

(1) 一件发明或实用新型专利的申请应仅限于一项发明或实用新型。但是属于一个总的发明构思的两项以上的发明或实用新型，可以作为一件申请提出。

(2) 一件外观设计专利申请应当限于一项外观设计。同一产品两项以上的相似外观设计，或者用于同一类别并且成套出售或者使用的产品的两项以上的外观设计，可以作为一件申请提出。

同样的发明创造只能授予一项专利权。但是，同一申请人同日对同样的发明创造既申请实用新型专利又申请发明专利，先获得的实用新型专利权尚未终止，且申请人声明放弃该实用新型专利权的，可以授予发明专利权。

2. 先申请原则

两个以上的人分别就同一发明创造提出专利授权申请的，授予最先提出申请的人专利权。同时提出申请的，由各申请人协商，协商不成的驳回申请。

申请日期的确定如下。

(1) 如果申请文件是邮寄的，以寄出的邮戳日为申请日。

(2) 直接向专利局提出申请的，以专利局收到专利申请文件之日为申请日。

(3) 有优先权的，以优先权日为申请日。

3. 优先权原则(申请日的优先权日)

专利申请人就其发明创造第一次在某国提出专利申请后，在法定期限内，又就相同主题的发明创造提出专利申请的，根据有关法律规定，其在后申请以第一次专利申请的日期作为其申请日，专利申请人依法享有的这种权利，就是专利优先权。设立专利优先权的目的在于，排除在其他国家抄袭此专利者，有抢先提出申请，取得注册之可能。专利优先权可分为国际优先权和国内优先权。

1）国际优先权

申请人自发明或实用新型在外国第一次提出专利申请之日起12个月内，或自外观设计在外国第一次提出专利申请之日起6个月内，又在中国就相同主题提出专利申请的，依照该外国同中国签订的协议或共同参加的国际条约，或依照相互承认优先权的原则，可以享有优先权，即以在外国第一次提出申请的日期为申请日。例如甲某于2019年6月发明了一种新型播种机，于2020年8月1日向美国专利商标局提出专利申请，2020年7月1日又向中国专利局就该播种机提出了专利申请，而且向中国专利局提交了已向美国专利商标局提交申请的证明并申请优先权，那么中国专利局就应当以2019年8月1日作为甲某提出申请的日期。假如乙某于2020年3月5日就相同的播种机向中国专利局提出了专利申请，那么专利局仍然应当授予甲专利权。

2）国内优先权

申请人自发明或实用新型在中国第一次提出专利申请之日起12个月内或者就外观设计在中国第一次提出专利申请之日起6个月内，又向专利局就相同主题提出专利申请的，可以享有优先权，即以在中国第一次提出申请之日为申请日。

4. 形式法定原则

申请专利的各种手续都应当以书面形式或者专利局规定的其他形式办理。以口头、电话、实物等非书面形式办理的各种手续，或者以电报、电传、传真、胶片等直接或间接产生印刷、打字或手写文件的通信手段办理的各种手续均视为未提出，不产生法律效力。

（二）专利申请文件

1. 申请发明和实用新型应当提交的文件

申请发明或者实用新型专利的，应当提交请求书、说明书及其摘要和权利要求书等文件。

1）请求书

请求书是指申请人向专利部门提交的请求授予其发明或者实用新型以专利权的一种书面文件。

请求书应当写明：发明或者实用新型的名称，发明人的姓名，申请人姓名或者名称、地址，以及其他事项。

2）说明书

说明书应当对发明或者实用新型作出清楚、完整的说明，以所属技术领域的技术人员能够实现为准；必要的时候，应当有附图。

3）说明书摘要

说明书摘要是对发明或者实用新型的技术要点进行简要说明的书面文件。

4）权利要求书

权利要求书应当以说明书为依据，清楚、简要地限定要求专利保护的范围。

发明或者实用新型专利权的保护范围以其权利要求的内容为准，说明书及附图可以用于解释权利要求的内容。

依赖遗传资源完成的发明创造，申请人应当在专利申请文件中说明该遗传资源的直接来源和原始来源；申请人无法说明原始来源的，应当陈述理由。

2. 申请外观设计专利应当提交的文件

申请外观设计专利的，应当提交以下文件，并且应当写明使用该外观设计的产品及其所属的类别。

案例分析 13-2 外观设计专利侵权

（1）请求书。

（2）图片或者照片。提交的该外观设计的图片或照片，应当清楚地显示要求专利保护的产品的外观设计。

外观设计专利权的保护范围以表示在图片或者照片中的该产品的外观设计为准。简要说明可以用于解释图片或者照片所表示的该产品的外观设计。

二、专利申请的审查与授权

（一）发明专利的审查与授权

1. 初步审查

国务院专利行政部门在受理发明专利申请后，应对该申请在形式上是否符合专利法的规定进行审查。

2. 专利申请的修改和撤回

国务院专利行政部门在初步审查后，应将审查意见通知申请人，要求其在指定的期限内陈述意见或补正。申请人期满未答复的，其申请被视为撤回。申请人陈述意见或补正后，专利局仍认为不符合《专利法》规定的形式要求的，应当予以驳回。

3. 公开

（1）自动公开。发明专利申请经初步审查认为符合《专利法》要求的，自申请日起满18个月，即行公布。

（2）早期公开。国务院专利行政部门可以根据申请人的请求早日公布其申请。

4. 实质审查

（1）实质审查申请。发明专利申请自申请日起3年内，专利局可以根据申请人随时提出的请求，对其申请进行实质审查，申请人无正当理由逾期请求实质审查的，该申请即被视为撤回。

（2）依职权进行的实质审查。专利局认为必要的时候，可以自行对发明专利申请进行实质审查，但应当通知申请人。

5. 授权与驳回

发明专利申请经实质审查没有发现驳回理由的，专利局将作出授予发明专利权的决定，发给发明专利证书，并予以登记和公告。

对于不符合授权条件的，应当通知申请人，要求其在指定的期限内陈述意见，或者对其申请进行修改。经过修改后符合条件的，作出授权的决定。无正当理由逾期不答复的，该申请被视为撤回。

发明专利申请经申请人陈述意见或者进行修改后，国务院专利行政部门仍然认为不符合《专利法》规定授权条件的,应当予以驳回。

6. 对驳回专利申请的法律救济

1) 专利复审

专利申请人对国务院专利行政部门驳回申请的决定不服的,可以自收到通知之日起3个月内,提出向国务院专利行政部门请求复审。国务院专利行政部门复审后,再作出决定,通知专利申请人。

2) 诉讼

专利申请人对专利行政部门的复审决定不服的,可以自收到通知之日起3个月内向人民法院起诉。

(二) 实用新型和外观设计的审查与授权(初步审查——无实质审查)

实用新型和外观设计专利申请经初步审查没有发现驳回理由的,由国务院专利行政部门作出授予实用新型或外观设计专利权的决定,发给相应的专利证书,同时予以登记和公告。实用新型和外观设计专利权自公告之日起生效。

三、专利权的期限、终止和无效

(一) 专利权的期限

1. 专利权期限

发明专利权的期限为20年,实用新型专利权的期限为10年,外观设计专利权的期限为15年,均自申请日起计算。

2. 专利权期限的补偿

自发明专利申请日起满4年,且自实质审查请求之日起满3年后授予发明专利权的,国务院专利行政部门应专利权人的请求,就发明专利在授权过程中的不合理延迟给予专利权期限补偿,但由申请人引起的不合理延迟除外。

为补偿新药上市审评审批占用的时间,对在中国获得上市许可的新药相关发明专利,国务院专利行政部门应专利权人的请求给予专利权期限补偿。补偿期限不超过5年,新药批准上市后总有效专利权期限不超过14年。

(二) 专利权的终止

有下列情形之一的,专利权在期限届满前终止,由国务院专利行政部门登记和公告:

(1) 没有按照规定缴纳年费的;

(2) 专利权人以书面声明放弃其专利权的。

(三) 专利权的无效

1. 宣告无效的程序

自公告授予专利权之日起,任何单位或者个人认为该专利权的授予不符合《专利法》有关规定的,可以请求国务院专利行政部门宣告该专利权无效。该部门应当及时审查和作出决定，并通知请求人和专利权人。宣告无效的决定，由该部门登记和公告。

对该部门宣告专利权无效或者维持专利权的决定不服的，可以自收到通知之日起 3 个月内向人民法院起诉。法院应当通知无效宣告请求程序的对方当事人作为第三人参加诉讼。

2. 宣告无效的效力

被宣告无效的专利权视为自始即不存在。

宣告无效的决定，对在宣告无效前法院作出并已执行的专利侵权的判决、调解书，已经履行或者强制执行的专利侵权纠纷处理决定，以及已经履行的专利实施许可合同和专利权转让合同，不具有追溯力。但是因专利权人的恶意给他人造成的损失，应当给予赔偿。依照这一规定不返还专利侵权赔偿金、专利使用费、专利权转让费，明显违反公平原则的，应当全部或者部分返还。

习题

一、名词解释题

国际优先权　实质审查

二、问答题

1. 简述专利权的取得程序。

2. 简述专利申请的原则。

第三节　专利权的限制

一、专利的强制许可

专利的强制许可又称为非自愿许可，是指国务院专利行政部门依照法律规定，不经专利权人的同意，直接许可具备实施条件的申请者实施发明或实用新型专利的一种行政措施。其目的是促进获得专利的发明创造得以实施，防止专利权人滥用专利权，维护国家利益和社会公共利益。

《专利法》规定了三种强制许可，即一般强制许可、特殊强制许可和交叉强制许可。

（一）一般强制许可

一般强制许可也称不实施时的强制许可，即具备实施条件的单位以合理的条件请求发明或者实用新型专利权人许可实施其专利，而未能在合理长的时间内获得这种许可时，国务院专利行政部门根据该单位的申请，可以给予实施该发明专利或者实用新型专利的强制许可。

《专利法》规定：有下列情形之一的，国务院专利行政部门根据具备实施条件的单位或者个人的申请，可以给予实施发明专利或者实用新型专利的强制许可：①专利权人自专利权被授予之日起满 3 年，且自提出专利申请之日起满 4 年，无正当理由未实施或者未充分实施其专利的；②专利权人行使专利权的行为被依法认定为垄断行为，为消除或者减少该行为对竞争产生的不利影响的。

(二) 特殊强制许可

特殊强制许可也称公共利益目的的强制许可。它是指当法律规定的特殊情况出现时,为了国家和社会公共利益,专利局有权决定对专利权人的专利给予强制许可使用,以维持社会的稳定和保障公众的利益。特殊强制许可具体包括如下内容。

1. 国家出现紧急状态或者非常情况或者为了公共目的的强制许可

《专利法》规定,在国家出现紧急状态或非常情况时,或者为了公共利益的目的,国务院专利行政部门可以给予实施发明专利或者实用新型专利的强制许可。《与贸易有关的知识产权协定》(TRIPs协定)第31条也做了相同的规定。

2. 为了公共健康目的药品类专利权的强制许可

《专利法》规定:为了公共健康目的,对取得专利权的药品,国务院专利行政部门可以给予制造并将其出口到符合中华人民共和国参加的有关国际条约规定的国家或者地区的强制许可。

3. 半导体技术的强制许可

《专利法》规定,强制许可涉及的发明创造为半导体技术的,其实施限于公共利益的目的和专利权人行使专利权的行为被依法认定为垄断行为,为消除或者减少该行为对竞争产生的不利影响的情形。

(三) 交叉强制许可

交叉强制许可又称从属专利的强制许可,是一项取得专利权的发明或者实用新型比以前已经取得专利权的发明或者实用新型具有显著经济意义的重大技术进步,其实施又有赖于前一发明或者实用新型的实施的,国务院专利行政部门根据后一专利权人的申请,可以给予实施前一发明或者实用新型的强制许可。在依照前述规定给予实施强制许可的情形下,国务院专利行政部门根据前一专利权人的申请,也可以给予实施后一发明或者实用新型的强制许可。

二、指定实施

指定实施是指国家主管机关在无须征得专利权人的同意下,许可指定单位实施发明专利。国家指定实施作为对专利权的限制是《专利法》特有的制度。《专利法》规定,国有企业事业单位的发明专利,对国家利益或者公共利益具有重大意义的,国务院有关主管部门和省、自治区、直辖市人民政府报经国务院批准,可以决定在批准的范围内推广应用,允许指定的单位实施,由实施单位按照国家规定向专利权人支付使用费。

三、开放许可

开放许可是指专利权人自愿以书面方式向国务院专利行政部门声明愿意许可任何单位或者个人实施其专利,并明确许可使用费支付方式、标准。

开放许可由国务院专利行政部门公告实行。

就实用新型、外观设计专利提出开放许可声明的,应当提供专利权评价报告。

四、不视为侵犯专利权的行为

《专利法》规定，在四种特定的情况下，行为人的行为不视为专利侵权。

(1) 专利权用尽原则。专利权人制造、进口或者经专利权人许可而制造、进口的专利产品或者依照专利方法直接获得的产品售出后，使用、许诺销售或者销售该产品的。

(2) 先用权原则。在专利申请日前已经制造相同产品、使用相同方法或者已经做好制造、使用的必要准备，并且仅在原有范围内继续制造、使用的。

(3) 临时过境权原则。临时通过中国领陆、领水、领空的外国运输工具，依照其所属国和中国签订的协议或者共同参加的国际条约，或者依照互惠原则，为运输工具自身需要而在其装置和设备中使用有关专利的。

(4) 合理使用原则。专为科学研究和实验而使用有关专利的。

习题

一、名词解释题

专利的强制许可

二、问答题

简述专利权的限制。

三、案例分析题

1. 甲未经专利申请人乙的许可，将其从乙处盗取的实用新型技术付诸实施，并公开在市场上销售。

问题：

(1) 乙如何保护自己的合法权益？

(2) 乙的该项技术能否取得专利权？并说明理由。

2. 甲厂研制出一种N型开关，于2016年5月向中国专利局提出专利申请，2017年5月获得实用新型专利权。乙厂于2014年7月自行研究出这种N型高压开关。2016年4月，乙厂完成了产品的定型图纸及制造的必要准备工作，至同年年底共销售20台。2017年6月，甲厂发现乙厂的销售行为后，遂与乙厂交涉，但乙厂认为自己的行为不构成侵权。在这种情况下，甲厂准备向法院起诉。

问题：

(1) 该案的一审管辖法院是(　　)。

A. 最高人民法院　　B. 某直辖市高级人民法院

C. 某直辖市中级人民法院　　D. 某市某区基层人民法院

(2) 乙厂的行为(　　)。

A. 构成了对甲厂实用新型专利权的侵犯，因为任何人未经专利权人许可，都不得以营利目的实施专利权人的专利

B. 不构成对甲厂专利权的侵犯，因为乙厂依法享有先用权

C. 不构成对甲厂实用新型专利权的侵犯，因为乙厂的N型高压开关是自己独立完成的

D. 不构成对甲厂实用新型专利权的侵犯,因为甲厂的专利不具有新颖性

(3) 乙厂认为,甲厂研制的技术在其专利申请日以前已由乙厂完成并进行试生产,因此甲厂的实用新型专利没有新颖性而失效。乙厂的观点( )。

A. 正确 B. 错误

(4) 我国专利法规定产品专利先用权成立的条件是( )。

A. 在专利申请日以前已制造相同产品或者做好了制造的必要准备,并且仅在原有范畴内继续制造

B. 在专利申请日以前已制造相同产品或者做好制造的必要准备,并且事后获得专利权人的授权

C. 在专利授权日以前已制造相同产品或者做好制造的必要准备,并且事后向专利权人支付报酬

D. 在专利授权日以前已制造相同产品或者做好了制造的必要准备,并且继续制造

(5) 乙厂如希望宣告甲厂的专利权无效,则应当( )。

A. 向专利局提出专利权无效宣告的请求

B. 向专利复审委员会提出专利权无效宣告的请求

C. 向地方专利管理机关提出专利权无效宣告的请求

D. 向人民法院提出专利权无效宣告的请求

本章主要参考法律法规

1.《中华人民共和国专利法》

2.《中华人民共和国专利法实施细则》

3.《中华人民共和国民法典》

即测即练

第十四章

商　标　法

学习目标

1. 了解商标的概念和分类；
2. 理解商标注册条件；
3. 了解商标权取得原则和程序；
4. 掌握商标权主体和内容。

思政结合

1. 商标法是实施品牌战略、打造中国品牌的重要规则。强化品牌意识和知识产权法律意识，自觉抵制假冒产品，助力“培育壮大民族企业和知名品牌”。

2. 学习商标注册条件和使用的法律规定，进一步认识诚信原则的重要性，珍惜个人信用，自觉维护良好的社会风尚和公共秩序。

3. 商标除区分商品和服务，还体现经营者的经营理念和价值追求。通过“百年传承，良好经营”，理解商标文化内涵，倡导积极向上的价值追求，弘扬优秀传统文化。

引导案例

商标注册的要求

2020年2月7日，长沙市福茶堂电子商务有限公司法定代表人姜某某通过网上申报途径，提交了名为“李文亮”“文亮”等共4件商标注册申请。长沙市福茶堂电子商务有限公司在举国一心抗击新型冠状病毒疫情期间，不顾李文亮医生家人及公众感受，利用李文亮名字申请注册商标，明显违背社会主义道德风尚，造成不良社会影响。长沙市知识产权局、天心区市场监督管理局(知识产权局)要求长沙市福茶堂电子商务有限公司法定代表人姜某某撤回商标注册申请，并向社会公开致歉。姜某某表示，其深刻认识到问题的严重性，已主动撤回相关商标申请，并出具致歉书。

第一节　商标法律关系

一、商标权的客体

(一) 商标的概念和分类

商标是商品的生产者、经营者在其生产、制造、加工、拣选或者经销的商品上或者服务的提供者在其提供的服务上采用的,用于区别商品或服务来源的,由文字、图形、字母、数字、三维标志、颜色组合和声音等,以及上述要素的组合,具有显著特征的标志。经国家核准注册的商标为“注册商标”,受法律保护。

根据不同的标准,商标的分类也不同。

1. 按商标结构分类

按商标结构,商标可分为以下几类:文字商标,图形商标,字母商标,数字商标,三维标志商标,颜色组合商标,声音商标,组合商标。组合商标是指由两种或两种以上成分相结合构成的商标,也称复合商标。

2. 按商标使用者分类

按商标使用者,商标可分为以下几种。

(1) 商品商标。商品商标就是商品的标记。商标主要是指商品商标。

(2) 服务商标。服务商标是指用来区别其他同类服务项目的标志。

(3) 集体商标。这是指以团体、协会或者其他组织名义注册,供该组织成员在商事活动中使用,以表明使用者在该组织中的成员资格的标志。

3. 按商标用途分类

按商标用途,商标可分为以下几种。

营业商标、证明商标、等级商标、组集商标、备用商标、防御商标、联合商标。

4. 按商标享誉程度分类

按商标享誉程度,商标可分为普通商标、驰名商标。

5. 按法律样态分类

按法律样态,商标可分为注册商标、未注册商标。

(二) 商标的特征和作用

1. 商标的特征

商标具有如下特征。

(1) 商标是用于商品或服务上的标记,与商品或服务不能分离,并依附于商品或服务。

(2) 商标是区别于他人商品或服务的标志,具有特别显著性的区别功能,从而便于消费者识别。

(3) 商标是由文字、图形、字母、数字、三维标志、颜色组合和声音等,以及上述要素的组合的可视性标志。

(4) 商标具有独占性。使用商标的目的就是区别于他人的商品或服务,便于消费者识别。所以,注册商标所有人对其商标具有专用权、受到法律的保护,未经商标权所有人的许可,任何人不得擅自使用与该注册商标相同或相类似的商标,否则,即构成侵犯注册商标权所有人的商标专用权,将承担相应的法律责任。

2. 商标的作用

从广义上讲,对商标注册人加以奖励,可使其获得承认和经济效益,而对全世界的积极和进取精神起到促进作用。商标保护还可阻止诸如假冒者之类的不正当竞争者用相似的区别性标记来推销低劣或不同产品或服务的行为。这一制度能使有技能、有进取心的人在尽可能公平的条件下进行商品和服务的生产与销售，从而促进国际贸易的发展。

案例分析 14-1 全国首例颜色组合商标侵权案例

（三）商标的绝对注册条件

商标的绝对注册条件是指注册商标本身应具备的条件。商标只有具备这些条件才有可能获得注册，而不具备这些条件便绝对不能获得注册。商标绝对注册条件包括积极条件和消极条件。

1. 商标的积极条件

（1）商标必须具有法定的构成要素。

《商标法》规定，任何能够将自然人、法人或者其他组织的商品与他人的商品区别开的标志，包括文字、图形、字母、数字、三维标志、颜色组合和声音等，以及上述要素的组合，均可以作为商标申请注册。

（2）商标必须具有显著性。

《商标法》规定，申请注册的商标，应当有显著特征，便于识别，并不得与他人在先取得的合法权利相冲突。显著性是指商标所具有的标示企业商品或服务出处并使之区别于其他企业之商品或服务的属性。商标的显著特征可以通过两种途径获得：一是标志本身固有的显著性特征，如立意新颖、设计独特的商标；二是通过使用获得显著特征，如直接叙述商品质量等特点的叙述性标志经过使用取得显著特征，并便于识别的，可以作为“第二含义”商标注册。

2. 商标的消极条件

《商标法》规定，下列标志不得作为商标使用：

（1）同中华人民共和国的国家名称、国旗、国徽、国歌、军旗、军徽、军歌、勋章等相同或者近似的，以及同中央国家机关的名称、标志、所在地特定地点的名称或者标志性建筑物的名称、图形相同的。

（2）同外国的国家名称、国旗、国徽、军旗等相同或者近似的，但经该国政府同意的除外。

（3）同政府间国际组织的名称、旗帜、徽记等相同或者近似的，但经该组织同意或者不易误导公众的除外。

（4）与表明实施控制、予以保证的官方标志、检验印记相同或者近似的，但经授权的除外。

（5）同“红十字”“红新月”的名称、标志相同或者近似的。

（6）带有民族歧视性的。

（7）带有欺骗性，容易使公众对商品的质量等特点或者产地产生误认的。

（8）有害于社会主义道德风尚或者有其他不良影响的。

县级以上行政区划的地名或者公众知晓的外国地名，不得作为商标。但是，地名具有其他含义或者作为集体商标、证明商标组成部分的除外；已经注册的使用地名的商标继续有效。

《商标法》还规定,下列标志不得作为商标注册:

(1) 仅有本商品的通用名称、图形、型号的。

(2) 仅直接表示商品的质量、主要原料、功能、用途、重量、数量及其他特点的。

(3) 其他缺乏显著特征的。

前款所列标志经过使用取得显著特征,并便于识别的,可以作为商标注册。

以三维标志申请注册商标的,仅由商品自身的性质产生的形状、为获得技术效果而需有的商品形状或者使商品具有实质性价值的形状,不得注册。

(四) 商标的相对注册条件

商标的相对注册条件主要是指申请注册的商标必须满足不与其他人的在先权利相冲突的条件。这种条件和商标的绝对注册条件不同。有的商标不能被注册不是因为商标本身不符合注册条件,而是商标与他人的在先权利有冲突从而商标局不予注册或经相关在先权利人在商标异议期内提出异议而不能获得注册或者获得注册后被在先权利人撤销。商标的相对注册条件具体包括以下情形。

(1) 不得在相同或类似商品上与已注册或申请在先的商标相同或近似。

(2) 就相同或者类似商品申请注册的商标是复制、模仿或者翻译他人未在中国注册的驰名商标,容易导致混淆的,不予注册并禁止使用;就不相同或者不相类似商品申请注册的商标是复制、模仿或者翻译他人已经在中国注册的驰名商标,误导公众,致使该驰名商标注册人的利益可能受到损害的,不予注册并禁止使用。

(3) 未经授权,代理人或者代表人以自己的名义将被代理人或者被代表人的商标进行注册,被代理人或者被代表人提出异议的,不予注册并禁止使用;不得以不正当手段抢先注册他人已经使用并有一定影响的商标;不得侵犯他人的其他在先权利,如外观设计专利权、著作权、姓名权、肖像权、商号权、特殊标志专用权、奥林匹克标志专有权、知名商品特有名称、包装、装潢专用权等。

(4) 就同一种商品或者类似商品申请注册的商标与他人在先使用的未注册商标相同或近似,申请人与该他人具有前款规定以外的合同、业务往来关系或者其他关系而明知该他人商标存在,该他人提出异议的,不予注册。

二、商标权的主体

商标权主体又称商标权人,是指依法享有商标权的自然人、法人或者其他组织,包括商标权的原始主体和继受主体。

(一) 商标权的原始主体

根据《商标法》的规定,自然人、法人或者其他组织在生产经营活动中,对其商品或者服务需要取得商标专用权的,应当向商标局申请商标注册。不以使用为目的的恶意商标注册申请,将被依法驳回。商标注册申请人有以下两类:第一,依法成立的企业、事业单位、社会团体、个体工商户和个人合伙,自然人;第二,符合法定条件的外国人和外国企业。

根据《商标法》的规定，自然人、法人或者其他组织可以共同申请注册同一商标，商标被核准注册后，申请人就成为该注册商标的商标注册人、商标权的共有原始主体。外国人或者外国企业在中国申请商标注册的，应当按照其所属国和中华人民共和国签订的协议或者共同参加的国际条约办理，或者按照对等原则办理。

（二）商标权的继受主体

扩展资料 14-1　无印良品商标侵权纠纷

商标权的原始主体可以依法转让其注册商标。作为商标权原始主体的自然人死亡后，该注册商标可以依法移转给其继承人；作为商标权原始主体的法人或者其他组织终止后，该注册商标可以依法移转给有关法人或者其他组织。自然人、法人或者其他组织依法通过注册商标的转让或者移转取得商标权后，就成为该商标权的继受主体。

三、商标权的内容

（一）专有使用权

专有使用权是指注册商标所有人在核定使用的商品上使用核准注册的商标的权利。专有使用权是商标权中最基本的核心权利。商标权人可在核定的商品上独占性地使用核准的商标，并通过使用获得其他合法权益。商标主要是直接使用于商品、商品包装、商品容器，也可以间接地使用于商品交易文书、商品广告宣传、展览及其他业务活动中。使用权的效力范围，以核准注册和商标和核定使用的商品为限。商标权人不得擅自改变构成注册商标的标志，也不能使用与注册商标近似的商标。

（二）禁止权

禁止权指商标所有人禁止任何第三方未经其许可在相同或类似商品上使用与其注册商标相同或近似的商标的权利。禁止权的效力范围大于使用权的效力范围，不仅包括核准注册的商标、核定使用的商品，还扩张到与注册商标相近似的商标和与核定商品相类似的商品。禁止权的效力涉及以下四种情形：第一，在同一种商品上使用相同的商标；第二，在同一种商品上使用近似商标；第三，在类似商品上使用相同商标；第四，在类似商品上使用近似商标。

案例分析 14-2　生产销售假冒茅台案例

（三）许可权

许可权是指注册商标所有人通过签订许可使用合同，许可他人使用其注册商标的权利。许可人是注册商标所有人，被许可人根据合同约定，支付商标使用费后在合同约定的范围和时间内有权使用该注册商标。商标使用许可关系中，许可人应当提供合法的被许可使用的注册商标，监督被许可人使用其注册商标的商品质量。被许可人应在合同约定的范围内使用被许可商标，保证被许可使用商标的商品质量，以及在生产的商品或包装上标明自己的名称和商品产地。

(四) 转让权

转让是指注册商标所有人按照一定的条件,依法将其商标权转让给他人所有的行为。转让注册商标,除了由双方当事人签订合同之外,转让人和受让人应共同向商标局提出申请,经商标局核准,并予以公告。未经核准登记的,转让合同不具有法律效力。

(五) 商标续展权

注册商标的有效期为10年,但商标所有人需要继续使用该商标并维持专用权的,可以通过续展注册延长商标权的保护期限。续展注册应当在有效期满前6个月内办理;在此期间未能提出申请的,有6个月的宽展期。宽展期仍未提出申请的,注销其注册商标。每次续展注册的有效期为10年,自该商标上一届有效期满次日起计算。续展注册没有次数的限制。

习题

一、名词解释题

商标　商标续展权　商标权的主体

二、问答题

1. 简述商标的构成要件。
2. 简述商标权的内容。

第二节　商标权的取得

一、商标权取得的原则

根据《商标法》,注册商标专有权的取得有以下原则。

(一) 注册取得商标权原则

我国商标注册采取注册取得商标权原则。

(二) 自愿注册原则

商标使用人是否将自己使用的商标予以注册,完全取决于自己的意愿。不愿意注册的,仍可以继续使用。如果商标不注册,使用人不享有商标专用权。

(三) 申请在先原则

申请在先原则又称注册在先原则,是指两个或者两个以上的商标注册申请人,在同一种商品或者类似商品上,以相同或者近似的商标申请注册的,申请在先的商标,其申请人可获得商标专用权。在后的商标注册申请予以驳回。如果是同一天申请,初步审定并公告使用在先的商标,驳回其他人的申请,不予公告;同日使用或均未使用的,申请人之间可以协商解决，协商不成的，由各申请人抽签决定。

（四）优先权原则

1. 国际优先权

商标注册申请人自其商标在外国第一次提出商标注册申请之日起6个月内，又在中国就相同商品以同一商标提出商标注册申请的，依照该外国同中国签订的协议或者共同参加的国际条约，或者按照相互承认优先权的原则，可以享有优先权，即以在国外申请之日为申请日。依照前款要求优先权的，应当在提出商标注册申请的时候提出书面声明，并且在3个月内提交第一次提出的商标注册申请文件的副本；未提出书面声明或者逾期未提交商标注册申请文件副本的，视为未要求优先权。

2. 国内优先权

商标在中国政府主办的或者承认的国际展览会展出的商品上首次使用的，自该商品展出之日起6个月内，该商标的注册申请人可以享有优先权，即以首次展出之日为申请日。依照前款要求优先权的，应当在提出商标注册申请的时候提出书面声明，并且在3个月内提交展出其商品的展览会名称、在展出商品上使用该商标的证据、展出日期等证明文件；未提出书面声明或者逾期未提交证明文件的，视为未要求优先权。

二、商标注册的申请

（一）商标注册申请的要求

商标注册申请人应当按规定的商品分类表填报使用商标的商品类别和商品名称，提出注册申请。商标注册申请人可以通过一份申请就多个类别的商品申请注册同一商标。商标注册申请等有关文件，可以以书面方式或者数据电文方式提出。为申请商标注册所申报的事项和所提供的材料应当真实、准确、完整。

（二）商标注册申请的文件

申请商标注册的，应当向商标局提交下列文件。

（1）《商标注册申请书》。

（2）商标图样5份。

（3）能够证明申请人身份的有效证件的复印件，如法人或者其他组织的营业执照复印件，自然人的身份证复印件。

（4）用人物肖像作为商标申请注册的，必须提供肖像权人的授权书并经公证机关公证。

（5）申请注册集体商标、证明商标的，应当提交申请人主体资格证明和使用管理规则。

（6）商标申请文件应当使用中文，外文文件应当附送中文译文。

三、商标注册的审查与核准

商标审查是商标主管机关对商标注册申请是否符合商标法的规定所进行的一系列活

动。对申请注册的商标是初步审定、予以公告，还是驳回申请、不予公告；是核准注册还是不予注册，都要经过商标主管机关的审查后确定。商标审查是决定授予商标专用权的关键。

(一) 形式审查

形式审查是对商标注册申请的书件、手续是否符合法律规定的审查，主要就申请书的填写是否属实、准确、清晰和有关手续是否完备进行审查。是否通过形式审查决定商标注册申请能否受理。

(二) 实质审查

实质审查是对商标是否具备注册条件的审查。申请注册的商标能否初步审定并予以公告取决于是否通过了实质审查。实质审查包括以下几个方面。

(1) 商标是否违背商标法的禁用条款。

(2) 商标是否具备法定的构成要素，是否具有显著特征。

(3) 商标是否与他人在同一种或类似商品上注册的商标相混同，是否与申请在先的商标及已撤销、失效并不满1年的注册商标相混同。

凡是经过实质审查，认为申请注册的商标符合商标法的有关规定并且有显著性的，予以初步审定，并予以公告。

(三) 商标注册申请的初步审定及公告

初步审定是指对申请注册的商标经过形式审查和实质审查，认为符合商标法的有关规定，得出可以核准注册的结论的程序。

(四) 商标异议

《商标法》规定：对初步审定公告的商标，自公告之日起3个月内商标如果违反相对注册条件，在先权利人或者利害关系人可以提出异议。如果违反绝对注册条件，任何人均可以提出异议。这3个月的期间，就是异议期。任何一个商标注册申请都要在初步审定公告之后经过3个月的异议期，才能获准注册。

(五) 核准注册

初步审定公告的商标，从公告之日起经过3个月，无异议的，由商标局核准注册，发给商标注册证，并予公告。核准注册标志着商标注册申请人取得商标专用权，商标一经注册，即为注册商标，受国家法律的保护。

四、注册商标的无效宣告

扩展资料14-2
商标无效宣告

已经注册的商标，违反商标的绝对禁止条件的，不以使用为目的恶意注册商标的，或者是以欺骗手段或者其他不正当手段取得注册的，由商标局宣告该注册商标无效；其他单位或者个人可以请求商标评审委员会宣告该注册商标无效。

已经注册的商标，违反商标注册相对性条件的，自商标注册之日起 5 年内，在先权利人或者利害关系人可以请求商标评审委员会宣告该注册商标无效。对恶意注册的，驰名商标所有人不受 5 年的时间限制。

宣告无效的注册商标，由商标局予以公告，该注册商标专用权视为自始即不存在。

宣告注册商标无效的决定或者裁定，对宣告无效前人民法院作出并已执行的商标侵权案件的判决、裁定、调解书和市场监督管理部门作出并已执行的商标侵权案件的处理决定以及已经履行的商标转让或者使用许可合同不具有追溯力。但是，因商标注册人的恶意给他人造成的损失，应当给予赔偿。依照前款规定不返还商标侵权赔偿金、商标转让费、商标使用费，明显违反公平原则的，应当全部或者部分返还。

习题

一、名词解释题

商标无效程序　申请在先原则

二、问答题

1. 简述商标注册申请的要求。

2. 简述商标权取得的原则。

三、案例分析题

1. 甲厂自 2012 年起在其生产的衬衫上使用“长城”商标；2014 年，乙服装厂也开始使用“长城”商标。2016 年 3 月，乙厂的“长城”商标经商标局核准注册，其核定使用的商品为服装等。2017 年 1 月，乙厂发现甲厂在衬衫上使用“长城”商标，很容易引起消费者的误认，乙厂要求甲厂停止使用“长城”商标，甲厂不同意，为此双方发生纠纷。

问题：

(1) 甲、乙两个厂，谁构成侵权？为什么？

(2) 侵权行为始于何时？请说明理由。

(3) 侵权方能否继续使用“长城”商标？请你提出可行性建议。

2. 甲厂的主要产品是土豆片、锅巴等小食品。3 年前该厂在上述产品的包装上使用“香脆”二字做商标，由于其注重产品质量，“香脆”牌土豆片、锅巴受到消费者的认可和喜爱，产品销售地区不断扩大。现甲厂决定提出“香脆”商标注册申请，使用商品仍为土豆片、锅巴。

问题：

(1) 该商标注册申请能否核准？并简述理由。

(2) 如果商标局驳回该商标注册申请，应在何时向谁提出复审请求？

(3) 如果复审请求再次被复审机关驳回，甲厂能否继续使用该商标？为什么？

本章主要参考法律法规

1.《中华人民共和国商标法》
2.《中华人民共和国商标法实施条例》
3.《中华人民共和国民法典》

即测即练

第六篇

经济纠纷的解决制度

第十五章

经济纠纷的仲裁解决

学习目标

1. 了解仲裁的概念和特征；
2. 理解《中华人民共和国仲裁法》的适用范围；
3. 掌握仲裁协议和仲裁协议的效力；
4. 了解仲裁程序。

思政结合

1. 通过仲裁的民间性以及或裁或审的原则，认识我国法律满足主体纠纷解决方式的多样化需求，“以人为本”的精髓，及与“和为贵”优秀传统文化的结合，学会勇敢面对和正确处理各种矛盾。

2. 通过仲裁员的资格要求的规定，进一步认识到要勤奋学习，做精于专业的人才，从而多角度“回报党恩，服务社会”。

3. 通过人民法院确认仲裁协议效力、执行仲裁裁决等规定，认识司法是主体权利的有力保障，不断增强制度自信。

引导案例

纠纷的仲裁解决

仲裁申请人A、B与被申请人C签订《股权转让协议》，约定C受让A名下持有的X公司的5%股份，股权转让款为55万元，其中25万元由C支付给A。由于B委托C对比特币等资产进行理财，基于该部分资产产生的部分收益，在C将合同约定的比特币等如期如数归还B后，B同意代替C向A支付剩余股权转让款30万元。

协议签订后，C未依约返还比特币等资产给B，亦未依约支付股权转让款，A、B遂向深圳仲裁委员会提请仲裁。主要仲裁请求包括：①变更A所持有的X公司的5%股份到C名下，C同时向A支付股权款人民币25万元；②C向B赔偿比特币等资产损失493 158.40美元和利息；③C向B支付违约金10万元。2018年10月，深圳仲裁委员会作出裁决，裁定支持第一项和第三项仲裁请求，以及C应向B支付401 780美元。（资料来源：搜狐网，2019年1月8日，https：//www.sohu.com/a/287425809_100195696.）

第一节　仲裁概述

一、仲裁的概念和特征

（一）仲裁的概念

仲裁是指当事人根据他们之间在争议发生前或争议发生后订立的协议，自愿将争议交给仲裁机构裁决，并受该裁判约束的一种制度。仲裁和法院的审判活动一样，是解决民事争议的方式之一。

目前，仲裁的主要法律依据为第八届全国人民代表大会常务委员会第九次会议于 1994 年 8 月 31 日通过、2017 年修正的《中华人民共和国仲裁法》（以下简称《仲裁法》），和自 2006 年 9 月 8 日起施行的《最高人民法院关于适用〈中华人民共和国仲裁法〉若干问题的解释》（以下简称《仲裁法》司法解释）。

扩展资料 15-1　工作报告 2020 年

（二）仲裁的特征

1. 仲裁的民间性

仲裁的本意是由社会通过自治来解决争议，仲裁机构通常是民间团体的性质，其受理案件和解决纠纷的权利来自双方协议。因此，仲裁源于认同和信誉而非国家权力，仲裁权只能通过当事人授权取得。仲裁机构和法院不同。

而法院行使国家所赋予的审判权，向法院起诉不需要双方当事人在诉讼前达成协议，只要一方当事人向有审判管辖权的法院起诉，经法院受理后，另一方必须应诉。

2. 仲裁的独立性

仲裁的独立性体现在两个方面：仲裁机构的独立性和仲裁过程的独立性。

《仲裁法》第八条规定：“仲裁依法独立进行，不受行政机关、社会团体和个人的干涉。”

《仲裁法》第十四条规定：“仲裁委员会独立于行政机关，与行政机关没有隶属关系。仲裁委员会之间也没有隶属关系。”

3. 仲裁的自愿性

当事人采用仲裁方式解决纠纷，应当双方自愿，达成仲裁协议。没有仲裁协议，一方申请仲裁的，仲裁委员会不予受理。

4. 仲裁的灵活性和简易性

与行政制度和司法制度相比，仲裁相对比较简单，仲裁的程序方便快捷，裁判方式具有很强的灵活性。

二、《仲裁法》的适用范围

《仲裁法》的适用范围，是指仲裁适用于解决哪些纠纷，即哪些纠纷具有“可仲裁性”。

《仲裁法》规定：“平等主体的公民、法人和其他组织之间发生的合同纠纷和其他财产权益纠纷,可以仲裁。”“婚姻、收养、监护、扶养、继承纠纷”和“依法应当由行政机关处理的行政争议”不能仲裁。可见,《仲裁法》的适用范围如下。

(一)仲裁适用于民事法律关系

提请仲裁的当事人是民事法律关系的主体。

行政法律关系的当事人不能提请仲裁,行政争议不能仲裁解决。

(二)仲裁适用于经济纠纷

1. 可仲裁解决的经济纠纷

可仲裁解决的经济纠纷包括合同纠纷和涉及财产权益的非合同纠纷。

另外,根据《仲裁法》的规定,劳动争议和农业集体经济组织的内部农业承包合同纠纷不适用仲裁。因为劳动争议和农业集体经济组织内部的农业承包合同纠纷不同于一般的民事经济纠纷,因此只能另作规定予以调整。

2. 涉及人身关系的纠纷,不能仲裁解决

根据《仲裁法》规定,婚姻、收养、监护、扶养、继承纠纷虽然属于民事纠纷,且不同程度涉及财产权益争议,但这类纠纷往往涉及当事人本人不能自由处分的身份关系,不能通过仲裁解决。

三、仲裁的原则

(一)自愿仲裁原则

自愿仲裁的原则是指根据《仲裁法》的规定,当事人是否将纠纷提交仲裁解决以及提交给哪个仲裁机构解决,均由当事人协商决定。当事人应当签订仲裁协议。

(二)或裁或审原则

或裁或审原则是指在仲裁和诉讼这两种解决纠纷的方式中,只能选取其中一种。当事人选择了仲裁后,不能再选择诉讼方式;反之亦然。

根据《仲裁法》的规定,当事人达成仲裁协议后,一方当事人向人民法院起诉的,人民法院不予受理;但仲裁协议无效的除外。

因此,依法成立并生效的仲裁协议,排除了法院对当事人之间纠纷的管辖权。如果人民法院受理了当事人起诉,对方当事人可以依据仲裁协议向人民法院提出管辖权异议。

(三)不公开原则

和法院审理案件的公开原则不同,仲裁一般以不公开为原则。仲裁过程、仲裁的案情和仲裁的结果均不公开,仲裁机构也不接受媒体的采访,《仲裁法》也规定了仲裁相关人员的保密义务。因此仲裁具有较强的保密性,有利于更好地维护当事人的商业秘密和商业利益。

(四) 以事实为依据，以法律为准绳原则

根据《仲裁法》的规定，仲裁应当根据事实，符合法律规定，公平合理地解决纠纷。

实践中，仲裁的裁判依据具有兼容性。除法律、法规和当事人的约定外，还要考虑日常生活中人们普遍遵守的社会行为准则和约定俗成的公序良俗。

第二节　仲裁机构和仲裁协议

一、仲裁机构

(一) 仲裁委员会

1. 仲裁委员会的设立

根据《仲裁法》的规定，仲裁委员会可以在直辖市和省、自治区人民政府所在地的市设立，也可以根据需要在其他设区的市设立，不按行政区划层层设立。仲裁委员会独立于行政机关，与行政机关没有隶属关系。仲裁委员会之间也没有隶属关系。

仲裁委员会由前款规定的市的人民政府组织有关部门和商会统一组建。

设立仲裁委员会，应当经省、自治区、直辖市的司法行政部门登记。

2. 仲裁委员会的条件

根据《仲裁法》的规定，仲裁委员会应当具备下列条件：

(1) 有自己的名称、住所和章程。仲裁委员会的章程应当依照《仲裁法》制定。

(2) 有必要的财产。

(3) 有该委员会的组成人员。

仲裁委员会由主任一人、副主任 2～4 人和委员 7～11 人组成。仲裁委员会的主任、副主任和委员由法律、经济贸易专家和有实际工作经验的人员担任。仲裁委员会的组成人员中，法律、经济贸易专家不得少于 2/3。

(4) 有聘任的仲裁员。

仲裁委员会应当从公道正派的人员中聘任仲裁员，并按照不同专业设仲裁员名册。

仲裁员应当符合下列条件之一：

通过国家统一法律职业考试取得法律职业资格，从事仲裁工作满 8 年的；

从事律师工作满 8 年的；

曾任法官满 8 年的；

从事法律研究、教学工作并具有高级职称的；

具有法律知识、从事经济贸易等专业工作并具有高级职称或者具有同等专业水平的。

(二) 中国仲裁协会

1. 中国仲裁协会的性质

根据《仲裁法》的规定，中国仲裁协会是社会团体法人。仲裁委员会是中国仲裁协会

的会员。中国仲裁协会的章程由全国会员大会制定。

2. 中国仲裁协会的职能

中国仲裁协会是仲裁委员会的自律性组织,根据章程对仲裁委员会及其组成人员、仲裁员的违纪行为进行监督。

中国仲裁协会依照本法和《民事诉讼法》的有关规定制定仲裁规则。

二、仲裁协议

仲裁协议是指发生民事纠纷的当事人在合同中订立的仲裁条款和以其他书面方式在纠纷发生前或者纠纷发生后达成的请求仲裁的协议。

仲裁协议是仲裁机构受理争议案件、行使仲裁权的依据。

(一) 仲裁协议的形式和内容

1. 仲裁协议的形式

根据《仲裁法》及其司法解释的规定,仲裁协议应当采用书面形式,包括以合同书、信件和数据电文(包括电报、电传、传真、电子数据交换和电子邮件)等形式达成的请求仲裁的协议。

2. 仲裁协议的内容

仲裁协议应当具有下列内容:

(1) 请求仲裁的意思表示。

(2) 仲裁事项。

仲裁事项是指当事人共同协商确定的提交仲裁的纠纷范围。根据仲裁的自愿原则,仲裁机构只能受理仲裁该协议中规定的仲裁事项。仲裁协议中没有规定的事项,或者当事人提交的仲裁申请书中未明确的事项,仲裁机构不能受理。

当事人概括约定仲裁事项为合同争议的,基于合同成立、效力、变更、转让、履行、违约责任、解释、解除等产生的纠纷都可以认定为仲裁事项。

仲裁协议对仲裁事项没有约定或者约定不明确的,当事人可以补充协议。

(3) 选定的仲裁委员会。

当事人应在仲裁协议中确定解决纠纷的具体仲裁委员会。

仲裁协议对仲裁委员会没有约定或者约定不明确的,当事人可以补充协议。

如果仲裁协议约定的仲裁机构名称不准确,但能够确定具体的仲裁机构的,应当认定选定了仲裁机构。

仲裁协议仅约定纠纷适用的仲裁规则的,视为未约定仲裁机构,但当事人达成补充协议或者按照约定的仲裁规则能够确定仲裁机构的除外。

仲裁协议约定两个以上仲裁机构的,当事人可以协议选择其中的一个仲裁机构申请仲裁。

仲裁协议约定由某地的仲裁机构仲裁且该地仅有一个仲裁机构的,该仲裁机构视为约定的仲裁机构。该地有两个以上仲裁机构的,当事人可以协议选择其中的一个仲裁机构申请仲裁。

实践中，仲裁协议一般还包括仲裁地点、仲裁费用的负担等内容。

（二）仲裁协议的效力

合法有效的仲裁协议排除了人民法院对相关纠纷的管辖权。仲裁协议作为双方当事人协商订立的合同，应满足合同编规定的合同生效要件。

仲裁协议独立存在，合同的变更、解除、终止或者无效，不影响仲裁协议的效力。

案例分析 15-1　仲裁协议效力

当事人订立仲裁协议后合并、分立的，仲裁协议对其权利义务的继受人有效。

仲裁庭有权确认合同的效力。

1. 仲裁协议效力的确认

根据《仲裁法》的规定，当事人对仲裁协议的效力有异议的，可以请求仲裁委员会对协议的效力作出决定或者请求人民法院作出裁定。一方请求仲裁委员会作出决定，另一方请求人民法院作出裁定的，由人民法院裁定。

当事人向人民法院申请确认仲裁协议效力的案件，由仲裁协议约定的仲裁机构所在地的中级人民法院管辖；仲裁协议约定的仲裁机构不明确的，由仲裁协议签订地或者被申请人住所地的中级人民法院管辖。

当事人在仲裁庭首次开庭前没有对仲裁协议的效力提出异议，而后向人民法院申请确认仲裁协议无效的，人民法院不予受理。

仲裁机构对仲裁协议的效力作出决定后，当事人向人民法院申请确认仲裁协议效力或者申请撤销仲裁机构的决定的，人民法院不予受理。

合同成立后未生效或者被撤销的，仲裁协议效力的认定适用《仲裁法》第十九条第一款的规定。

当事人在订立合同时就争议达成仲裁协议的，合同未成立不影响仲裁协议的效力。

仲裁协议被认定无效或者被撤销的，视为没有仲裁协议。

2. 无效仲裁协议的情形

除了满足合同编规定的合同生效要件之外，有下列情形之一的，仲裁协议无效：

（1）约定的仲裁事项超出法律规定的仲裁范围的。

（2）无民事行为能力人或者限制民事行为能力人订立的仲裁协议。

（3）一方采取胁迫手段，迫使对方订立仲裁协议的。

（4）仲裁协议对仲裁事项或者仲裁委员会没有约定或者约定不明确，且无法达成补充协议的。

（5）当事人约定争议可以向仲裁机构申请仲裁也可以向人民法院起诉的。

这种情况下，一方向仲裁机构申请仲裁，另一方未在仲裁法规定期间内提出异议的除外。

习题

一、名词解释题

仲裁　仲裁协议

二、问答题

1. 简述仲裁的特征。
2. 简述仲裁的原则。
3. 仲裁协议的效力应如何确定?
4. 简述仲裁协议的内容。

第三节 仲裁程序

仲裁程序是指仲裁机构解决纠纷的程序,主要包括以下阶段。

一、申请和受理

(一)申请

1. 申请仲裁的条件

当事人申请仲裁应当符合下列条件:

(1)存在有效的仲裁协议。

(2)有具体的仲裁请求、事实和理由。

(3)属于仲裁委员会的受理范围。

2. 仲裁时效

仲裁时效是指权利人向仲裁机构请求保护其权利的法定期限,也即权利人在法定期限内没有行使权利,即丧失提请仲裁以保护其权益的权利。

《仲裁法》第七十四条规定:"法律对仲裁时效有规定的,适用该规定。法律对仲裁时效没有规定的,适用诉讼时效的规定。"

当事人申请仲裁应在仲裁时效内提出。

3. 申请仲裁的方式

当事人申请仲裁,应当向仲裁委员会递交仲裁协议、仲裁申请书及副本。

仲裁申请书应当载明下列事项。

(1)当事人的姓名、性别、年龄、职业、工作单位和住所,法人或者其他组织的名称、住所和法定代表人或者主要负责人的姓名、职务。

(2)仲裁请求和所根据的事实、理由。

(3)证据和证据来源、证人姓名和住所。

(二)受理

仲裁委员会收到仲裁申请书之日起5日内,经审查认为符合受理条件的,应当受理,并通知当事人;认为不符合受理条件的,应当书面通知当事人不予受理,并说明理由。

仲裁委员会受理仲裁申请后,应当在仲裁规则规定的期限内将仲裁规则和仲裁员名册送达申请人,并将仲裁申请书副本和仲裁规则、仲裁员名册送达被申请人。

被申请人收到仲裁申请书副本后，应当在仲裁规则规定的期限内向仲裁委员会提交答辩书。仲裁委员会收到答辩书后，应当在仲裁规则规定的期限内将答辩书副本送达申请人。被申请人未提交答辩书的，不影响仲裁程序的进行。

当事人达成仲裁协议，一方向人民法院起诉未声明有仲裁协议，人民法院受理后，另一方在首次开庭前提交仲裁协议的，人民法院应当驳回起诉，但仲裁协议无效的除外；另一方在首次开庭前未对人民法院受理该案提出异议的，视为放弃仲裁协议，人民法院应当继续审理。

（三）仲裁庭的组成

仲裁庭是行使仲裁权的主体。仲裁庭的组成必须按照法定程序进行。

1. 仲裁庭的形式

在我国，仲裁庭的组成形式有两种，即合议仲裁庭和独任仲裁庭。

1）合议仲裁庭

合议仲裁庭由 3 名仲裁员组成，设首席仲裁员。

当事人约定由 3 名仲裁员组成仲裁庭的，应当各自选定或者各自委托仲裁委员会主任指定一名仲裁员，第 3 名仲裁员由当事人共同选定或者共同委托仲裁委员会主任指定。第 3 名仲裁员是首席仲裁员。

2）独任仲裁庭

独任仲裁庭由 1 名仲裁员组成。

当事人约定由 1 名仲裁员成立仲裁庭的，应当由当事人共同选定或者共同委托仲裁委员会主任指定仲裁员。

当事人没有在仲裁规则规定的期限内约定仲裁庭的组成方式或者选定仲裁员的，由仲裁委员会主任指定。

仲裁庭组成后，仲裁委员会应当将仲裁庭的组成情况书面通知当事人。

2. 仲裁员的回避

仲裁员的回避是指仲裁员具有可能影响案件公正裁决的情形时，依照法律的规定，自行申请退出仲裁庭，或者根据当事人的申请退出仲裁庭。

回避制度是仲裁制度的基本制度之一，其目的是保障当事人平等行使权利，保证仲裁员公正处理案件，避免仲裁员的徇私舞弊、枉法裁决情况的出现，以保证仲裁裁决的公正性。

仲裁员有下列情形之一的，必须回避，当事人也有权提出回避申请。

（1）是本案当事人或者当事人、代理人的近亲属。

（2）与本案有利害关系。

（3）与本案当事人、代理人有其他关系，可能影响公正仲裁的。

（4）私自会见当事人、代理人，或者接受当事人、代理人的请客送礼的。

案例分析 15-2　仲裁庭的组成

因回避而重新选定或者指定仲裁员后，当事人可以请求已进行的仲裁程序重新进行，是否准许，由仲裁庭决定；仲裁庭也可以自行决定已进行的仲裁程序是否重新进行。

仲裁员有私自会见当事人、代理人,或者接受当事人、代理人的请客送礼的情形,情节严重的,或者在仲裁该案时有索贿受贿、徇私舞弊、枉法裁决行为的,应当依法承担法律责任,仲裁委员会应当将其除名。

二、仲裁裁决的程序

(一)开庭通知

仲裁委员会应当在仲裁规则规定的期限内将开庭日期通知双方当事人。

当事人有正当理由的,可以在仲裁规则规定的期限内请求延期开庭。是否延期,由仲裁庭决定。

申请人经书面通知,无正当理由不到庭或者未经仲裁庭许可中途退庭的,可以视为撤回仲裁申请。

被申请人经书面通知,无正当理由不到庭或者未经仲裁庭许可中途退庭的,可以缺席裁决。

(二)开庭

仲裁应当开庭进行。当事人协议不开庭的,仲裁庭可以根据仲裁申请书、答辩书以及其他材料作出裁决。

仲裁不公开进行。当事人协议公开的,可以公开进行,但涉及国家秘密的除外。

当事人应当对自己的主张提供证据。

仲裁庭认为有必要收集的证据,可以自行收集。

仲裁庭对专门性问题认为需要鉴定的,可以交由当事人约定的鉴定部门鉴定,也可以由仲裁庭指定的鉴定部门鉴定。

当事人在仲裁过程中有权进行辩论。辩论终结时,首席仲裁员或者独任仲裁员应当征询当事人的最后意见。

仲裁庭应当将开庭情况记入笔录。当事人和其他仲裁参与人认为对自己陈述的记录有遗漏或者差错的,有权申请补正。如果不予补正,应当记录该申请。笔录由仲裁员、记录人员、当事人和其他仲裁参与人签名或者盖章。

(三)裁决

1. 裁决的作出

裁决应当按照多数仲裁员的意见作出,少数仲裁员的不同意见可以记入笔录。仲裁庭不能形成多数意见时,裁决应当按照首席仲裁员的意见作出。

裁决书应当写明仲裁请求、争议事实、裁决理由、裁决结果、仲裁费用的负担和裁决日期。当事人协议不愿写明争议事实和裁决理由的,可以不写。裁决书由仲裁员签名,加盖仲裁委员会印章。对裁决持不同意见的仲裁员,可以签名,也可以不签名。

仲裁庭仲裁纠纷时,其中一部分事实已经清楚,可以就该部分先行裁决。

2. 裁决的生效

《仲裁法》规定，仲裁实行一裁终局。

裁决书自作出之日起发生法律效力。当事人不服裁决的，不能就同一纠纷向仲裁委员会再申请仲裁或者向人民法院起诉。

(四) 仲裁中的和解和调解

1. 和解

当事人申请仲裁后，可以自行和解。达成和解协议的，可以请求仲裁庭根据和解协议作出裁决书，也可以撤回仲裁申请。

当事人达成和解协议，撤回仲裁申请后反悔的，可以根据仲裁协议申请仲裁。

2. 调解

仲裁庭在作出裁决前，可以先行调解。当事人自愿调解的，仲裁庭应当调解。调解不成的，应当及时作出裁决。

调解达成协议的，仲裁庭应当制作调解书或者根据协议的结果制作裁决书。调解书应当写明仲裁请求和当事人协议的结果，由仲裁员签名，加盖仲裁委员会印章。

调解书经双方当事人签收后，即发生与裁决书同等的法律效力。在调解书签收前当事人反悔的，仲裁庭应当及时作出裁决。

三、仲裁裁决的执行

仲裁裁决的执行是指当事人对仲裁裁决的履行。当事人应当履行仲裁裁决。如果一方当事人不履行仲裁裁决，对方当事人可以依照《民事诉讼法》的规定向人民法院申请执行。

四、人民法院和仲裁的关系

人民法院和仲裁的关系，主要体现在两个方面：一是法院对仲裁活动的协助，二是法院对仲裁活动的监督。

(一) 人民法院对仲裁的协助

人民法院对仲裁的协助，主要体现在仲裁中的财产保全、证据保全和仲裁裁决的执行等方面。

1. 财产保全

财产保全是指人民法院为保障将来的生效判决能够得到执行或者避免财产遭受损失，依法对当事人的财产或者争议的标的物，采取限制当事人处分的强制措施。

在仲裁活动中，一方当事人因另一方当事人的行为或者其他原因，可能使裁决不能执行或者难以执行的，可以申请财产保全。

当事人申请财产保全的，仲裁委员会应当将当事人的申请依照《民事诉讼法》的有关规定提交人民法院。

申请有错误的，申请人应当赔偿被申请人因财产保全所遭受的损失。

2. 证据保全

证据保全是指人民法院依法对可能灭失或今后难以取得的证据,予以调查收集和固定保存的行为。

在仲裁活动中,当事人在证据可能灭失或者以后难以取得的情况下,可以申请证据保全。当事人申请证据保全的,仲裁委员会应当将当事人的申请提交证据所在地的基层人民法院。

3. 仲裁裁决的执行

(1) 仲裁裁决的执行机构是人民法院。

如果被申请人的住所或其财产所在地在中国境内,根据《民事诉讼法》的规定,一方当事人不履行仲裁机构的裁决的,对方当事人可以向有管辖权的人民法院申请执行。受申请的人民法院应当执行。

当事人申请执行仲裁裁决案件,由被执行人住所地或者被执行的财产所在地的中级人民法院管辖。

当事人请求不予执行仲裁调解书或者根据当事人之间的和解协议作出的仲裁裁决书的,人民法院不予支持。

(2) 由于《承认和执行外国仲裁裁决公约》于1987年4月22日对中国生效,因此如果被申请人的住所或其财产所在地位于中国境外,而且其所在国也加入了联合国1958年签署的《承认及执行外国仲裁裁决公约》,则申请人可以根据该公约向该国有管辖权的法院申请承认和执行。向外国法院申请承认和执行裁决时,应按其要求提交执行申请书并附具仲裁协议和裁决书的正本及其相关的译本等证明文件。仲裁委员会作出的仲裁裁决可以根据该公约在140多个国家和地区的法院得以执行。

(二) 人民法院对仲裁的监督

为了确保仲裁裁决的合法性,保护当事人的合法权益,《仲裁法》规定人民法院依法对仲裁进行监督。

人民法院对仲裁的监督,主要体现在以下方面。

1. 确认仲裁协议的效力

人民法院审理仲裁协议效力确认案件,应当组成合议庭进行审查,并询问当事人。

2. 撤销仲裁裁决

当事人申请撤销裁决的,应当自收到裁决书之日起6个月内提出。

(1) 没有仲裁协议的。

(2) 裁决的事项不属于仲裁协议的范围或者仲裁委员会无权仲裁的。

(3) 仲裁庭的组成或者仲裁的程序违反法定程序的。

违反法定程序包括违反仲裁法规定的仲裁程序和当事人选择的仲裁规则可能影响案件正确裁决的情形。

(4) 裁决所根据的证据是伪造的。

(5) 对方当事人隐瞒了足以影响公正裁决的证据的。

(6) 仲裁员在仲裁该案时有索贿受贿、徇私舞弊、枉法裁决行为的。

根据《仲裁法》第五十八条的规定，当事人提出证据证明仲裁裁决有上列情形之一的，可以向仲裁委员会所在地的中级人民法院申请撤销裁决。人民法院经组成合议庭审查核实裁决有前款规定情形之一的或者认定该裁决违背社会公共利益的，应当裁定撤销。

另外，当事人以仲裁裁决事项超出仲裁协议范围为由申请撤销仲裁裁决，经审查属实的，人民法院应当撤销仲裁裁决中的超裁部分。但超裁部分与其他裁决事项不可分的，人民法院应当撤销仲裁裁决。

人民法院受理当事人撤销仲裁裁决的申请后，另一方当事人申请执行同一仲裁裁决的，受理执行申请的人民法院应当在受理后裁定中止执行。

人民法院应当在受理撤销裁决申请之日起两个月内作出撤销裁决或者驳回申请的裁定。

当事人在仲裁程序中未对仲裁协议的效力提出异议，在仲裁裁决作出后以仲裁协议无效为由主张撤销仲裁裁决的，人民法院不予支持。

当事人以不属于《仲裁法》第五十八条规定的事由申请撤销仲裁裁决的，人民法院不予支持。

3. 通知仲裁庭重新仲裁

人民法院受理撤销裁决的申请后，认为可以由仲裁庭重新仲裁的，可以通知仲裁庭在一定期限内重新仲裁，并裁定中止撤销程序。

人民法院依法通知仲裁庭重新仲裁的应属于下列情形之一。

（1）仲裁裁决所根据的证据是伪造的。

（2）对方当事人隐瞒了足以影响公正裁决的证据的。

仲裁庭拒绝重新仲裁的，人民法院应当裁定恢复撤销程序。

仲裁庭在人民法院指定的期限内开始重新仲裁的，人民法院应当裁定终结撤销程序；未开始重新仲裁的，人民法院应当裁定恢复撤销程序。

当事人对重新仲裁裁决不服的，可以在重新仲裁裁决书送达之日起 6 个月内依据《仲裁法》第五十八条规定向人民法院申请撤销。

4. 不予执行仲裁裁决

不予执行仲裁裁决是指一方当事人向有管辖权的人民法院申请执行仲裁裁决时，被申请人提出证据证明仲裁裁决符合法定情形的，人民法院裁定不予执行该裁决。

《民事诉讼法》第二百三十七条规定，有下列情形之一的，经人民法院组成合议庭审查核实，裁定不予执行，裁定书应当送达双方当事人和仲裁机构。

（1）当事人在合同中没有订有仲裁条款或者事后没有达成书面仲裁协议的。

（2）裁决的事项不属于仲裁协议的范围或者仲裁机构无权仲裁的。

（3）仲裁庭的组成或者仲裁的程序违反法定程序的。

（4）裁决所根据的证据是伪造的。

（5）对方当事人向仲裁机构隐瞒了足以影响公正裁决的证据的。

（6）仲裁员在仲裁该案时有贪污受贿、徇私舞弊、枉法裁决行为的。

扩展资料 15-2　仲裁裁决的执行

人民法院认定执行该裁决违背社会公共利益的，裁定不予执行。

仲裁裁决被人民法院裁定不予执行的，当事人可以根据双方达成的书面仲裁协议重新申请仲裁，也可以向人民法院起诉。

当事人向人民法院申请撤销仲裁裁决被驳回后，又在执行程序中以相同理由提出不予执行抗辩的，人民法院不予支持。

当事人在仲裁程序中未对仲裁协议的效力提出异议，在仲裁裁决作出后以仲裁协议无效为由提出不予执行抗辩的，人民法院不予支持。

当事人在仲裁程序中对仲裁协议的效力提出异议，在仲裁裁决作出后又以此为由提出不予执行抗辩，经审查符合《仲裁法》第五十八条规定的，人民法院应予支持。

习题

问答题

1. 仲裁的基本程序包括哪些阶段？
2. 人民法院对仲裁的监督如何体现？
3. 人民法院对仲裁的协助如何体现？

本章主要参考法律法规

1.《中华人民共和国仲裁法》
2.《最高人民法院关于认真贯彻仲裁法依法执行仲裁裁决的通知》
3.《国务院办公厅关于贯彻实施〈中华人民共和国仲裁法〉需要明确的几个问题的通知 》
4.《最高人民法院关于实施〈中华人民共和国仲裁法〉几个问题的通知 》
5.《最高人民法院关于适用〈中华人民共和国仲裁法〉若干问题的解释》

即测即练

第十六章

民事诉讼

学习目标

1. 了解民事诉讼的概念和基本原则；
2. 了解民事诉讼管辖；
3. 了解民事诉讼中的诉讼参与人的类型；
4. 了解第一审程序；掌握起诉的条件；
5. 了解第二审程序、审判监督程序和民事执行程序。

思政结合

1. 由《民事诉讼法》的历史和现状，认识中国特色社会主义司法制度“司法为民，注重关注民生、维护民生、保障民生”的优越性，增强司法制度自信，走中国特色社会主义法治道路。

2. 审判监督程序体现了有错必纠、实事求是的优良传统，满足人民群众对实质公平正义的诉求，有利于建设公正、高效、权威的社会主义司法制度。

3. 学习《民事诉讼法》起诉条件，正确对待社会生活中的各种矛盾，依法维护自身权益，学习执行程序，诚信履约，维护和珍惜个人信用。

引导案例

诉讼代表人制度

2019 年以来，原告王放等 487 名债券投资者陆续起诉至杭州市中级人民法院称，五洋建设集团股份有限公司(以下简称“五洋建设”)在不符合债券发行条件的前提下，通过制作虚假财务报表欺诈发行“15 五洋债”“15 五洋 02”两只公募债券，请求五洋建设偿付债券本息及逾期利息；陈志樟作为实际控制人，德邦证券股份有限公司、大信会计师事务所、锦天城律师事务所等作为承销商和中介机构承担连带责任。

杭州市中级人民法院于 2020 年 3 月 13 日向社会公开征集适格自然人投资者，于 2020 年 6 月 30 日投票推选确定诉讼代表人；2020 年 7 月 13 日立案受理，依法组成合议庭，并于 2020 年 9 月 4 日公开开庭进行了审理。这是全国首例证券纠纷诉讼代表人案，该庭审公开直播累计播放量 10 万余次。(资料来源：东方网，http：//news. eastday. com/eastday/13news/auto/news/finance/20210103/u7ai9676128. html.)

第一节 民事诉讼概述

当事人之间发生经济纠纷,其性质属于民事争议,可依法提起民事诉讼,适用民事诉讼程序。根据2021年最高人民法院工作报告,2020年全国各级人民法院依法履职尽责,审结一审民商事案件1 330.5万件,审结一审知识产权案件46.6万件,同比上升11.7%,知识产权案件判赔金额同比增长79.3%,促进形成鼓励自主创新、推动科技进步的法治环境;另外,还审结破产案件10 132件,涉及债权1.2万亿元,其中,审结破产重整案件728件,盘活资产4 708亿元,让532家有发展前景的企业重获新生,帮助48.6万名员工稳住就业。上述经济纠纷案件的审理,有效地维护了当事人的合法权益,推进了法制建设,促进了经济社会发展。

一、民事诉讼的概念和基本原则

(一) 民事诉讼的概念

民事诉讼是指人民法院、当事人和其他诉讼参与人在审理民事案件的过程中所进行的各种诉讼活动,即代表国家行使审判权的人民法院,在各方当事人和其他诉讼参与人的参与下,审理和解决经济纠纷的各种活动。

民事诉讼的主要法律依据是《民事诉讼法》及其司法解释。《民事诉讼法》于1991年4月9日第七届全国人民代表大会第四次会议通过;根据2007年10月28日第十届全国人民代表大会常务委员会第三十次会议《全国人民代表大会常务委员会关于修改〈中华人民共和国民事诉讼法〉的决定》进行了第一次修正,自2008年4月1日起施行;根据2012年8月31日第十一届全国人民代表大会常务委员会第二十八次会议《全国人民代表大会常务委员会关于修改〈中华人民共和国民事诉讼法〉的决定》第二次修正,于2013年1月1日起生效;根据2017年6月27日第十二届全国人民代表大会常务委员会第二十八次会议《全国人民代表大会常务委员会关于修改〈中华人民共和国民事诉讼法〉和〈中华人民共和国行政诉讼法〉的决定》第三次修正,新的《民事诉讼法》于2017年7月1日起生效。

(二) 民事诉讼的基本原则

根据《民事诉讼法》的规定,民事诉讼活动中,人民法院审理国内经济纠纷案件,主要有以下基本原则。

1. 处分原则

处分原则是指在诉讼过程中,当事人有权在法律规定的范围内处分自己的民事权利和诉讼权利。

2. 平等原则

平等原则是指当事人在诉讼过程中平等地享有和行使诉讼权利,平等地承担诉讼义务。当事人不论身份和社会地位如何,在诉讼过程中地位平等,不享有任何诉讼上的特权。

人民法院审理民事案件，应当保障和便利当事人行使诉讼权利，对当事人在适用法律上一律平等。

3. 调解原则

民事诉讼中的调解作为一种结案方式，是指双方或多方当事人就争议的实体权利、义务，在人民法院、人民调解委员会的主持下，自愿进行协商，通过教育疏导，达成协议、解决纠纷的办法。人民法院审理民事案件，应当根据自愿和合法的原则进行调解；调解不成的，应当及时判决。

因此人民法院审理民事案件，在整个诉讼过程中均贯彻调解原则，包括第一审程序、第二审程序和审判监督程序。

4. 辩论原则

辩论原则是指当事人在人民法院的主持下，在诉讼过程中有权就纠纷的事实和适用法律等各种争议问题，陈述自己的主张，进行答辩和相互之间的反驳，从而通过辩论维护自己的民事权益。当事人的辩论活动也有利于人民法院查明案件事实，正确适用法律和审理案件。

5. 支持起诉原则

支持起诉原则是指国家机关、社会团体、企业事业单位对损害国家、集体或者个人合法利益的行为，可以支持受损害的人向人民法院起诉。

支持起诉的要件如下。

(1) 支持起诉的主体是机关、团体、企业事业单位。

(2) 支持起诉的前提是法人或者自然人有损害国家、集体或者个人民事权益的违法行为。

(3) 支持起诉的时机必须是受损害的单位或个人造成了损害，而又不能、不敢或者不便诉诸法院。

6. 同等和对等原则

同等和对等原则针对在我国参加民事诉讼活动的外国人、无国籍人、外国企业和组织。具体包括以下两方面。

首先，同等原则体现为，外国人、无国籍人、外国企业和组织在人民法院起诉、应诉，同中华人民共和国公民、法人和其他组织有同等的诉讼权利义务。

扩展资料 16-1 最高人民法院工作报告摘要节选

其次，对等原则体现为，外国法院对中华人民共和国公民、法人和其他组织的民事诉讼权利加以限制的，中华人民共和国人民法院对该国公民、企业和组织的民事诉讼权利实行对等原则。

二、民事诉讼的管辖

民事诉讼的管辖是指在人民法院内部，各级人民法院和同级人民法院之间，受理第一审民事案件的分工和权限。它是在人民法院系统内部划分和确定某级或者同级中的某个人民法院对某一民事案件行使审判权的问题。确定了第一审案件的管辖后，第二审案件的管辖相应确定。民事诉讼的管辖主要通过级别管辖和地域管辖来确定。

(一) 级别管辖

级别管辖是从纵向上划分上下级法院之间受理第一审民事案件的分工和权限。我国法院一共有四级：基层人民法院、中级人民法院、高级人民法院和最高人民法院。(此外还有专门法院即军事法院、海事法院、铁路运输法院。)

1. 基层人民法院

根据《中华人民共和国人民法院组织法》,在县、县级市、自治县、市辖区设立基层人民法院。

基层人民法院管辖第一审民事案件,但《民事诉讼法》另有规定的除外。因此,一般民事案件都由基层人民法院管辖,即除了法律规定由中级人民法院、高级人民法院、最高人民法院管辖的第一审民事案件外。

2. 中级人民法院

中级人民法院包括：在省、自治区内按地区设立的中级人民法院,在直辖市内设立的中级人民法院,省、自治区辖市的中级人民法院,自治州中级人民法院。

中级人民法院管辖下列第一审民事案件。

(1) 重大涉外案件。

(2) 在本辖区有重大影响的案件。

(3) 最高人民法院确定由中级人民法院管辖的案件。

3. 高级人民法院

高级人民法院设于省、自治区、直辖市,是省级的最高审判机关。

高级人民法院管辖在本辖区有重大影响的第一审民事案件。

中级人民法院和高级人民法院管辖的第一审案件中均有本辖区内重大影响的案件。重大影响的标准由最高人民法院根据各地区具体情况作出规定。根据最高人民法院发布的2008年4月生效的《全国各省、自治区、直辖市高级人民法院和中级人民法院管辖第一审民事案件标准》,以北京市为例。

北京市高级人民法院管辖诉讼标的额在2亿元以上的第一审民商事案件,以及诉讼标的额在1亿元以上且当事人一方住所地不在本辖区或者涉外、涉港澳台的第一审民商事案件；中级人民法院、北京铁路运输中级法院管辖诉讼标的额在5 000万元以上的第一审民商事案件,以及诉讼标的额在2 000万元以上且当事人一方住所地不在本辖区或者涉外、涉港澳台的第一审民商事案件。

4. 最高人民法院

根据《民事诉讼法》第二十条的规定,最高人民法院管辖下列第一审民事案件。

1) 在全国有重大影响的案件

在全国有重大影响的案件是指在全国范围内案件性质比较严重、案情特别复杂、影响重大的案件,这类案件为数极少。

2) 认为应当由本院审理的案件

最高人民法院认为应当由本院审理的案件是指只要最高人民法院认为某一案件应当

由其审理,不论该案属于哪一级、哪一个法院管辖,它都有权将案件提上来自己审判,从而取得对案件的管辖权。这是法律赋予最高审判机关在管辖上的特殊权力。

由最高人民法院作为第一审管辖的民事案件实行一审终审,不能上诉。

(二)地域管辖

地域管辖又称属地管辖或者土地管辖,是指确定同级别的人民法院之间受理第一审民事案件的分工和权限。

在确定地域管辖中,两个以上人民法院都有管辖权的诉讼,原告可以向其中一个人民法院起诉;原告向两个以上有管辖权的人民法院起诉的,由最先立案的人民法院管辖。

地域管辖主要分为一般地域管辖、特殊地域管辖、专属管辖、共同管辖和协议管辖等。

1. 一般地域管辖

一般地域管辖是指按照当事人的住所与其所在地法院的隶属关系确定的管辖。

1)一般地域管辖的原则

一般地域管辖的原则是“原告就被告”。

对公民提起的民事诉讼,由被告住所地人民法院管辖;被告住所地与经常居住地不一致的,由经常居住地人民法院管辖。

对法人或者其他组织提起的民事诉讼,由被告住所地人民法院管辖。

同一诉讼的几个被告住所地、经常居住地在两个以上人民法院辖区的,各该人民法院都有管辖权。

2)例外

下列民事诉讼由原告住所地人民法院管辖,原告住所地与经常居住地不一致的,由原告经常居住地人民法院管辖:对不在中华人民共和国领域内居住的人提起的有关身份关系的诉讼;对下落不明或者宣告失踪的人提起的有关身份关系的诉讼;对被采取强制性教育措施的人提起的诉讼;对被监禁的人提起的诉讼。

2. 特殊地域管辖

特殊地域管辖又称特别地域管辖,是指以被告住所地、诉讼标的所在地、法律事实所在地为标准确定的管辖。在特殊地域管辖中至少有两个法院都有管辖权,且当事人可以选择其中一个法院进行起诉。因此,特殊地域管辖从当事人角度看属于“选择管辖”,从法院角度看属于“共同管辖”。特殊地域管辖主要包括下列情形:

(1)因合同纠纷提起的诉讼由被告住所地或者合同履行地人民法院管辖。

(2)因保险合同纠纷提起的诉讼,由被告住所地或者保险标的物所在地人民法院管辖。

(3)因票据纠纷提起的诉讼,由票据支付地或者被告住所地人民法院管辖。

(4)因公司设立、确认股东资格、分配利润、解散等纠纷提起的诉讼,由公司住所地人民法院管辖。

(5)因铁路、公路、水上、航空运输和联合运输合同纠纷提起的诉讼,由运输始发地、目的地或者被告住所地人民法院管辖。

(6)因侵权行为提起的诉讼,由侵权行为地或者被告住所地人民法院管辖。

(7) 因铁路、公路、水上和航空事故请求损害赔偿提起的诉讼,由事故发生地或者车辆、船舶最先到达地、航空器最先降落地或者被告住所地人民法院管辖。

(8) 因船舶碰撞或者其他海事损害事故请求损害赔偿提起的诉讼,由碰撞发生地、碰撞船舶最先到达地、加害船舶被扣留地或者被告住所地人民法院管辖。

(9) 因海难救助费用提起的诉讼,由救助地或者被救助船舶最先到达地人民法院管辖。

(10) 因共同海损提起的诉讼,由船舶最先到达地、共同海损理算地或者航程终止地的人民法院管辖。

3. 专属管辖

专属管辖是指法律强制规定某类案件只能由特定法院管辖,其他法院无权管辖,也不允许当事人协议变更管辖。与其他法定管辖相比,专属管辖具有优先性、排他性与强制性。下列案件实行专属管辖:

(1) 因不动产纠纷提起的诉讼,由不动产所在地人民法院管辖。

(2) 因港口作业中发生纠纷提起的诉讼,由港口所在地人民法院管辖。

(3) 因继承遗产纠纷提起的诉讼,由被继承人死亡时住所地或者主要遗产所在地人民法院管辖。

4. 共同管辖

共同管辖指根据《民事诉讼法》关于管辖的规定,两个以上的法院对同一案件都享有管辖权。发生共同管辖时,原告可以向其中一个人民法院起诉;原告向两个以上有管辖权的人民法院起诉的,由最先立案的人民法院管辖。

5. 协议管辖

协议管辖又称合意管辖或者约定管辖,是指合同或者其他财产权益纠纷的当事人可以书面协议选择被告住所地、合同履行地、合同签订地、原告住所地、标的物所在地等与争议有实际联系的地点的人民法院管辖,但不得违反《民事诉讼法》对级别管辖和专属管辖的规定。

(三) 移送管辖、指定管辖和管辖权的转移

1. 移送管辖

移送管辖是指人民法院发现受理的案件不属于本院管辖的,依法将该案件移送给有管辖权的人民法院。

受移送的人民法院应当受理。受移送的人民法院认为受移送的案件依照规定不属于本院管辖的,应当报请上级人民法院指定管辖,不得再自行移送。

2. 指定管辖

指定管辖主要有两种情况:一是有管辖权的人民法院由于特殊原因,不能行使管辖权的,由上级人民法院指定管辖。二是人民法院之间因管辖权发生争议,由争议双方协商解决;协商解决不了的,报请它们的共同上级人民法院指定管辖。

3. 管辖权的转移

上级人民法院有权审理下级人民法院管辖的第一审民事案件;确有必要将本院管辖

的第一审民事案件交下级人民法院审理的，应当报请其上级人民法院批准。

下级人民法院对它所管辖的第一审民事案件，认为需要由上级人民法院审理的，可以报请上级人民法院审理。

三、民事诉讼中的诉讼参与人

诉讼参与人是在诉讼活动中享有一定诉讼权利，并承担一定诉讼义务的除国家专门机关工作人员以外的人。民事诉讼中的诉讼参与人主要包括以下类型。

（一）当事人

1. 当事人的概念

当事人是指民事诉讼中以自己的名义要求人民法院保护民事权利或者法律关系、受人民法院裁判约束的起诉方和被诉方。公民、法人和其他组织可以作为民事诉讼的当事人。法人由其法定代表人进行诉讼。其他组织由其主要负责人进行诉讼。

2. 当事人的种类

当事人有狭义当事人和广义当事人之分，狭义当事人仅包括原告和被告，广义的当事人除原告、被告外，还包括共同诉讼人和第三人。

1）原告

原告是指认为自己的合法权益被侵害，或者与他人发生争议后，以自己的名义向人民法院提起诉讼，请求法院保护其权益的人。

2）被告

被告是指被原告起诉侵害了原告合法权益或者与原告发生争议，被人民法院通知应诉的人。

3. 当事人的诉讼权利和义务

1）当事人的诉讼权利

当事人依法享有诉讼权利，主要包括：有权委托代理人；有权提出回避申请，收集、提供证据，进行辩论，请求调解，提起上诉，申请执行；可以查阅本案有关材料，并可以复制本案有关材料和法律文书。

2）当事人的诉讼义务

当事人依法承担诉讼义务，主要包括：必须依法行使诉讼权利；遵守诉讼秩序；履行发生法律效力的判决书、裁定书和调解书。

另外，双方当事人可以自行和解；原告可以放弃或者变更诉讼请求。被告可以承认或者反驳诉讼请求，有权提起反诉。

诉讼参与人还包括证人、鉴定人、翻译人员等。

（二）共同诉讼人

共同诉讼人是指当事人一方或双方为二人以上，诉讼标的是共同的，或者诉讼标的是同一种类，人民法院认为可以合并审理并经当事人同意，一同在人民法院进行诉讼的人。

(三) 诉讼代表人

当事人一方人数众多的共同诉讼,可以由当事人推选代表人进行诉讼,即诉讼代表人。

(四) 第三人

第三人包括有独立请求权和无独立请求权两种情况。

对当事人双方的诉讼标的,第三人认为有独立请求权的,有权提起诉讼。

对当事人双方的诉讼标的,第三人虽然没有独立请求权,但案件处理结果同他有法律上的利害关系的,可以申请参加诉讼,或者由人民法院通知他参加诉讼。人民法院判决承担民事责任的第三人,有当事人的诉讼权利义务。

(五) 诉讼代理人

无诉讼行为能力人由他的监护人作为法定代理人代为诉讼。法定代理人之间互相推诿代理责任的,由人民法院指定其中一人代为诉讼。

当事人、法定代理人可以向人民法院提交由己方签名或者盖章的授权委托书,委托1～2名符合《民事诉讼法》规定的人作为诉讼代理人。

四、诉讼保全

(一) 诉讼保全的种类

根据诉讼保全的前提,诉讼保全可分为三种情况。

1. 当事人申请的保全

人民法院对于可能因当事人一方的行为或者其他原因,使判决难以执行或者造成当事人其他损害的案件,根据对方当事人的申请,可以裁定对其财产进行保全,责令其做出一定行为或者禁止其做出一定行为。

2. 人民法院主动裁定的保全

当事人没有提出保全申请的,人民法院在必要时也可以裁定采取保全措施。

上述两种情况下人民法院采取保全措施,可以责令申请人提供担保,申请人不提供担保的,裁定驳回申请。

人民法院接受申请后,必须在48小时内作出裁定;裁定采取保全措施的,应当立即开始执行。

3. 利害关系人申请的保全

利害关系人因情况紧急,不立即申请保全将会使其合法权益受到难以弥补的损害的,可以在提起诉讼或者申请仲裁前向被保全财产所在地、被申请人住所地或者对案件有管辖权的人民法院申请采取保全措施。申请人应当提供担保,不提供担保的,裁定驳回申请。

人民法院接受申请后,必须在48小时内作出裁定;裁定采取保全措施的,应当立即开始执行。

申请人在人民法院采取保全措施后 30 日内不依法提起诉讼或者申请仲裁的，人民法院应当解除保全。

财产纠纷案件，被申请人提供担保的，人民法院应当裁定解除保全。申请有错误的，申请人应当赔偿被申请人因保全所遭受的损失。

（二）保全的范围和措施

1. 保全的范围

保全限于请求的范围，或者与本案有关的财物。

2. 保全的措施

财产保全采取查封、扣押、冻结或者法律规定的其他方法。人民法院保全财产后，应当立即通知被保全财产的人。

五、诉讼费用

当事人进行民事诉讼，应当按照规定交纳案件受理费。财产案件除交纳案件受理费外，还按照规定交纳其他诉讼费用。诉讼费用的交纳主要依据为国务院颁布的 2007 年 4 月 1 日起施行的《诉讼费用交纳办法》。

（一）诉讼费用交纳原则

当事人进行民事诉讼、行政诉讼，应当依照本办法交纳诉讼费用。

本办法规定可以不交纳或者免予交纳诉讼费用的除外。

在诉讼过程中不得违反本办法规定的范围和标准向当事人收取费用。

国家对交纳诉讼费用确有困难的当事人提供司法救助，保障其依法行使诉讼权利，维护其合法权益。当事人可依法向人民法院申请缓交、减交或免交。

（二）诉讼费用的交纳范围

1. 案件受理费

（1）第一审案件受理费。

（2）第二审案件受理费。

（3）再审案件中，依照本办法规定需要交纳的案件受理费。

2. 申请费

当事人依法向人民法院申请下列事项，应当交纳申请费。

（1）申请执行人民法院发生法律效力的判决、裁定、调解书，仲裁机构依法作出的裁决和调解书，公证机构依法赋予强制执行效力的债权文书。

（2）申请保全措施。

（3）申请支付令。

（4）申请公示催告。

（5）申请撤销仲裁裁决或者认定仲裁协议效力。

(6) 申请破产。

(7) 申请海事强制令、共同海损理算、设立海事赔偿责任限制基金、海事债权登记、船舶优先权催告。

(8) 申请承认和执行外国法院判决、裁定和国外仲裁机构裁决。

(三) 诉讼费用的交纳标准

1. 案件受理费的交纳标准

1) 财产案件的交纳标准

财产案件根据诉讼请求的金额或者价额,按照比例分段累计交纳。如不超过1万元的,每件交纳50元;超过1万~10万元的部分,按照2.5%交纳;超过10万元至20万元的部分,按照2%交纳;超过20万元至50万元的部分,按照1.5%交纳;超过50万元至100万元的部分,按照1%交纳;超过100万元至200万元的部分,按照0.9%交纳;超过200万元至500万元的部分,按照0.8%交纳;超过500万元至1 000万元的部分,按照0.7%交纳;超过1 000万元至2 000万元的部分,按照0.6%交纳;超过2 000万元的部分,按照0.5%交纳。

2) 非财产案件的交纳标准

侵害名称权、名誉权以及其他人格权的案件,每件交纳100元至500元。涉及损害赔偿,赔偿金额不超过5万元的,不另行交纳;超过5万元至10万元的部分,按照1%交纳;超过10万元的部分,按照0.5%交纳。

其他非财产案件每件交纳50~100元。

3) 知识产权民事案件的交纳标准

没有争议金额或者价额的,每件交纳500~1 000元,有争议金额或者价额的,按照财产案件的标准交纳。

4) 行政案件的交纳标准

商标、专利、海事行政案件每件交纳100元,其他行政案件每件交纳50元。

2. 申请费的交纳标准

(1) 依法向人民法院申请执行人民法院发生法律效力的判决、裁定、调解书,仲裁机构依法作出的裁决和调解书,公证机关依法赋予强制执行效力的债权文书,申请承认和执行外国法院判决、裁定以及国外仲裁机构裁决的交纳标准如下。

没有执行金额或者价额的,每件交纳50~500元。

有执行金额的,按照执行金额分段按比例交纳。

(2) 申请保全措施的,根据实际保全的财产数额依法交纳。

财产数额不超过1 000元或者不涉及财产数额的,每件交纳30元;超过1 000元至10万元的部分,按照1%交纳;超过10万元的部分,按照0.5%交纳。但是,当事人申请保全措施交纳的费用最多不超过5 000元。

(3) 依法申请公示催告的,每件交纳100元。

(4) 申请撤销仲裁裁决或者认定仲裁协议效力的,每件交纳400元。

(5) 破产案件依据破产财产总额计算,按照财产案件受理费标准减半交纳,但是,最高不超过30万元。

习题

一、名词解释题

民事诉讼　当事人　级别管辖　地域管辖　专属管辖　移送管辖

二、问答题

1. 民事诉讼的基本原则有哪些?
2. 民事诉讼的当事人有哪些?
3. 民事诉讼级别管辖应如何确定?
4. 民事诉讼地域管辖包括哪些种类?
5. 民事诉讼费用应如何确定?

第二节　第一审程序

民事诉讼程序包括附属程序、审判程序、执行程序。审判程序又包括非争议案件的审判程序和争议案件的审判程序。本章主要介绍对争议案件的审判程序和执行程序。我国民事诉讼实行两审终审制,审判程序包括第一审程序、第二审程序和审判监督程序。

民事诉讼的第一审普通程序主要包括以下步骤。

一、起诉和受理

(一) 起诉

1. 起诉的概念

民事诉讼法中的起诉,是指民事法律关系主体因自己的或依法受其管理、支配的民事权益受到侵犯,或者与他人发生争议,以自己的名义请求人民法院予以审判保护的诉讼行为。人民法院审理的各种案件,是以公诉机关或者原告的起诉为前提,如果没有人起诉,人民法院对任何案件都不主动审理,即所谓"不告不理"的原则。

2. 起诉的条件

案例分析16-1　消协是否可作原告

起诉必须符合下列条件。

(1) 原告是与本案有直接利害关系的公民、法人和其他组织。

只有因为自己的合法民事权益受到侵害或者与他人发生争议,才能以原告身份向人民法院提起诉讼。

对污染环境、侵害众多消费者合法权益等损害社会公共利益的行为,法律规定的机关和有关组织可以向人民法院提起诉讼。

(2) 有明确的被告。

原告提起诉讼时必须指出侵犯其合法权益或者与之发生争议的人。

(3) 有具体的诉讼请求和事实、理由。

(4) 属于人民法院受理民事诉讼的范围和受诉人民法院管辖。

扩展资料 16-2
被告适格问题

起诉应当向人民法院递交起诉状,并按照被告人数提供副本。

起诉状应当记明:原告与被告的姓名、性别、工作单位、住所等信息,法人或者其他组织的名称、住所等信息;诉讼请求和所根据的事实与理由;证据和证据来源,证人姓名和住所。

当事人起诉到人民法院的民事纠纷,适宜调解的,先行调解,但当事人拒绝调解的除外。

(二) 受理

受理是指人民法院对原告的起诉进行审查,认为符合法律规定的起诉条件的,决定立案审理的行为。

人民法院接到原告的起诉后,对符合起诉条件的,必须受理,应当在7日内立案,并通知当事人;不符合起诉条件的,应当在7日内作出裁定书,不予受理;原告对裁定不服的,可以提起上诉。

二、审理前的准备

审理前的准备是指人民法院立案后,在开庭审理之前,依法所做的各项主要工作。

审理前的准备工作包括:送达起诉状副本和答辩状副本;告知当事人诉讼权利义务;告知当事人合议庭组成人员;审查核实诉讼材料,调查收集必要的证据;追加当事人。

(一) 送达起诉状副本和答辩状副本

人民法院应当在立案之日起5日内将起诉状副本(包括原告口头起诉的,也应以书面形式)送达被告,被告应当在收到之日起15日内提出答辩状。人民法院应当在收到答辩状之日起5日内将答辩状副本发送原告。被告不提出答辩状的,不影响人民法院审理。

(二) 告知当事人诉讼权利义务

为了保障当事人的诉讼权利的行使和诉讼义务的履行,人民法院应当在受理案件通知书和应诉通知书中向当事人告知有关的诉讼权利义务,或者口头告知。

(三) 告知当事人合议庭组成人员

审理案件的合议庭组成人员确定后,人民法院应当在3日内告知当事人。

(四) 审查核实诉讼材料,调查收集必要的证据

承办该案件的审判人员必须认真审核当事人提交的起诉状、答辩状、证据等诉讼材料,从而了解案情,确定双方证据是否充分,是否需要人民法院调查和收集必要的证据。

对案件必需的当事人无法提供的证据，人民法院应当进行调查和收集。

（五）追加当事人

如果人民法院发现必须共同进行诉讼的当事人没有参加诉讼的，人民法院应当通知其参加诉讼。当事人也可以向人民法院申请追加当事人。

三、开庭审理

开庭审理是指人民法院、当事人以及其他诉讼参与人，按照法定的程序和步骤，对案件进行审理的诉讼活动。

开庭审理应当公开进行。人民法院审理民事案件，除涉及国家秘密、个人隐私或者法律另有规定的以外，应当公开进行。离婚案件，涉及商业秘密的案件，当事人申请不公开审理的，可以不公开审理。

（一）开庭审理的阶段

开庭审理包括开庭准备、法庭调查、法庭辩论、案件的评议和宣判几个阶段。

1. 开庭准备

人民法院审理民事案件，应当在开庭3日前通知当事人和其他诉讼参与人。公开审理的，应当公告当事人姓名、案由和开庭的时间、地点。

开庭审理前，书记员应当查明当事人和其他诉讼参与人是否到庭，宣布法庭纪律。

开庭审理时，由审判长核对当事人，宣布案由，宣布审判人员、书记员名单，告知当事人有关的诉讼权利义务，询问当事人是否提出回避申请。

2. 法庭调查

法庭调查按照下列顺序进行。

（1）当事人陈述。

（2）告知证人的权利义务，证人做证，宣读未到庭的证人证言。

（3）出示书证、物证、视听资料和电子数据。

（4）宣读鉴定意见。

（5）宣读勘验笔录。

当事人在法庭上可以提出新的证据。

当事人经法庭许可，可以向证人、鉴定人、勘验人发问。

当事人要求重新进行调查、鉴定或者勘验的，是否准许，由人民法院决定。

原告增加诉讼请求，被告提出反诉，第三人提出与本案有关的诉讼请求，可以合并审理。

3. 法庭辩论

法庭辩论按照下列顺序进行。

（1）原告及其诉讼代理人发言。

（2）被告及其诉讼代理人答辩。

（3）第三人及其诉讼代理人发言或者答辩。

(4) 互相辩论。

法庭辩论终结,由审判长按照原告、被告、第三人的先后顺序征询各方最后意见。

4. 案件的评议和宣判

法庭辩论终结,应当依法作出判决。判决前能够调解的,还可以进行调解;调解不成的,应当及时判决。

人民法院对公开审理或者不公开审理的案件,一律公开宣告判决。

当庭宣判的,应当在10日内发送判决书;定期宣判的,宣判后立即发给判决书。

宣告判决时,必须告知当事人上诉权利、上诉期限和上诉的人民法院。

人民法院适用普通程序审理的案件,应当在立案之日起6个月内审结。有特殊情况需要延长的,由本院院长批准,可以延长6个月;还需要延长的,报请上级人民法院批准。

(二) 诉讼的中止和终结

1. 诉讼的中止

诉讼的中止是指在诉讼过程中,诉讼程序因特殊情况的发生而中途停止的一种法律制度。有下列情形之一的,中止诉讼。

(1) 一方当事人死亡,需要等待继承人表明是否参加诉讼的。

(2) 一方当事人丧失诉讼行为能力,尚未确定法定代理人的。

(3) 作为一方当事人的法人或者其他组织终止,尚未确定权利义务承受人的。

(4) 一方当事人因不可抗拒的事由,不能参加诉讼的。

(5) 本案必须以另一案的审理结果为依据,而另一案尚未审结的。

(6) 其他应当中止诉讼的情形。

中止诉讼的原因消除后,恢复诉讼。

2. 诉讼的终结

诉讼的终结是指在诉讼进行中,由于出现特定情形,诉讼程序不能继续进行下去,或者失去了继续进行的意义,从而结束诉讼程序的。有下列情形之一的,终结诉讼。

(1) 原告死亡,没有继承人,或者继承人放弃诉讼权利的。

(2) 被告死亡,没有遗产,也没有应当承担义务的人的。

(3) 离婚案件一方当事人死亡的。

(4) 追索赡养费、扶养费、抚育费以及解除收养关系案件的一方当事人死亡的。

四、判决和裁定

(一) 判决和裁定的概念与区别

1. 民事判决

民事判决是人民法院代表国家行使审判权,依照法律,对审理终结的诉讼案件或者非诉讼案件,就当事人民事实体权利义务的争议,或者就确认具有法律意义的事实作出的决定。民事判决的书面形式就是民事判决书。

2. 民事裁定

民事裁定是人民法院审理民事案件或者在民事案件执行的过程中，为保证审判工作的顺利进行，就发生的诉讼程序问题作出的决定。民事裁定的书面形式就是民事裁定书。

3. 判决和裁定的区别

判决和裁定都是人民法院在民事诉讼过程中作出的决定，二者的区别主要是：裁定解决诉讼中的程序问题，判决解决的则是诉讼中的实体问题。裁定发生于诉讼的各个阶段，一个案件可能有多个裁定；判决在案件审理终结时作出。裁定可采用书面形式，也可采用口头形式；判决只能采用书面形式。除不予受理、对管辖权的异议、驳回起诉的裁定可上诉外，其他裁定一律不准上诉；一审判决可以上诉。

（二）判决书

判决书应当写明判决结果和作出该判决的理由。判决书应包括如下内容。

(1) 案由、诉讼请求、争议的事实和理由。

(2) 判决认定的事实和理由、适用的法律和理由。

(3) 判决结果和诉讼费用的负担。

(4) 上诉期间和上诉的法院。

判决书由审判人员、书记员署名，加盖人民法院印章。

最高人民法院的判决、裁定，以及依法不准上诉或者超过上诉期没有上诉的判决、裁定，是发生法律效力的判决、裁定。

公众可以查阅发生法律效力的判决书、裁定书，但涉及国家秘密、商业秘密和个人隐私的内容除外。

习题

一、名词解释题

起诉　受理　判决　民事裁定　诉讼的中止　诉讼的终结

二、问答题

1. 简述起诉的条件。
2. 民事诉讼的第一审程序包括哪些阶段？
3. 简述诉讼中止的原因。
4. 简述诉讼终结的原因。
5. 判决书包括哪些内容？

第三节　第二审程序和审判监督程序

一、第二审程序

民事诉讼当事人不服地方人民法院未生效的第一审判决、裁定，在法定期限内提出上诉状请求上一级人民法院进行审判的诉讼行为，称为上诉。当事人的这一诉讼权利称为上诉权；提起上诉的案件，称为上诉案件。

第二审程序是指当事人不服一审尚未生效的判决、裁定，依照法定程序向上一级人民法院提起上诉，由上一级法院对案件进行审理所适用的程序。由于第二审程序是审理上诉案件的程序，因此也称为上诉审程序。

(一) 上诉的条件

1. 上诉主体

根据《民事诉讼法》的规定，提起上诉的主体即享有上诉权或可依法行使上诉权的人。一般而言，上诉的主体主要是第一审案件中的当事人，包括原告、被告、共同诉讼人、有独立请求权的第三人，他们均有权提起上诉；无独立请求权的第三人，人民法院判决其承担民事责任的，也享有上诉权。

上诉权可以由当事人自己行使，也可以委托他人代为行使。但是代为行使上诉权的，必须是法律明文规定可以行使上诉权的人。

第一审案件中，公民作为当事人的，只要具有民事诉讼行为能力，都可由自己行使上诉权依法提起上诉；无民事诉讼行为能力的，由他的法定代理人，或者人民法院指定的代理人，代理被代理人行使上诉权，但上诉人仍为无行为能力或限制行为能力人。法人作为当事人的，由法人的法定代表人行使上诉权；其他组织作为当事人的，由他们的主要负责人行使上诉权。

必要共同诉讼人可以全体提起上诉，也可以一人或部分人提起上诉。普通共同诉讼人，各自都可以独立行使上诉权。当事人一方人数众多的共同诉讼，由诉讼代表人行使上诉权。

经过当事人特别授权的委托诉讼代理人，向人民法院提交特别授权委托书的，可以代理被代理人行使上诉权，但上诉人仍是被代理人。不享有上诉权的人，或者不是法律规定可以代为行使上诉权的人，都不能以自己的名义或者当事人的名义提起上诉；提出上诉的，人民法院应裁定予以驳回。有的案件原、被告双方和第三人都提起上诉，只要都享有上诉权，应当都列为上诉人。

2. 上诉客体

上诉客体是依法允许上诉的经过人民法院第一审的尚未生效的判决和裁定。

3. 上诉的期限

当事人必须在法定期限内提起上诉。

当事人不服地方人民法院第一审判决的，有权在判决书送达之日起15日内向上一级人民法院提起上诉。

当事人不服地方人民法院第一审裁定的，有权在裁定书送达之日起10日内向上一级人民法院提起上诉。

4. 上诉方式

上诉人应当通过原审人民法院提交上诉状，并按照对方当事人或者代表人的人数提供副本。当事人直接向第二审人民法院上诉的，第二审人民法院应当在5日内将上诉状移交原审人民法院。

上诉状的内容应当包括：当事人的姓名，法人的名称及其法定代表人的姓名或者其他组织的名称及其主要负责人的姓名；原审人民法院名称、案件的编号和案由；上诉的请求和理由。

原审人民法院收到上诉状，应当在 5 日内将上诉状副本送达对方当事人，对方当事人在收到之日起 15 日内提出答辩状。人民法院应当在收到答辩状之日起 5 日内将副本送达上诉人。对方当事人不提出答辩状的，不影响人民法院审理。

（二）第二审的具体程序

原审人民法院收到上诉状、答辩状，应当在 5 日内连同全部案卷和证据，报送第二审人民法院。

第二审人民法院应当对上诉请求的有关事实和适用法律进行审查。

第二审人民法院审理上诉案件，除依照《民事诉讼法》特别规定外，适用第一审普通程序。

1. 审理

第二审人民法院对上诉案件，应当组成合议庭，开庭审理。经过阅卷、调查和询问当事人，对没有提出新的事实、证据或者理由，合议庭认为不需要开庭审理的，可以不开庭审理。

第二审人民法院审理上诉案件，可以进行调解。调解达成协议，应当制作调解书。调解书送达后，原审人民法院的判决即视为撤销。

2. 审理的结果

第二审人民法院对上诉案件，经过审理，按照下列情形分别处理。

1）维持原判

原判决、裁定认定事实清楚，适用法律正确的，以判决、裁定方式驳回上诉，维持原判决、裁定。

2）依法改判

原判决、裁定认定事实错误或者适用法律错误的，以判决、裁定方式依法改判、撤销或者变更。

原判决认定基本事实不清的，裁定撤销原判决，可查清事实后改判。

3）发回重审

原判决遗漏当事人或者违法缺席判决等严重违反法定程序的，裁定撤销原判决，发回原审人民法院重审。

原判决认定基本事实不清的，裁定撤销原判决，可发回原审人民法院重审。

原审人民法院对发回重审的案件作出判决后，当事人提起上诉的，第二审人民法院不得再次发回重审。

第二审人民法院的判决、裁定，是终审的判决、裁定。

二、审判监督程序

审判监督程序即再审程序，是指人民法院对已经发生法律效力的判决、裁定，依法对案件进行再审的程序。

审判监督程序是由特定主体提起的一种纠错程序、司法救济程序。

(一) 审判监督程序的提起

1. 人民法院提起再审

1) 各级人民法院院长认为需要再审的

各级人民法院院长对本院已经发生法律效力的判决、裁定、调解书,发现确有错误,认为需要再审的,应当提交审判委员会讨论决定。

2) 上级人民法院决定的再审

上级人民法院对下级人民法院已经发生法律效力的判决、裁定、调解书,发现确有错误的,有权提审或者指令下级人民法院再审。

2. 当事人向人民法院申请再审

当事人对已经发生法律效力的判决、裁定,认为有错误的,可以向上一级人民法院申请再审。

当事人一方人数众多或者当事人双方为公民的案件,也可以向原审人民法院申请再审。

当事人申请再审的,不停止判决、裁定的执行。

1) 当事人申请再审的条件

当事人的申请符合下列情形之一的,人民法院应当再审。

(1) 有新的证据,足以推翻原判决、裁定的。

(2) 原判决、裁定认定的基本事实缺乏证据证明的。

(3) 原判决、裁定认定事实的主要证据是伪造的。

(4) 原判决、裁定认定事实的主要证据未经质证的。

(5) 对审理案件需要的主要证据,当事人因客观原因不能自行收集,书面申请人民法院调查收集,人民法院未调查收集的。

(6) 原判决、裁定适用法律确有错误的。

(7) 违反法律规定,管辖错误的。

(8) 审判组织的组成不合法或者依法应当回避的审判人员没有回避的。

(9) 无诉讼行为能力人未经法定代理人代为诉讼,或者应当参加诉讼的当事人因不能归责于本人或者其诉讼代理人的事由,未参加诉讼的。

(10) 违反法律规定,剥夺当事人辩论权利的。

(11) 未经传票传唤,缺席判决的。

(12) 原判决、裁定遗漏或者超出诉讼请求的。

(13) 据以作出原判决、裁定的法律文书被撤销或者变更的。

(14) 审判人员审理该案件时有贪污受贿、徇私舞弊、枉法裁判行为的。

(15) 当事人对已经发生法律效力的调解书,提出证据证明调解违反自愿原则或者调解协议的内容违反法律的,可以申请再审。经人民法院审查属实的,应当再审。

2) 当事人申请再审的方式

当事人申请再审的,应当提交再审申请书等材料。人民法院应当自收到再审申请书之日起5日内将再审申请书副本发送对方当事人。对方当事人应当自收到再审申请书副本之日起15日内提交书面意见；不提交书面意见的，不影响人民法院审查。人民法院可以要求申请人和对方当事人补充有关材料，询问有关事项。

3）再审的法院

因当事人申请裁定再审的案件由中级人民法院以上的人民法院审理，但前述当事人人数众多或双方为公民，当事人依法选择向基层人民法院申请再审的除外。最高人民法院、高级人民法院裁定再审的案件，由本院再审或者交其他人民法院再审，也可以交原审人民法院再审。

3. 人民检察院提起抗诉

1）人民检察院提起抗诉的情况

（1）最高人民检察院提起抗诉。最高人民检察院对各级人民法院已经发生法律效力的判决、裁定，上级人民检察院对下级人民法院已经发生法律效力的判决、裁定，发现有前述"当事人申请再审的条件"之一的，或者发现调解书损害国家利益、社会公共利益的，应当提出抗诉。

（2）地方各级人民检察院提起抗诉。地方各级人民检察院对同级人民法院已经发生法律效力的判决、裁定，发现有前述"当事人申请再审的条件"之一的，或者发现调解书损害国家利益、社会公共利益的，可以向同级人民法院提出检察建议，并报上级人民检察院备案；也可以提请上级人民检察院向同级人民法院提出抗诉。

2）当事人向人民检察院申请抗诉

有下列情形之一的，当事人可以向人民检察院申请检察建议或者抗诉。

（1）人民法院驳回再审申请的。

（2）人民法院逾期未对再审申请作出裁定的。

（3）再审判决、裁定有明显错误的。

人民检察院对当事人的申请应当在3个月内进行审查，作出提出或者不予提出检察建议或者抗诉的决定。

3）人民检察院抗诉的方式

人民检察院决定对人民法院的判决、裁定、调解书提出抗诉的，应当制作抗诉书。

接受抗诉的人民法院应当自收到抗诉书之日起30日内作出再审的裁定；有前述"当事人申请再审的条件"第一项至第五项规定情形之一的，可以交下一级人民法院再审，但经该下一级人民法院再审的除外。

（二）审判监督程序对执行的影响

按照审判监督程序决定再审的案件，裁定中止原判决、裁定、调解书的执行，但追索赡养费、扶养费、抚育费、抚恤金、医疗费用、劳动报酬等案件，可以不中止执行。

（三）审判监督的程序

人民法院审理再审案件，应当另行组成合议庭。

人民法院按照审判监督程序再审的案件，发生法律效力的判决、裁定是由第一审法院作出的,按照第一审程序审理,所做的判决、裁定,当事人可以上诉;发生法律效力的判决、裁定是由第二审法院作出的,按照第二审程序审理,所做的判决、裁定是发生法律效力的判决、裁定;上级人民法院按照审判监督程序提审的,按照第二审程序审理,所做的判决、裁定是发生法律效力的判决、裁定。

习题

一、名词解释题

第二审程序　上诉　审判监督程序

二、问答题

1. 简述上诉的条件。
2. 第二审的具体程序包括哪些?
3. 简述审判监督程序提起的条件。

第四节　民事执行程序

一、民事执行程序的概念和特点

(一) 民事执行程序的概念

民事执行是指人民法院的执行组织,依照法定的程序,行使司法执行权,强制义务人履行已经发生法律效力的人民法院的判决、裁定或其他法律文书所确定的义务的活动。发生法律效力的民事判决、裁定,当事人必须履行,一方拒绝履行的,对方当事人可以向人民法院申请执行。民事执行所依照的程序即民事执行程序。

(二) 民事执行程序的特点

民事执行程序具有以下特点。

(1) 执行权由人民法院统一行使。无论生效的法律文书是由何种机构作出的,凡应通过民事执行程序加以实现的,只能由人民法院执行。

(2) 执行程序的目的在于实现生效法律文书所规定的内容。

(3) 执行手段具有强制性。

二、民事执行程序的条件

民事执行包括下列必备条件。

(1) 必须具有作为执行根据的法律文书。

作为执行依据的法律文书包括:人民法院的民事判决书、裁定书、调解书、支付令,仲裁机构作出的裁决书、调解书,公证机关制作的依法赋予强制执行效力的债权文书,行政机关制作的依法由人民法院执行的决定书。

(2) 作为执行根据的法律文书,必须已经发生法律效力,并具有给付内容。

(3) 负有义务的一方当事人故意拖延、逃避或拒绝履行义务。

(4) 当事人向人民法院申请执行。

当事人向人民法院申请执行，应提交申请书，申请书中应说明要求执行的事实、理由，被执行人不履行的情况、执行依据等，并提交相应的法律文书。

当事人申请执行，应当在法律规定的期限内提出。申请执行的期间为 2 年。该期间从法律文书规定履行期间的最后一日起计算；法律文书规定分期履行的，从规定的每次履行期间的最后一日起计算；法律文书未规定履行期间的，从法律文书生效之日起计申请执行时效的中止、中断，适用法律有关诉讼时效中止、中断的规定。

三、执行管辖

发生法律效力的民事判决、裁定以及刑事判决、裁定中的财产部分，由第一审人民法院或者与第一审人民法院同级的被执行的财产所在地人民法院执行。

法律规定由人民法院执行的其他法律文书，由被执行人住所地或者被执行的财产所在地人民法院执行。

《民事诉讼法》和有关法律规定，地方各级人民法院设执行组织或执行员，在院长领导下，负责执行本法院对第一审民事案件所做的判决和裁定。第二审案件的判决和裁定，原则上由原审人民法院执行。

人民法院自收到申请执行书之日起超过 6 个月未执行的，申请执行人可以向上一级人民法院申请执行。上一级人民法院经审查，可以责令原人民法院在一定期限内执行，也可以决定由本院执行或者指令其他人民法院执行。

被执行人或者被执行的财产在外地的，可以委托当地人民法院代为执行。受委托人民法院收到委托函件后，必须在 15 日内开始执行，不得拒绝。执行完毕后，应当将执行结果及时函复委托人民法院；在 30 日内如果还未执行完毕，也应当将执行情况函告委托人民法院。

受委托人民法院自收到委托函件之日起 15 日内不执行的，委托人民法院可以请求受委托人民法院的上级人民法院指令受委托人民法院执行。

扩展资料 16-3　法院公安联动执行

四、执行措施

执行员接到申请执行书或者移交执行书，应当向被执行人发出执行通知，并可以立即采取强制执行措施。被执行人未按执行通知履行法律文书确定的义务，应当报告当前以及收到执行通知之日前一年的财产情况。

《民事诉讼法》规定的执行措施包括以下几种。

(1) 查询、冻结、划拨被执行人的储蓄存款。被执行人未按执行通知履行法律文书确定的义务，人民法院有权向有关单位查询被执行人的存款、债券、股票、基金份额等财产情况。人民法院有权根据不同情形扣押、冻结、划拨、变价被执行人的财产。人民法院查询、扣押、冻结、划拨、变价的财产不得超出被执行人应当履行义务的范围。人民法院决定扣押、冻结、划拨、变价财产，应当作出裁定，并发出协助执行通知书，有关单位必须办理。

(2) 扣留、提取被执行人的收入,包括工资、奖金、稿费等。被执行人未按执行通知履行法律文书确定的义务,人民法院有权扣留、提取被执行人应当履行义务部分的收入。但应当保留被执行人及其所扶养家属的生活必需费用。

人民法院扣留、提取收入时,应当作出裁定,并发出协助执行通知书,被执行人所在单位、银行、信用合作社和其他有储蓄业务的单位必须办理。

(3) 查封、扣押、冻结、拍卖、变卖被执行人的财产。被执行人未按执行通知履行法律文书确定的义务,人民法院有权查封、扣押、冻结、拍卖、变卖被执行人应当履行义务部分的财产。但应当保留被执行人及其所扶养家属的生活必需品。

财产被查封、扣押后,执行员应当责令被执行人在指定期间履行法律文书确定的义务。被执行人逾期不履行的,人民法院应当拍卖被查封、扣押的财产;不适于拍卖或者当事人双方同意不进行拍卖的,人民法院可以委托有关单位变卖或者自行变卖。国家禁止自由买卖的物品,交有关单位按照国家规定的价格收购。

(4) 对被执行人的财产进行搜查。被执行人不履行法律文书确定的义务,并隐匿财产的,人民法院有权发出搜查令,对被执行人及其住所或者财产隐匿地进行搜查。

(5) 强制被执行人交付执行文书中所指定的财物或者票证;强制被执行人迁出房屋或者退出土地。强制迁出房屋或者强制退出土地,由院长签发公告,责令被执行人在指定期间履行。被执行人逾期不履行的,由执行员强制执行。

法律文书指定交付的财物或者票证,由执行员传唤双方当事人当面交付,或者由执行员转交,并由被交付人签收。

有关单位持有该项财物或者票证的,应当根据人民法院的协助执行通知书转交,并由被交付人签收。

有关公民持有该项财物或者票证的,人民法院通知其交出。拒不交出的,强制执行。

(6) 通知有关单位办理有关财产权证照转移手续。在执行中,需要办理有关财产权证照转移手续的,人民法院可以向有关单位发出协助执行通知书,有关单位必须办理。

(7) 强制被执行人完成法律文书中指定的行为。对判决、裁定和其他法律文书指定的行为,被执行人未按执行通知履行的,人民法院可以强制执行或者委托有关单位或者其他人完成,费用由被执行人承担。

(8) 对迟延履行义务的被执行人,强制其支付迟延履行金或加倍支付迟延履行利息。被执行人未按判决、裁定和其他法律文书指定的期间履行给付金钱义务的,应当加倍支付迟延履行期间的债务利息。被执行人未按判决、裁定和其他法律文书指定的期间履行其他义务的,应当支付迟延履行金。

人民法院采取规定的执行措施后,被执行人仍不能偿还债务的,应当继续履行义务。债权人发现被执行人有其他财产的,可以随时请求人民法院执行。

另外,被执行人不履行法律文书确定的义务的,人民法院可以对其采取或者通知有关单位协助采取限制出境、在征信系统记录、通过媒体公布不履行义务信息以及法律规定的其他措施。

五、执行中的特殊情况

(一)执行中的和解

在执行中,双方当事人自行和解达成协议的,执行员应当将协议内容记入笔录,由双方当事人签名或者盖章。

申请执行人因受欺诈、胁迫与被执行人达成和解协议,或者当事人不履行和解协议的,人民法院可以根据当事人的申请,恢复对原生效法律文书的执行。

(二)暂缓执行

在执行中,被执行人向人民法院提供担保,并经申请执行人同意的,人民法院可以决定暂缓执行及暂缓执行的期限。被执行人逾期仍不履行的,人民法院有权执行被执行人的担保财产或者担保人的财产。

(三)执行中止

有下列情形之一的,人民法院应当裁定中止执行。

(1)申请人表示可以延期执行的。

(2)案外人对执行标的提出确有理由的异议的。

(3)作为一方当事人的公民死亡,需要等待继承人继承权利或者承担义务的。

(4)作为一方当事人的法人或者其他组织终止,尚未确定权利义务承受人的。

(5)人民法院认为应当中止执行的其他情形。

执行中止的情形消失后,恢复执行。

(四)执行终结

有下列情形之一的,人民法院裁定终结执行。

(1)申请人撤销申请的。

(2)据以执行的法律文书被撤销的。

(3)作为被执行人的公民死亡,无遗产可供执行,又无义务承担人的。

(4)追索赡养费、扶养费、抚育费案件的权利人死亡的。

(5)作为被执行人的公民因生活困难无力偿还借款,无收入来源,又丧失劳动能力的。

(6)人民法院认为应当终结执行的其他情形。

(五)执行回转

执行完毕后,据以执行的判决、裁定和其他法律文书确有错误,被人民法院撤销的,对已被执行的财产,人民法院应当作出裁定,责令取得财产的人返还;拒不返还的,强制执行。这里人民法院撤销的判决、裁定和其他法律文书只限于人民法院制作的法律文书。

案例分析 16-2 执行回转及责任

法律规定由人民法院执行的其他法律文书执行完毕后,该法律文书被有关机关依法撤销,经当事人申请,也可适用执行回转。

由于原执行依据被依法撤销,只是表明原执行依据失效,并不具有要求原债权人返还财产的强制性。因此,根据《民事诉讼法》的规定,应当由人民法院裁定执行回转,再以此裁定为新的执行依据,责令取得财产的原申请人返还财产或强制执行。

习题

一、名词解释题

民事执行　执行中止　执行终结　执行中的和解　执行回转

二、问答题

1. 简述民事执行程序的条件。
2. 执行措施包括哪些种类?

本章主要参考法律法规

1.《中华人民共和国民事诉讼法》

2.《最高人民法院关于适用〈中华人民共和国民事诉讼法〉若干问题的解释》

3.《最高人民法院关于适用〈中华人民共和国民事诉讼法〉审判监督程序若干问题的解释》

4.《最高人民法院关于适用〈中华人民共和国民事诉讼法〉执行程序若干问题的解释》

即测即练

参考文献

[1] 漆多俊. 经济法基础理论[M]. 北京：法律出版社，2008.
[2] 仉志余. 经济法通论[M]. 北京：机械工业出版社，2008.
[3] 刘大洪. 经济法[M]. 北京：机械工业出版社，2012.
[4] 王利明. 物权法研究[M]. 北京：中国人民大学出版社，2002.
[5] 郑海味. 经济法[M]. 北京：清华大学出版社，2011.
[6] 陈丽洁. 新公司法详论[M]. 北京：经济科学出版社，2006.
[7] 张远堂. 公司法实务指南[M]. 北京：中国法制出版社，2007.
[8] 企业法新解读. 法律法规新解读[M]. 2 版. 北京：中国法制出版社，2010.
[9] 郭明瑞，王铁. 合同法新论——分则[M]. 北京：中国政法大学出版社，1997.
[10] 江平. 中华人民共和国合同法精解[M]. 北京：中国政法大学出版社，1999.
[11] 孔祥俊. 合同法教程[M]. 北京：中国人民公安大学出版社，1999.
[12] 刘丹冰. 金融法[M]. 北京：经济科学出版社，2008.
[13] 段红兵. 合同法实用教程[M]. 北京：中国人民公安大学出版社，2005.
[14] 刘心稳. 票据法[M]. 北京：中国政法大学出版社，2008.
[15] 唐波. 商法案例与图表[M]. 北京：法律出版社，2010.
[16] 齐爱民，朱谢群. 知识产权法新论[M]. 北京：北京大学出版社，2008.
[17] 杨巧. 知识产权法[M]. 北京：法律出版社，2007.
[18] 徐隶枫，解恒，李友根. 知识产权法[M]. 北京：科学出版社，2005.
[19] 王宾容，范小华，张颖. 新编经济法教程[M]. 北京：科学出版社，2008.
[20] 种明钊. 竞争法[M]. 北京：法律出版社，2008.
[21] 吕明瑜. 竞争法教程[M]. 北京：中国人民大学出版社，2008.

教学支持说明

▶▶ 课件、教学大纲、习题答案、试卷申请

尊敬的老师：

您好！感谢您选用清华大学出版社的教材！为更好地服务教学，我们为采用本书作为教材的老师提供教学辅助资源。该部分资源仅提供给授课教师使用，请您直接用手机扫描下方二维码完成认证及申请。

任课教师扫描二维码
可获取教学辅助资源

▶▶ 样书申请

为方便教师选用教材，我们为您提供免费赠送样书服务。授课教师扫描下方二维码即可获取清华大学出版社教材电子书目。在线填写个人信息，经审核认证后即可获取所选教材。我们会第一时间为您寄送样书。

任课教师扫描二维码
可获取教材电子书目

清华大学出版社

E-mail: tupfuwu@163.com
电话：010-83470332/83470142
地址：北京市海淀区双清路学研大厦B座509室
网址：http://www.tup.com.cn/
传真：8610-83470107
邮编：100084